明太祖

王占君 著

马筑墙，广积粮，缓称王。
百花发时我不发，我若发时却不杀。
怒惜不识英雄汉，只管哓哓问姓名。

华文出版社
SINO CULTURE PRESS

图书在版编目（CIP）数据

明太祖 / 王占君著. -- 北京：华文出版社，2021.10

ISBN 978-7-5075-5499-1

Ⅰ．①明… Ⅱ．①王… Ⅲ．①朱元璋（1328-1398）－传记 Ⅳ．①K827=48

中国版本图书馆CIP数据核字（2021）第185820号

明太祖
MINGTAIZU

作　　者：	王占君
责任编辑：	胡慧华
出版发行：	华文出版社
地　　址：	北京市西城区广安门外大街 305 号 8 区 2 号楼
邮政编码：	100055
网　　址：	http://www.hwcbs.com.cn
电　　话：	总 编 室 010-58336239　发 行 部 010-58336267　58336230
	责任编辑 010-58336197
经　　销：	新华书店
印　　刷：	三河市龙大印装有限公司
开　　本：	710×1000　1/16
印　　张：	18.5
字　　数：	257 千
版　　次：	2021 年 10 月第 1 版
印　　次：	2021 年 10 月第 1 次印刷
标准书号：	ISBN 978-7-5075-5499-1
定　　价：	48.00 元

版权所有，侵权必究

目 录

第 一 章　投军入帅府 …………………………… 1
第 二 章　救主娶秀英 …………………………… 15
第 三 章　智取横涧山 …………………………… 29
第 四 章　奇兵破滁州 …………………………… 43
第 五 章　受诬陷牢狱 …………………………… 57
第 六 章　火烧瓦梁峪 …………………………… 69
第 七 章　奇袭采石矶 …………………………… 83
第 八 章　血战太平府 …………………………… 97
第 九 章　血战应天府 …………………………… 111
第 十 章　大败张士诚 …………………………… 125
第 十一 章　巧施反间计 ………………………… 139
第 十二 章　火烧陈友谅 ………………………… 153

第 十 三 章	杖毙张士诚	……………………………	167
第 十 四 章	元亡大明兴	……………………………	181
第 十 五 章	封侯颁铁券	……………………………	195
第 十 六 章	弄权害忠良	……………………………	209
第 十 七 章	投毒除刘基	……………………………	222
第 十 八 章	灭门叹铁券	……………………………	236
第 十 九 章	舍命纳元妃	……………………………	250
第 二 十 章	蓝玉受极刑	……………………………	264
第二十一章	帝魂归孝陵	……………………………	278

第一章　投军入帅府

公元1352年(元至正十二年)的阴历三月初一,淮北大地,春意乍浓,艳阳高照,和风吹拂,濠州城融入了温暖的春色中。城中心娘娘庙前的空场上,人来人往摩肩接踵,杂耍的,卖艺的,打短工的,还有各种各样的小吃摊,拥挤得人都走不开。

人群中,有一个年轻的和尚,颇为引人注目。他身材高大,颧骨突出,两只眼睛炯炯有神。相貌着实奇特,粗砺中透着英武。庙前的石狮子旁,有一对父女在卖唱,花鼓打得脆生生,那姑娘唱得甚是动听。和尚被那唱词吸引,不由得驻足观看细听。

那卖唱的少女唱道:

堂堂大元,
奸佞当权。
开河变钞祸根源,
惹红军万千。
官法滥,
刑法重,
黎民怨。
人吃人,
钞买钞,
何曾见。

官做贼,

贼做官,

混愚贤。

挖得石人一只眼,

挑动黄何天下反。

可叹哀哉,

哀哉可怜。

少女唱得动容,和尚听得激动,他摸摸腰中,将仅有的十几个铜钱全都掏出来,一把甩了过去:"唱得好,唱得太好了!"

身边也有人为卖唱女叫好:"这妹妹唱得字正腔圆,嗓子好词也好,日后准能成气候。"说话的这位是个姑娘,看年纪也就二十岁上下。她的穿着可是不俗,出手也是格外大方,一锭五两的白银,随手丢了过去。

卖唱的父女先向姑娘鞠躬:"谢小姐重赏。"接着又向和尚施礼:"多谢长老赏赐。"

和尚不觉向那姑娘瞩目,见她柳眉凤眼,齿白唇红,乳峰高耸,腰肢粗壮,裙裾下现出一双大脚,像是个习武的女侠。那姑娘也不由得回看了和尚一眼,目光交汇,姑娘脸上泛起一丝红晕,急忙移开了眼神。

嗒嗒嗒,一阵马蹄声响过,一匹高头战马在附近停下。马上的人可不是寻常角色,他是濠州城红巾军的几位元帅之一,名唤孙德崖。孙元帅在马上用鞭子一指卖唱的父女:"你们该不是元军的探子?"

卖唱女急加分辩:"军爷,我们是流浪的艺人,只是混口饭吃,和元军都不搭边,绝非奸细。"

"孙大帅,他们是好人,唱的词都是反元的,怎么会是探子?"那姑娘认得孙德崖。

"他二人脑门儿又没贴帖,你怎知不是探子?"孙德崖看这姑娘有几分姿色,便将马鞭指向了她,"看光景你是元军的探子。"

姑娘笑了:"孙大帅,你怎么看谁都是探子,这不是诬良为盗吗?"

"好大的胆子,竟敢指责本帅。"孙德崖对跟随的亲兵吩咐一声,"把她押回去审问。"

亲兵们呼啦啦上前,就要扭住姑娘。那年轻的和尚见了,将身挡在了前面:"你们住手。"

"做甚?"孙德崖问,"你是什么人?"

"在下是皇觉寺的僧人。"

"哼!"孙德崖冷笑一声,手中的马鞭狠抽过去,"你分明是元军探子,冒充和尚来刺探军情。"

和尚一把抓住鞭梢:"大帅,说我是探子,有何凭据?"

"本帅便是凭据,说你是你便是。"孙德崖用力拔了几次,想薅出鞭子,但没有办到,"哟,好大的力气。不信你能与本帅角力?"

二人各抓住马鞭两端,同时用力,后来,孙德崖用了双手,但还是难以夺回马鞭,并且,被和尚带下马来。

姑娘禁不住叫好:"真是神力!"

孙德崖恼羞成怒,呼唤亲兵:"把他们全给我上了绑绳。"

众亲兵呼啦啦上前,一齐动手,但是那和尚拳脚齐出,将亲兵打得连滚带爬。孙德崖哪里吃过这个亏,何况又是在他的治下,喊了一声:"抄家伙。"首先亮出了宝剑。众亲兵也齐举枪刀,把和尚和那姑娘围在了核心。

姑娘这时才真正着急了:"孙大帅,你不能对我无礼。"

"凭你,小毛丫头,本帅抓你回去,做个使唤丫鬟。高兴了叫你陪本帅睡觉,今天谅你也逃不出我的手心。"

"孙大帅,你不该当众胡言乱语。"姑娘亮明了身份,"我是郭元帅的女儿马秀英。"

孙德崖怔了一下,他知道本军元帅郭子兴有个养女,想必不会冒认,可他与郭子兴不睦,而且积怨颇深,便有意要让郭子兴丢丢颜面:"想攀高枝呀?你玩错了,郭元帅的女儿怎么会姓马?别愣着,给我下手。"

四名亲兵围住和尚厮打,九夫长趁机扑上前,便将马秀英抓住。此时,和尚寡不敌众,已被亲兵上了绑绳。马秀英也被九夫长擒在手中,并且扒去了上衣,露出了红色的束胸。

马秀英竭力挣扎,怒斥孙德崖:"孙大帅,你怎能当众羞辱我?你如此卑鄙,又置家父郭元帅于何地?"

"孙大帅,你要杀要剐都冲我来,姑娘家岂可当众受辱?你家也有姐妹,怎能如此行事?"

"你个秃驴,非但装作英雄救美,还想惜玉怜香。也不撒泡尿照照,你个元军探子算个什么东西!"

九夫长回头讨好地问:"大帅,这丫头咋办?"

"绑了!"孙德崖没有二话。

马秀英一边挣扎一边警告:"孙元帅,你如此无礼对待我,看你事后如何向家父交代?"

"莫说是你,便是郭子兴来了,我孙德崖也不尿他。"

"孙大帅,这话未免过分了。"一匹快马停下,郭子兴带着一队骑兵已然到了面前。原来,和马秀英同行的使女见状飞步跑回报信,郭子兴闻讯便带兵赶来救援。

孙德崖怔了一下,旋即换上笑脸:"哟,这不是郭大哥吗?小弟所言是对那女探子而言,她竟然冒认郭大哥为父。"

"此话怎讲?她本就是我女儿。"

马秀英一旁说:"父帅,女儿已再三声明,我乃父帅之女。"

"孙大帅,为何将我女上绑?"

"郭大哥,这纯属误会。她自报姓马,小弟想大哥之女当姓郭才是。"

"秀英乃我养女,孙大帅应该知晓。"

"小弟忘却了。"孙德崖吩咐亲兵,"快快给马小姐松绑。"

马秀英整好衣装,郭子兴说道:"儿啊,随为父回家。"

"父亲,儿不能走。"

"这却为何?"

"女儿不能置恩人的死活于不顾。"马秀英一指和尚,"要不是这位小长老奋不顾身相救,女儿只怕会丢更大的丑。"

郭子兴见那和尚气宇轩昂,便有几分喜欢:"既是如此,也请孙大帅一并放人吧。"

孙德崖把头一摇:"这和尚却放不得,他是元军的探子。"

"郭元帅,贫僧是城外皇觉寺的僧人,俗名朱重八,怎会是奸细?"

"不对,元军细作化装成和尚,来我濠州刺探军情。"孙德崖语气坚决,"郭大哥,这和尚无论如何不能放。"

"郭大帅,我是来投军的,现有您部下的统领汤和的荐书。"

"书在何处?呈上来。"

"就在贫僧胸前。"

郭子兴看一眼被五花大绑的和尚,传话给手下亲兵:"去他胸前取来。"

亲兵掏出书信,呈与郭子兴观看。果然是汤和的信件,郭子兴看罢:"孙大帅,现已证明这和尚不是奸细,是来我处投军的,快放人吧。"

孙德崖眼睛眨巴几下:"既是郭大哥说了,且不管他是不是探子,把他放了便是。"

朱重八被解开绑绳,郭子兴看看他的魁梧身材,不由得说道:"已然投军,就该有个大名官号,本帅给你取个名字,就叫朱元璋如何?"

"谢大帅赐名。"

"看你相貌堂堂,就留在本帅身边做名亲兵吧。"

朱元璋纳头便拜:"谢大帅重用。"

马秀英看着朱元璋英武的神态,心下不觉有几分喜欢,便在一旁施礼道:"多谢朱壮士适才搭救。"

朱元璋急忙还礼:"小姐何需有礼,这是小人应该做的。"

孙德崖目睹郭子兴领着朱元璋一行离开,心里颇不是滋味。这濠州城的红巾义军一共五万人马,郭子兴统率三万多人,而他麾下不足两万,因此事事都要让着人家。孙德崖日思夜想的便是如何将兵权全都抓到自己手中,成为这濠州红巾军的真正主宰,他在等待机会。

一天正午,郭子兴正在进餐,朱元璋进来禀报:"大帅,北门守将来报,有徐州突围来的数万红巾军要进城入伙,特来请令。"

郭子兴立时放下饭碗:"走,看看去。"很快来到北门城头,但见城外边人山人海,红色的头巾将北门外映成一片红色的海洋。郭子兴脱口而出:"好家伙,这都能有十万人了。"

孙德崖也已闻讯赶到,在身后接话说:"这么多人要是放进城,还不得喧宾夺主啊。"

"我们的队伍壮大总是好事嘛。"郭子兴所考虑的与孙德崖不同。

城楼下,有两骑突出在吊桥前。其中一人是这支队伍的大元帅彭大,另一位是副帅赵均用。彭大向上高声喊道:"城上的守将听了,已是这许久时间,你们的郭元帅为何还不来见?"

"本帅在此。"郭子兴反问,"请问将军系何人?"

"郭元帅请了,在下便是彭大。"

赵均用在一旁告知:"这是我们的大元帅。"

郭子兴在城头抱拳施礼:"彭大帅,失敬失敬。"

赵均用已是不耐烦了:"郭元帅,既然你已来了,就打开城门放下吊桥让我们弟兄进城吧。"

"这个,"郭子兴问,"但不知二位带来多少人马?"

彭大回答:"我们眼下还有马军五千,步军八万。"

孙德崖回应道:"我们濠州城小,怕是容不下你们这条大鱼啊。"

"怎么,不欢迎咋的?"赵均用显出反感,"要是嫌弃我们,不肯收留,那我们就另寻出路去了。"

郭子兴急忙安抚:"二位元帅莫急,同是红巾军,岂有不留之理?只是贵军人马众多,唯恐粮草不周,住处不足,多有怠慢之处。"

"郭元帅多虑了。"彭大说的倒是实话,"我们从徐州突围来到这里,得蒙元帅收留落脚便是万千之幸。"

"既是二位元帅并无挑剔,那么就请入城。"郭子兴一声令下,濠州城门大开,八万多义军呼啦啦涌入城内。彭大的队伍安排住在了东城,赵均用的队伍住在了西城。而孙德崖的队伍仍在南城,郭子兴的队伍依旧在北城。

原本就不太大的濠州城,这下子显得越发拥挤了,十多万大军在一个城中,再加上几万百姓,市面上人流如织,几乎是挨挤不开。赵均用想,来到这濠州,得和郭子兴处好关系,便从自己的私房里挑选了一件上好的礼品,藏在身上前往郭府拜访。

郭子兴的帅府门前,他的长子郭天叙正在高台阶上。这会儿郭天叙已有八分醉意,剔着牙还不住地打饱嗝。赵均用来到台阶下,见郭天叙当头而立,便抱拳施礼说:"门上请了。"

郭天叙用白眼珠翻看一眼:"尊驾何人?"

"在下赵均用。"

"赵……均……用,是……什么东西?"郭天叙满是元帅公子的派头,根本没把来人当回事。

赵均用心中着实有气,脸色也沉下来:"请问,你是何人?"

守门的亲兵抢着回答:"你这人真是没长眼睛,这是我们郭元帅的大公子,郭大将军的便是。"

赵均用赶紧换上笑脸:"原来是郭公子,失敬了。在下是徐州新来的红巾军的副元帅。"

"啊,原来是赵元帅,适才多有怠慢,还请见谅。"郭天叙脸上也变成了笑模样,"副帅驾临,不知有何贵干?"

"特来拜见郭元帅。"

"怎么,就这么空着手来的?"

"哪能呢?"赵均用拍拍胸前,"在下备有一份薄礼,虽说不成敬意,但自认为还是颇为珍贵。"

"那好,请赵元帅到客厅。"

郭天叙将赵均用延至客厅,落座后吩咐下人上茶。一盏茶下去还不见去通报,赵均用不免问道:"郭公子,还请禀报郭元帅与在下相见。"

"这个不难,不过我可要看看这礼物价值几何。"

赵均用也就不能再夹着了,从胸前取出一个锦制的小匣,打开取出一尊黄澄澄金灿灿的罗汉来:"郭公子,这是一百两黄金铸成的金罗汉,堪称无价之宝啊。怎么样,还拿得出手吧?"

郭天叙拿在手中,便有爱不释手之意,眼中闪出光芒:"的确是件珍品,它不仅有黄金的价值,还是一件艺术品哪!"

赵均用伸手便要收回:"待少时在下当面呈献于郭元帅。"

郭天叙却不松手:"何必还要少时,由我转交便了。"

"这,还是在下亲自奉上为宜。"

"不必了。"郭天叙起身,"我就去禀报,连同这金罗汉一同交与父帅。赵元帅少安毋躁,我去去就来。"

郭天叙走出客厅,手里拿着金罗汉,他没有去往郭子兴的住处,而是径直走向马秀英的房间。他准备将这份厚礼送给妹妹,长期以来,他一直垂涎这个没有血缘关系的妹妹。虽说他已成家,但他的婚姻并不如意,他要在马秀英身上寻求寄托,他想让马秀英成为他的第二夫人。

郭天叙兴冲冲走进马秀英的闺房,他连招呼也没打就直接进门,偏赶上马秀英正在更换内衣,光着的上身被他看个正着。

马秀英惊惧之际,用衣服遮住身子:"大哥,你擅闯人家的闺房,成何体统!"

郭天叙已是八分酒醉,此刻看到了马秀英半裸媚样,再也控制不住,猛地扑过去抱住她就往她脸上乱吻:"妹妹,你都想死我了。"

马秀英真恼了,抡圆巴掌一个耳光扇过去:"你是人还是禽兽!"

郭天叙手捂着火辣辣的脸,一时间蒙了。

马秀英趁机穿好衣服,用手指着他的鼻尖:"你走,给我滚出去。"

"妹妹,你不要这样,我是打心眼里喜欢你。"郭天叙取出金罗汉,"看,我给你带来了无价之宝。"

"我不看,你的东西便是金山我也不稀罕。"

"你就看一眼嘛,只要你看了,就一定喜欢。"郭天叙将金罗汉举到马秀英的眼前。

"我说不看就不看,你给我走。"

郭天叙死皮赖脸:"我就和你待一会儿又能如何,我也不会吃了你。秀英妹妹,不要这样无情啊!"

马秀英一见郭天叙耍起无赖,就发出了警告:"你要是再不滚出去,我就要喊父帅了。"

正在二人僵持不下之际,朱元璋敲了一下房门走进屋来:"郭公子,马小姐,我有礼了。"

"你来做甚。"郭天叙满肚子不高兴。

"公子,赵元帅等你不回,已是发火了。"

"他火不火又能如何?"

"还是回到客厅,安抚一下吧。"

郭天叙料到今日是不会如意了,气哼哼转身便走。朱元璋对马秀英用目光致意后,也随后走出。

客厅内,赵均用就像磨道上的毛驴一样,在房里转磨磨。一见郭天叙回来,忙过来询问:"郭公子,大帅他何时见我?"

郭天叙一肚子气:"见个屁,不见了。"

赵均用怔了一下:"我那礼物大帅他看不上眼。"

"你觉着挺大回事,家父理都没理。"

"这么说,给我退回来了。"

"退,"郭天叙打个沉,"都拿去了,我还怎能拿回来,让我顺手放在家父的房间了。"

赵均用不甘心礼物出手还一事无成,便赔着笑脸说:"郭公子,您看,既是大元帅不中意,给我取回来,我再换一件更好的。"

郭天叙端起桌上的茶杯,里面还有半杯残茶,他一甩手就泼到了地上:"你把这茶水给我收起来。"

"郭公子取笑了,这怎能收得起来?"

"对,泼出的水,你还想收回去,天底下哪有这样的事!"郭天叙把脸一沉,"走吧。"

"我,就这么回去?"

"还想住这儿咋的?"郭天叙眼珠瞪起来,想起被马秀英打的一耳光,把气全撒在了赵均用身上,"滚!给我痛快滚!"

赵均用十分尴尬难堪,但又无话可说。没想到满心来与郭子兴套套感情,却遭到如此羞辱。他把脚狠狠一跺,丢下一句"咱走着瞧",便急步离去。

濠州城的十字街,也是繁华的商业中心,店铺林立,商贾云集。东北角是全城最为阔绰的酒家百味楼。朱门绮户,窗明几净,常是达官贵人饮宴之所,也是文人骚客聚会之地。红巾军副帅孙德崖和赵均用,就在这百味楼下不期而遇。

孙德崖看出对方不快的神色,便试探着上前招呼:"哟,赵元帅,这是在何处不顺心了?怎么气哼哼的?"

"哼,还问,你们这濠州的红巾军简直就是强盗!"

"赵元帅,此话从何而起?"孙德崖有些委屈似的,"我是濠州的不假,可我并没惹着你呀。"

"郭子兴不把我当人看,你也好不了多少!"

孙德崖一听,觉得有机可乘,越发要弄个明白:"赵元帅这是在郭大帅那里受气了?这样吧,我在这百味楼给你摆酒,代他赔罪。"

"我才不喝你的酒,早知如此,当初就不该投奔你们。"赵均用说着就要越门而过。

孙德崖拉住他不放:"赵元帅,我姓孙的没得罪你呀。怎么,我这点薄面总得给吧?"

赵均用想想也是,郭子兴的事也赖不上孙副帅,再说这事也应该让他知道知道,便收回话:"好,今儿个便与你对酌几杯,也让你了解一下郭子兴的为人,他是什么货色!"

孙德崖头前引路,赵均用气呼呼相随,二人登上百味楼,进了雅间。

彭大进城安顿好之后,觉得应该去拜访郭子兴致谢,毕竟自己前来投奔,人家接收入城,这个情总得谢谢才是。彭大到了郭府,此时郭天叙正在房中生闷气,门上便去郭子兴居室通报:"大帅,彭元帅前来拜望。"

郭子兴立即回答:"好,请他来见。"

彼时恰好朱元璋在一旁侍候,他不免提醒道:"元帅,彭元帅是贵客,手下兵力强盛,初次来访,还当出迎才是。"

郭子兴觉得有理:"对,待本帅出迎。"

在去往府门途中,朱元璋犹豫一下还是说:"元帅,有一件事小人感到应禀报大帅得知。"

"何事?"

"适才,赵均用副帅曾来拜访。"

"本帅为何不知?"

"是大公子接待了。"朱元璋再向深处言道,"赵副帅还给您带来了一件很是贵重的礼物。"

郭子兴比较爱财,急问:"是何贵重礼物?"

"据说是一尊黄金罗汉,光是金重即达百两。"朱元璋意在别处,"这说明赵均用是很想同元帅建立友谊,可惜您未能与之相见。"

"天叙他为何不报与我知?"

朱元璋有意岔开话题道:"徐州来的红巾军,人马众多,所以元帅对彭帅,要极尽礼数方为上策,至少也当宴请。"

郭子兴的心思全在金罗汉上:"天叙这个逆子,竟然将百两黄金的罗汉据为己有,这万万不成,本帅不能这样由着他。"

到了府门,郭子兴将彭大接进客厅。落座之后,彭大献上见面礼:"大帅,这是一颗夜明珠,不成敬意,万望笑纳。"

郭子兴乐得眉开眼笑:"如此厚礼,郭某怎敢承受呀!"

"大帅哪里话,想我八万大军进入这濠州城,若非大帅允纳,哪有落脚之地?况且这许多人马,每日靡费多少钱粮,真是不知如何感激才好。"

"应当的,你我同为红巾军,一家人不说两家话。"郭子兴想起朱元璋的提醒,"彭帅初次光临,待我设宴款待。"

"大帅军务繁忙,怎好讨扰?"

"今日这酒是喝定了,彭帅要赏光啊!"

"那就愧受了。"

郭子兴兴致颇高:"既是彭帅留下,还当将赵副帅一起请来。"

"如此,我代赵副帅多谢元帅美意。"

郭子兴回头对朱元璋盼咐:"叫天叙前来见我。"

少时,郭天叙奉命来到,见礼之后:"父帅,呼唤孩儿有何驱使?"

"你个不争气的东西,待到客人走后,为父再同你算账。"郭子兴分派,"你去将赵均用副帅代我请来,与彭元帅一同在府中饮宴。"

郭天叙打个沉:"儿遵命。"

"还有,把孙副帅一并请来作陪。就说这是为父之意,两军会师,我们两军的元帅也该在一起聚聚。"

郭天叙出了帅府,心里就犯起了嘀咕。这赵均用被他给赶走了,而且扣下了那尊金罗汉,根本就不能再请。怎么办?他在街上转起了圈子。

百味楼上的雅间内,孙德崖和赵均用已喝得酒酣耳热。两个人大有相见恨晚之意,俱已有了七分醉意。孙德崖为赵均用再满上一杯:"赵副帅,那郭子兴一向嫉贤妒能,要不是我坚持,你们根本就进不了这濠州。"

"所以说改日我要专程宴请孙帅,而且还要为你送上厚礼。"

"喝酒没说的,礼物是万万不收。"孙德崖眨眨眼睛,"我不像郭子兴财迷,他是见钱没命的人,据说家中的财物堆了整整一间库房。"

"难怪他不见面,还贪心收下我的金罗汉。"赵均用也给孙德崖斟上一杯,"孙副帅,你为人仗义,够哥们讲义气,今后你我就是亲兄弟一样,有用得到我的地方,只要你一句话。"

"话说到这个分上,我也就不避讳你了。"孙德崖压低声音,"赵副帅,咱们堂堂男子汉,不能白受郭子兴的窝囊气,有道是无毒不丈夫,找个机会干掉他,咱这支红巾军的大元帅你来做。"

"不,客不压主,收拾掉郭子兴,这濠州城是你说了算。"

"好!"孙德崖和赵均用碰杯,"兄弟动手,我做你的坚强后盾。"

两人一饮而尽,相互亮亮杯底,用以表示决心。

郭府内,酒宴业已齐备。郭子兴正等得心焦,郭天叙满头是汗地跑进来:"父帅,客人没请到。"

郭子兴顿时就翻脸了:"废物,这点事都办不好,还要你何用?"

"他们不在,下人又不知去往何处,我有什么办法?"郭天叙故意嘟囔着,悄悄退下去了。

郭子兴也就只能同彭大一人开宴了,二人倒是喝得贴心,说了许多肺腑之言,也算是建立了友谊。

清晨的阳光,在万里无云的天际显得格外明亮。小鸟在枝头叽叽喳喳地低唱,院中的大黄狗也早早地起来拱门。郭子兴的爱犬也养成了习惯,因为他天一亮就起床,今日太阳已是升起了,主人还没起来,这狗就来叫门了。郭子兴昨日贪杯,今晨不觉睡过了,急忙翻身起来,草草漱洗过,就匆匆出门跨马向校场而去。这已经是他的习惯了,不论严冬酷暑,他都要起早习武。校场距帅府大约两条街区,早晨他也从不带亲兵,只有大黄狗忠心地跟在马后。

街上行人还很少,郭子兴很快到了校场附近,这里比较偏僻。校场内突然冲出一队马军,奇怪的是,在这大白天,他们全都脸上蒙着黑纱。这些人也不说话,就将郭子兴团团包围起来。

郭子兴见状,拔出腰间佩剑,厉声问道:"你们是何人?意欲何为?"

蒙面人没有一个答话,为首两人突然将手中的一张大网抛过去,顿时将郭子兴罩住,用力一拉便拉下马来。之后,先堵上郭子兴的嘴,用绳索捆绑起来,随后又蒙上他的双眼。大约一刻钟后,郭子兴被带到一处房中,被重重地摔在了地上。待到解开绑绳,撤去蒙眼和堵口,郭子兴睁眼细看,面前坐着的竟然是赵均用。他怒气冲冲发问:"赵副帅,你派人绑架本帅,是何用意?"

赵均用冷笑几声:"郭子兴,而今你落在了我的手上,还有何话说?"

"赵均用,本帅与你无冤无仇,为何将我绑架。"

"郭子兴,我作为副帅前去你处拜访,此乃主动示好。而你收下重礼,却将我赶出府门,你是又贪财又黑心,难道我还不该出口恶气吗?"

"你是一派胡言!你何曾到我府上?本帅又何曾见过你的礼物?又何曾将你赶出府门?"

"就不要装疯卖傻了,男子汉大丈夫就应敢作敢当。"赵均用反问,"难道你的儿子不曾给你金罗汉?"

这番话倒叫郭子兴猛醒,但不好说破,只能惊讶道:"怎么,到我府上是我儿天叙与你见面?"

"不是他还有谁?"赵均用提起便怒气不息,"你的儿子将金罗汉送往你处,你留下厚礼却不见我。郭子兴,你太过分了!"

郭子兴彻底明白了,这是他那不争气的儿子暗中做了手脚,定是留下金罗汉,谎称自己不见客人。可是,又不好当面向赵均用明言:"赵副帅,这里一定是存有误会,听你之言,非你无理,待我回府一定查清此事,然后摆酒为你赔罪。"

赵均用与郭子兴原本没有仇恨,听这话他也似有所悟:"怎么,郭元帅不知我去府上?"

"今日若非副帅提起,这一切我还被蒙在鼓里。"郭子兴诚恳道,"赵副帅,放我回到帅府,我一定严惩蒙蔽本帅之人。"

"这,"赵均用不免犹豫不决,他原想按孙德崖的主意,将郭子兴秘密处死,但他听了过程,觉得郭子兴并不是有意羞辱自己。毕竟都是红巾军首领,杀了郭子兴是让孙德崖得利,世上没有不透风的墙,日后传出是自己除掉郭元帅,还不是落得背负人命债,这傻事不能干。他想了想,说:"郭元帅,这事我还做不了主,还得找人计议一下。"

"敢问要与何人商量?"

"这,你就别问了。"赵均用匆匆走出,他明白这计议只怕对方不会接受,也许郭子兴的性命难保了。

第二章　救主娶秀英

　　月季花散发出阵阵幽香,几只黄蜂在花蕊间徜徉,一丝风也没有,燥热把客厅整个笼罩起来。孙德崖汗流浃背,在房中坐立不安。其实他不全是热的,而是心中格外急切所致。他抹去头上的汗珠,想象着赵均用杀死郭子兴的情景。说不定此刻郭子兴已人头落地,自己就可统领全军了。他设想着,当了濠州城红巾军的主宰之后,还要设法将赵均用除掉,这样就没人知道他的阴谋了,他又可以用为郭子兴报仇的名义,收拢郭子兴旧部的人心。然后,再把郭子兴的养女马秀英弄到手,做自己的二房夫人。这样既可以与郭子兴旧部拉近距离,又可以得到那个大脚的美人,这可是一举两得的好事!

　　赵均用步履匆匆走进房,手中并未提着人头,孙德崖迎上去:"赵副帅,郭子兴结果了?"

　　"咳!"赵均用颓然坐下,端起桌上的残茶一饮而尽,"结果个屁!郭子兴对收礼和赶我出府并不知情,那是他的儿子所为。"

　　"哎呀,赵副帅,你怎能轻信郭子兴的谎言?"孙德崖竭力想要挽回局面,"试想,若无郭子兴首肯,郭天叙他敢对你那样无礼?"

　　"我看郭元帅说得十分中肯,不像是说假话。"赵均用表明自己的态度,"这么点误会,就叫我杀人,我下不了手。"

　　"那你打算如何?"

　　"放他回去。"

　　"糊涂。"孙德崖疾言厉色,"常言道擒虎容易纵虎难,你将郭子兴绑架,已然将他得罪,再若放了他,郭子兴焉能轻饶了你?"

赵均用沉默少许:"既是如此,他人还在,你也与他素有仇隙,孙副帅可去亲手干掉他。"

"我,"孙德崖摇摇头,"我们平日里兄弟相称,当面将他刺杀,这叫我如何下手?"

"就是啊,"赵均用抓住了理,"你都当面无法下手,我和他并无深仇大恨,就更难对他亮出屠刀了。"

"反正是不能放虎归山。"

"孙副帅既不想杀,又不想放,那你就将他带走,由你决定该杀还是该放。"赵均用卖个人情,"这,也算是我对你的尊重了。"

孙德崖转转眼珠:"你得答应我两个条件。"

"说。"

"一,你还要将郭子兴的眼睛蒙上,不能说明去向,由我秘密带走。"

"二呢?"

"你要守口如瓶,不能对任何人提起郭子兴被我秘密带走。"

"这两个条件可以答应。"

"那么,我便将郭子兴带走。"

两个人达成了协议,郭子兴让孙德崖给押走了。赵均用也不知他的生死存亡,就是还活着也不知身在何处。

郭元帅的府邸,已是乱成了一团。一天快要过去了,也不见郭子兴的踪影,大家猜测郭元帅十有八九是遭遇不测了。去城外公干的朱元璋回到府中,一见这凝重的气氛,一见元帅的张夫人,还有马秀英哭得红肿的双眼,一见郭天叙暴躁地摔东西,便知情况有异。

"这是发生了什么意外?"朱元璋上前询问郭天叙,"大公子,大元帅他现在何处?"

"放屁!"郭天叙瞪起血红的眼珠子,"你明知元帅失踪,还故意相问,分明是捡笑。"

"小人不敢。"朱元璋又问,"但不知元帅他是何时失踪?如何失踪?"

"你问这干吗?告诉你管屁用,你还能给找回咋的?"郭天叙白他一眼,"滚一边眯着得了。"

马秀英自从被朱元璋相救,就觉得他是个可靠的男人,便将过程向其简述一番:"朱壮士,你看元帅他会发生意外吗?"

大黄狗可能是看见了朱元璋,又闯入房中,用嘴衔住他的裤脚,口中"嗷嗷"叫个不住。

郭天叙抬起脚狠狠踢去:"该死的狗!不知人心里有多烦,两次进来嚎丧,踢走了也不长记性,这又来嚎。"

大黄狗哀叫几声,还是叼住朱元璋的裤子不松口。朱元璋猛然想起,说道:"这大黄狗每天早晨都跟着大元帅去练武,元帅发生意外之时,它肯定在场。"

马秀英表示赞同:"有理。"

郭天叙一见马秀英同朱元璋唱和,便心中有气:"哼,全是废话,狗在不在场又能如何,狗还会说话呀?"

朱元璋还真的和狗搭话了:"黄狗,你是看见元帅被人加害了,你要带我去寻找元帅的下落吗?"

狗是真通人性,它松开朱元璋的裤脚,掉头向外就走。朱元璋叫上一队亲兵,跟在黄狗后面就走。

黄狗在前,亲兵在后,在濠州城内曲里拐弯,很快来到一处大宅院的门前。朱元璋认出这是赵均用的住处,便上前敲门。

因为心中有鬼,还未到晚饭时间,赵均用便关上了院门。他听到亲兵来报,打定主意不见朱元璋。亲兵在门内答话:"朱队长,我家元帅不在,就不能给你开门了,有事改日再来。"

大黄狗冲门叫个不停,而且用爪子狠狠挠门。朱元璋料定元帅失踪与赵均用有关,便高声动问:"门爷,不知你家元帅去往何处?"

"他……"亲兵一时不知该如何回答,"他大概去了彭元帅府上。"

这一言正中朱元璋的下怀:"既如此,我们且去彭元帅府上寻他便了。"

彭大在府中正要进晚餐，朱元璋拜见后说："彭帅，我家主人郭大帅下落不明。"

"啊，"彭大吃了一惊，"竟有此事？"

"还望彭帅伸出援手。"

"本帅如能尽力，理当相助。"

"彭帅，据小人所知，此事与赵副帅有关。"

"你何以这样认为？"

朱元璋说说过程，然后指出："大黄狗径直引路到他的府门，狗是通人性的，这就足以说明赵副帅有重大干系。"

"那你何不登门查问？"

"是小人前去叫门许久，而赵府大门紧闭，而且声称赵副帅就在彭帅府内，故而小人前来打扰。"

"这是怎么说！赵副帅也真是，有关无关见一面又有何妨？这不见，莫不是心中有鬼？"

"小人恳请彭帅辛苦一趟，前往赵副帅府走一遭。"

"好吧，郭元帅收留我们进城恩情未报，此事非同小可，我这饭也不吃了，找他赵均用问个明白。"

朱元璋一行，重又返回赵府，彭大命人打门。亲兵在门内答道："别敲了，主人不在。"

彭大一听，亲身向前："别再废话，给我开门。"

"你是何人？这样大的口气。"

"我是彭大元帅。"

"啊，大帅到了！待小人禀报副帅出迎。"亲兵一急便说漏了嘴。

"你刚刚不还声称他不在吗？"

"啊，这个……副帅他是刚刚返回。"

"无须禀报，快些开门吧。"

亲兵把门打开，朱元璋等人随彭大一拥而入。彭大为首，直奔后院。赵均用正在中堂踱步，听见乱哄哄的声音急忙出来查看，一见是彭大来到，赶紧上前施礼："拜见大哥。"

"看来你是在家啊。"彭大是真不客气,兜头便问,"为何将郭元帅的亲兵朱队长拒之门外?"

"大哥有所不知,此事我不好答复。"

"朱队长有黄狗为证,难道这事真是你干的?"

"大哥错怪小弟了,"赵均用决心择清自己,"并非小弟所为,但小弟却也知悉内情。"

"怎么,还是与你有关?"

"大哥,郭元帅失踪,乃他们的副帅孙德崖绑架。"

"那黄狗为何认准了你的府门。"

"是那孙副帅欲嫁祸于你我,故意将郭元帅蒙面带至我府,是我再三反对,他才将郭元帅带走。"赵均用说,"他十有八九是将郭元帅带回了孙府。"

彭大一听:"朱队长,如果这样,本帅同你去孙府要人。"

"多谢彭帅相助。"

朱元璋一行来到孙德崖府门,同样吃了闭门羹。任你如何用力,哪怕是擂鼓般地敲门,门内竟是毫无动静。

彭大双手一摊:"叫门不开,如之奈何?"

朱元璋对孙家还算熟悉:"彭帅,你堵住前门,我去孙府后门,设法进去。"

"也好,你要快些。"

朱元璋到了后面,后角门也是紧闭。他让两个亲兵架起自己,上了一人多高的院墙。从墙头他又攀上后房的屋顶,登着房瓦,直到中脊。他向下一望,但见有两名兵士守在房下的门前。觉得这房内或许是有人被看押,莫不是元帅关在此处?他稍一思索,便下手揭去房顶的罩瓦。待到揭出一人宽的大洞,又取出刀来,割断房屋的木架,室内的情景便了然于他的视野里。地下的干草堆上,蜷缩着一个人,而且项上带着大大的木枷。虽说是头发蓬乱,但细一辨认,正是大帅郭子兴!

朱元璋回头对亲兵们吩咐:"元帅业已找到,你们速速进院,我这就下去救人。"言毕,朱元璋凌空跃下。

郭子兴正在闭目思索，冷不丁跳下一个人，把他着实惊吓得够呛，及至定睛观看，认出是朱元璋，真是喜出望外："元璋救我。"

"元帅莫急，小人就是前来相救您的。"他便用手中刀撬那木枷。

值守的两名兵士听见屋内"咕咚"一声，便俯在窗边查看。他们发现了朱元璋，随即大声喊道："不好，进人了！快去前边喊人来。"

此时，朱元璋的同伴已进得院中，哪容值守的兵士再去喊人，三下五除二将两个兵士砍倒在地。朱元璋也已打开牢门，背起遍体鳞伤的郭子兴出了牢房。

同伴打开后门，朱元璋背着郭子兴飞跑，回到了府中。

张夫人和马秀英手忙脚乱地把郭子兴接到床上，立时请来医生给他诊治。医生看过后安慰说："元帅并无大的妨碍，都是表皮伤，将养几日就会好的。"

张夫人这才放心了，也才想起问候："元帅，你这一日是怎么了？又是谁下的黑手？"

"咳，真是一言难尽。"郭子兴详述了清晨去校场习武的经过，"赵均用真不是个东西，本帅好心好意收留他们入城，竟然恩将仇报。"

马秀英不免问道："父帅与他并无仇恨，他为何要下毒手呢？"

一句话提醒了郭子兴，他左右看看："逆子天叙何在？"

张夫人回答："天叙跑出去，满城在寻找元帅。"

"哼！"郭子兴怒气不息，"这件事都是他惹的祸。"

"是这样吗？"张夫人问。

"不信，让朱元璋说说。"

"元帅，这事起因是同大公子有关，但……"朱元璋话才说了半句，就顿住不再言语了。

郭天叙走进来，刚好听到这半截话："好你个朱和尚，竟然背地里说我的坏话，挑拨我们父子的关系！"

"逆子，还要嘴硬。"郭子兴怒斥道，"说，金罗汉现在何处，难道不是你私自留下了吗？"

"父帅，您误会孩儿了，"郭天叙从身上取出金罗汉，"儿就是为父帅收的,只是还没来得及给您。"

郭子兴接过金罗汉,捧在手中仔细观看,脸上渐渐现出笑容:"不错,确是难得的珍品。"

"父亲高兴就好。"郭天叙近前关切地说,"您这又平安归来,大难无虞,必有后福。"

"都是你得罪了赵均用,才致为父蒙此祸端。"郭子兴收起笑容,"你为何将赵均用赶出府门?"

"父帅怎能听信他的一面之词?孩儿就是再糊涂,也还懂得待客之道。他说的是假话。"

"他来送礼,就是示好,何苦来说假话?"郭子兴满是不相信的神色,"分明是你在说假话!"

"父帅,赵均用与孙德崖二人已勾结一处,就是要夺您的兵权,他二人合伙将您绑架,还不足以说明问题?"

郭子兴一下子怔住了,儿子之言有理啊。他的气又全都转向了孙、赵二人:"哼!此番孙德崖和赵均用对我暗下黑手,我决不会善罢甘休。"

"父帅所言极是,理当攻其无备,立即出兵,将赵均用、孙德崖生擒,审明真相,典正法刑。"

"这样做,岂不是翻脸了?"

"父帅,是他们不仁,我们才不义。孩儿愿领兵包围孙、赵二人的住处,将他们生擒活捉,让父帅出了胸中的恶气。"

郭子兴仍在犹豫:"是否同彭帅商议一下。"

"父帅,无毒不丈夫,有仇焉能不报?如果隐忍下去,他们会认为你软弱可欺,说不定人家就先下手了。"

"好,就依我儿。"

"大帅,不可。"朱元璋忍不住还是开口说了。

"姓朱的和尚,你不过是名亲兵小队长,元帅的军令你也敢违抗,分明是活够了,找死。"

郭子兴一向认为朱元璋较有见识,便拦住郭天叙的话,对朱元璋说道:"不要听他胡说,讲讲你的道理。"

"元帅,这件事已经过去,常言道'冤家宜解不宜结',就不要过分计较了。凡事当以大局为重,元帅命小人出去刺探军情,小人还未及禀报。那元朝廷丞相脱脱,已任命中书左丞贾鲁为大将军,统率二十万大军前来进剿,距濠州仅有百里远近,大敌当前,怎能内部还自相残杀?"

郭子兴听得频频点头:"是啊,我就担心一抓赵均用,那彭大也要搅和进来,看光景,真的不能内斗呀!"

"父帅,越是大敌当前,越要整肃内部,无人掣肘了,也好一心一意对敌,方能克敌制胜。"

"把内部打得稀里哗啦,人都打没了,还如何对付元军?"郭子兴毕竟是一军统帅,还是有军事见解的,"就按朱元璋说的办。"

"父帅,他一个和尚出身,也不懂兵书战策,您怎就处处偏向他,为儿我实在是不服。"

"他的话有理就听他的,你呀,学着点吧。"

张夫人在一旁低声对郭子兴说:"老爷,贱妾有话要同您商议。"

"夫人有话尽管讲来,何需这般客气。"

张夫人看看在场的郭天叙和朱元璋:"老爷,请借一步说话。"

郭子兴一时摸不着头脑:"夫人,你这是唱的什么戏呀?"

二人来到后堂,张夫人问:"老爷,元军二十万就要大举进犯,我们这濠州守得住吗?"

"这个,"郭子兴沉吟一下,"我和夫人实说,大半是守不住的。"

"既是这样,我们应该给秀英找个婆家,也让她终身有靠。"

"急切之间,哪有合适的人?"

"老爷,这人嘛倒是有一个,贱妾觉得此人前途无限,是个绝佳人选。"

"是何人?"

"远在天边,近在眼前。"张夫人点明,"朱元璋。"

"他……"郭子兴迟疑一下,"夫人倒是见解独到。"

"此人虽说出身低微,但见识过人,绝不会久居人下。而且对老爷忠心不二,此番若非他冒险相救,老爷只怕还在囹圄之中,说不定还会有性命之忧。"

"这话不假,朱元璋此番于我确有救命之恩。"

"他对秀英也曾挺身相救,若不是他舍生忘死,秀英便落在了孙德崖手里,结果就不好说了。"

"这倒也是。"

"秀英对他也怀有好意,若是许他,秀英定会中意。"

"只是……"

"老爷还有何顾虑?"

"天叙儿明摆着也对秀英有意,如果秀英他嫁朱元璋,天叙说不定就要同你我生分。"

"老爷,妾身问你,秀英可是个好姑娘?"

"那是没得说,百里挑一,有心计,好容貌,又是一双大脚,在我们打打杀杀的人家,正是用得着的。"

"那我们就该对得起孩子。"张夫人诚恳相劝,"老爷当年起兵之时,多亏马三以全部家产相助,方有今日之规模。他临终之际,将爱女秀英托付,老爷也曾答应,要像亲生女儿一样相待。而天叙为人较为刻薄,且已有妻室,我们怎能让秀英给他做妾,这也对不起马三的在天之灵。"

"夫人一番宏论,句句在理,若秀英不反对,就依夫人。"

"妾身早已同秀英提过此事。她已心仪朱元璋。"

"眼看大战在即,我们便择日为他二人完婚。"

"择日不如撞日,今日便是良辰,给他们及早完婚成亲,也好全心投入迎敌的准备。"

"夫人说得好。"

二人回到前厅,郭子兴和颜悦色看着朱元璋:"今日你救本帅有功,要给你一个最好的奖励。"

朱元璋赶紧推辞:"元帅,小人出力乃分内之事,断然不敢承受奖励,还是免了吧。"

"要免,你会后悔的。"郭子兴告知,"夫人已经决定,把她最心爱的女儿秀英许配给你。"

"这……"朱元璋甚觉意外,一时间不知该如何回答。

"父帅,"郭天叙可是急了,"凤凰怎能配乌鸦,您不能将秀英往火坑里推啊,这可关系到妹妹的一生呀。"

"天叙,不得对元璋无礼,今后你们便是兄弟了。"郭子兴回过头来笑问朱元璋,"怎么,还有所保留不成?"

朱元璋何等精明,自与马秀英相见,他便暗中喜欢上了这位巾帼女郎,只是没敢奢望,此时此刻得以喜结连理,自是喜出望外,他稳稳当当跪倒,行了三叩之礼:"岳父岳母在上,小婿定会与小姐相敬如宾。"

"好,好,贤婿请起。"郭子兴脸上笑开了花。

当晚,朱元璋同马秀英拜了花堂,在喝得半醉之后,朱元璋帽插宫花身着红袍,满面红光地来到洞房。

丫鬟在门前拦住:"新姑爷,止步。"

"这是为何?"

"我家小姐说了,见识过你的武艺和力气,但尚未领略你的文采。小姐命你即刻做诗一首,如果不能,就休进洞房。"

"怎么,这是要难倒我这个讨饭出身的汉子不成?"

"小姐之命不可违。"

"好,请小姐出题。"

"小姐说,盆中的菊花盛开,就以此为题。"

朱元璋望望盆里的金菊,胸中立刻有了,命丫鬟取来纸笔,挥挥洒洒写下:

百花发时我不发,
我若发时都吓杀。
要与西风战一场,
遍身穿就黄金甲。

丫鬟将诗送进去,马秀英看罢,真是打心眼里高兴。朱元璋不仅身体好武艺强,而且还有文才,他的诗透出远大的抱负。不由得暗自欣喜没有找错人,将终身托付此人是选对了。

次日天色刚刚放亮,朱元璋就早早地起床了。马秀英被他惊醒:"夫君,你这是去往何处?"

"父帅每日早起习武已成惯例,眼下城内比较混乱,不能让父帅再出意外,我要随行保护。"

"夫君,你做得对。"马秀英由衷地赞佩,"不枉父帅选你为婿。"

"夫人,拙夫还有一事要同你商议。"

"夫妻之间,有话只管讲来。"

"元军二十万不日就将到来,而濠州被围已成定局。我方的兵力显然少于敌军,我欲向父帅请求,趁元军尚未围城,先出去招兵,以强我军实力。"朱元璋想了想又说,"而且我日后要为父帅效力,总得有自己的一班人马。"

"夫君所言甚是。"马秀英极表赞同,"好男儿志在四方,守着家恋妻儿的没有出息。为了红巾军的事业,你就放开手脚去闯荡吧,为妻决不会拖你的后腿。"

"夫人真是深明大义,这我就放心了。"朱元璋在马秀英的额头上重重吻了一下,离开了新婚的热被窝。

郭子兴刚要出大门,回头见是朱元璋手握短刀跟上来,很是诧异地问:"你是新婚,理当贪睡,却起这大早做甚?"

"父帅与孙德崖、赵均用等人已有过节,小婿不放心,故而起早同父帅一同习武,也好保您平安。"

"倒是一番孝心。"

"父帅,小婿还有一事请示。"

"有话只管说来。"

"眼下归您指挥的军队人数有限,二十万元军即将前来围城,小婿意欲前往家乡招募新兵,以补充我方兵员不足。"

"这想法自然是好,可是你刚刚新婚,怎能离开秀英?"

"父帅,大丈夫志在四方,怎能为儿女情长所困,人生在世,事业第一,秀英是会理解的。"

"好吧,你既有此大志,为父绝不阻拦。"

"父帅,小婿还有个请求。"

"说。"

"统领汤和是我同乡,此番前往家乡招募,请父帅允他率所部与我同行,以壮行色,也好鼓动乡人。"

"汤和官为统领,你是我的女婿,怎能在他之下?"郭子兴稍加思索,"这样吧,我就授你为镇抚之职,望你好自为之。"

"多谢父帅提携。"朱元璋顿觉豪情万丈。

次日一早,朱元璋与马秀英依依惜别,同汤和一起,带着部下百名兵士踏上了去家乡的旅途。

元朝的残暴统治,再加上旱灾瘟疫,使得人民苦不堪言,民间早已是一堆干柴。朱元璋回来募兵,就像往干柴堆上投了火把,干柴立刻熊熊燃烧起来。幼时的玩伴,长大的乡邻,看见朱元璋做了镇抚,汤和成了统领,纷纷前来报名投靠。小朱元璋三岁的徐达,第一个前来投军。接着便是周德兴、邵荣,之后便是源源不断的人流。像郭兴、郭英,还有张龙、张温、顾时等,不过十天光景,朱元璋就招募了七百多人。朱元璋明白一个浅显的道理,兵马未动,粮草先行,有了兵马,还要备足粮草。而且他料到,元军对濠州的围困必定是旷日持久的,城内的粮草一定也会不济,多备粮草,在必要时也可对濠州守军及时接济。

徐达对朱元璋献计:"朱将军,定远张家堡有一个驴牌寨,寨主缪大亨手下有三千人马,且寨有积粮,如果取下此寨,即可解决缺粮的困扰。"

"此议甚好,全军向驴牌寨进发。"朱元璋带领一千人马,次日便来到驴牌寨山脚下。

"何人敢上寨中通报?"朱元璋环问众将。

"末将愿往。"徐达浑身都是不怕死的英雄气概。

"好,徐将军要随机应变。不使缪大亨明了我方的虚实,这样可保你性命无忧。"朱元璋嘱咐。

徐达上山后,到了山寨的聚义厅,只见缪大亨在居中的虎皮椅上端坐,两旁侍立着十几员将领,瘦小枯干的军师站立在身边。徐达拱手抱拳施礼:"代我家朱将军给缪寨主请安。"

缪大亨阴沉着脸:"某与朱将军素昧平生,向无来往,不知徐将军突然拜山所为何来?"

"朱将军奉郭元帅之命,前来招缪寨主率部加入我军。"徐达回答得干脆利落,"寨主意下如何?"

"是商量呢,还是强迫呢?"

"自然是商量。"徐达紧接着加以规劝,"缪寨主,眼下元朝已是腐朽透顶,天下凡有血性的汉人,无不群起造反。寨主兵微将寡,独撑这驴牌寨,终究难成气候,且易为元军剿灭。莫如加入我红巾军行列,以浩大声势,击元军痛处,日后也得成正果。是耶,非耶?请寨主自专。"

"徐将军所论,诚为金玉良言,容某同弟兄们商议一下,再答复贵方如何?"缪大亨语气极为谦和。

徐达紧紧咬住:"战事紧急,朱将军不能在此久留,你我双方便以一日为限,明日此时,静候佳音。"

"无论可否,明日此时定有消息奉告。"缪大亨吩咐一声,"送客。"

那个干瘦的军师将徐达送出了寨门。

次日上午,驴牌寨的军师来到朱元璋大营,他一双鼠眼四外张望,见连绵的营帐足有上百,军容整肃,兵士们着装齐整,枪明刀亮。进得大帐,向朱元璋深深一躬:"小人参见朱将军。"

"军师免礼,请坐。"

小卒上茶后,徐达问道:"请问军师,缪寨主作何打算?"

"我家寨主当然要走朱将军指出的光明大道,只是还有些细节,乞请朱将军移驾山寨,同我家寨主再作详细面谈。"

"怎么,缪寨主就不能屈尊下山吗?"徐达当然不愿朱元璋涉险。

"朱将军远道而来,上山后我家寨主就便设宴款待,以尽地主之谊。"军师欠了欠身,"还望朱将军赏光。"

"这要容我们商议。"徐达担心朱元璋受到对方算计。

"不必了,"朱元璋当即答复,"本将军稍事准备,下午即可上山,军师可以回复寨主。"

"我方求之不得。"军师起身,"小人告辞,回山也好准备招待将军的酒宴和一应事务。"

送走了军师,徐达就埋怨起朱元璋:"朱大哥,你怎能贸然应承?上山不能多带人马,万一对方设计加害,你便有性命之忧。"

"俗话道,不入虎穴焉得虎子,我方的实力这个狗头军师没有看透,谅他们也不敢轻举妄动。"

周德兴也持反对意见:"朱大哥不能冒险,还是小心为上,实在要去,由小弟代大哥前往。"

徐达抢着说:"我已上过一次山,要去还是我去。"

"你二人都不要争了,情意我领,但我既已当面应允,岂有反悔之理?作为全军的主将,我们不能让区区一个小山寨的头领把我们看轻了。"朱元璋表明决心,"我意已决,只带徐达一人上山,看它这驴牌寨,还是龙潭虎穴不成?"

朱元璋的山寨之行,确实是祸福难料。

第三章　智取横涧山

驴牌寨的山门在明亮的阳光下,翘起高高的檐角。缓缓的寒风,吹拂着"缪"字大旗在轻轻抖动。守寨的喽啰手执银枪,来回巡逻。为了表示诚意,缪大亨带着军师亲自到山门迎候。

突然间,一支箭从门外射来。缪大亨急忙躲闪,那支箭也已无力地落在了面前。军师上前拾起:"寨主,不是有人加害,而是一封箭书。"

"拆开观看。"

军师解下箭书,打开细看,然后递过来:"看,这是有人通风报信。"

缪大亨接过,从头而阅:

寨主阁下:朱元璋只有八百人马,不过是和尚出身,不要受他蒙骗。三千人马,怎能受制于他。依阁下实力,完全可以将他所部吃掉……

"寨主,这信来得太及时了,我们险些上当。"军师表明看法。

"你不是说他有上万人吗?"

"看来,我是被他的假象欺骗了。"军师急问,"朱元璋眼看就要到了,寨主得拿个主意呀。"

"依你之见,就不打算归顺他了?"

"他才区区八百人马,我们何不趁机吃了他们。"

"可他背后有郭子兴啊!"

"郭子兴远在濠州,也是鞭长莫及。"军师献计,"再说,我们也不是没有靠山,令兄的横涧山也有几万人马,到时我们可以去那里投奔。"

"那就吃掉朱远璋的八百人?"

"送到嘴的肥肉,不能不吃。"军师脸上现出奸笑,"等下他来的人少,就可以相机擒下。"

"有了朱元璋在手,就可逼他勒令全军归降。"缪大亨说出他的打算。

"正是英雄所见略同。"

二人会心地开怀大笑。

山门外,有脚步声和说话声传来,朱元璋在前,徐达在后,步行来到了山门。缪大亨与军师对望一眼,满面带笑迎出山门:"哎呀,朱将军,果然是英雄气概,不带护卫便来进山,令人钦佩。"

朱元璋抱拳施礼:"缪寨主亲自出迎,足见诚意。你我就当以诚相待,日后也能如兄弟般和睦。"

"朱将军,请。"缪大亨侧身相让。

朱元璋揖让一下,挺身而进。徐达跟在身后,他注意地观察着四周。只见军师向喽啰们频使眼色,两个喽啰会意地关上了寨门。朱元璋也发觉缪大亨表情异样,他当机立断,拔出腰刀便抵住了缪大亨的后颈。徐达更不怠慢,也用剑顶在了军师的咽喉。

"这……这是为何?"缪大亨说话声音发颤。

军师更是吓得脸色煞白:"徐将军,有话好说,千万别下手。"

与此同时,寨门里的山石后站起数十喽啰,手中的弓拉满箭上弦,已是随时准备射击。

"告诉你的喽啰,如敢妄动,就叫你脑袋搬家。"徐达向军师发出了警告。

朱元璋也对缪大亨提出:"命令喽啰打开寨门。"

"这……"缪大亨对眼前的形势拿不定。

朱元璋的手动了动,缪大亨的后颈流下了鲜血:"缪寨主,想要活命,就照我的话去做!"

缪大亨情知此刻命在对方手心里,只得冲着喽啰发脾气:"还愣着干吗?傻呀,开门!"

喽啰磨蹭着打开了寨门,寨里的弓箭手已经逼近。朱元璋用刀按着缪大亨的脖子:"走,出寨门。"

缪大亨不情愿,也不敢不动。

相比较,徐达就容易多了,他一声断喝:"跟着走!"

军师乖乖跟在后边,山寨弓箭手也都紧跟过来,而且渐渐逼近。朱元璋吩咐缪大亨:"寨主,你下令叫他们放下武器。"

缪大亨还心存侥幸:"他们,怕是不听啊。"

徐达的刀用了点力,军师的脖子见血了:"发话,让这些弓箭手退后,都放下武器。"

军师可是怕死,他服服帖帖:"众喽啰,都给我靠后,放下手中的弓箭,要是寨主有失,要你们的狗命!"

喽啰们便止步了,但仍不肯放下武器。喊杀声突然从对面传来,汤和、周德兴率领着几百红巾军杀了过来。在朱元璋走后,他们很不放心,早就集结好队伍,等待一旦山寨生变便率队接应。如今获悉朱元璋、徐达二人与敌人交手了,就带着部队猛冲过来。

缪大亨的头垂下来,他明白已是彻底输了。在朱元璋的刀锋下,他无奈地上山集合喽啰。周德兴押着他,把山寨的存粮和金银全都接收过来。

缪大亨看看周德兴:"周将军,我还有一事相求。"

"你想要捣什么鬼?"

"我的压寨夫人还在密室中,她手头有一个百宝箱,内存许多金银珠宝,我得把她找出来。"缪大亨眼睛一眨,"求你给我留下一半,另一半就孝敬您。"

"你少和我套近乎,本将军才不要你的赃物,也不会给你留下一件,全都交给朱将军,以便队伍征集粮草之用。"

"是,是,"缪大亨点头哈腰,"我是以小人之心度将军君子之腹,罪过,罪过。"

"别废话了,你快进屋里将百宝箱取来。"

"是,是。"缪大亨毕恭毕敬应答着,进了山窝里的卧房。

周德兴在门外等了许久,还不见缪大亨出来,便高声喊道:"缪大亨,别磨蹭了,快点滚出来!"

里面无人应声,又等待片刻,周德兴耐不住性了了,赌气进了房中。这一看他傻眼了,屋里哪有一个人影。细一观察,靠墙的箱子挪开了,墙上有一个大洞。

周德兴不顾一切钻进去,摸黑往前走,也不知走了多远,前面有了亮光,等他钻出来,已是到了后山。丛林茂密,山野寂寂……

周德兴垂头丧气地返回,见了朱元璋,嗫嚅着说:"朱大哥,小弟有罪,让缪大亨那厮从地道里给溜走了。"

朱元璋问了经过,反倒安慰他:"不要上火了,他跑了无所谓,整库的粮食都留下了。"

"大哥,他一定是逃到横涧山去了。"周德兴请战,"给小弟一支人马,我去把他抓回来。"

"横涧山是他兄长缪大财盘踞,手下有三万喽啰,凭我们这两三千人,要打十倍的敌人,可不是闹着玩的。"

"怎么,大哥……怕了?"

"倒不是怕不怕,要打也得好好谋划谋划。"朱元璋给他一个任务,"你现在就将俘获的喽啰重新编入我们的队伍,并对他们进行必要的操练,为我们攻打横涧山做准备。"

周德兴领了军令去改编部队,朱元璋带人将驴牌寨的粮草全都运下山,然后放火烧了驴牌寨。

部队正在山下整编,有一支队伍向大营开来。巡哨的将领花云上前拦住这支队伍,手中刀一横:"来者何方队伍?报上名来。"

"我等是洪山寨的反元义军。请问将军尊姓大名?"

"在下乃朱将军帐下将领花云是也。"

"花将军,幸会。"为首的人在马上一揖,"我叫冯国用,是洪山寨主,这是胞弟冯国胜。我二人带所部五千人马前来投奔朱将军,请给引见。"

"二位寨主稍候,待我禀报朱将军。"

朱元璋闻报,喜得他亲自出迎。冯国用兄弟下马,他携着二人之手,一路说笑着走进大帐。落座之后,朱元璋自谦地言道:"朱某有何德能,蒙二位寨主不弃,实实惭愧。"

"朱将军勇取驴牌寨,且军纪严明,将士一心,前程无量。我兄弟在洪山寨也非长久之计,故而前来投奔,还望将军收留。"

"朱某事业初创,得二位寨主合兵,诚如虎添翼也。"朱元璋吩咐下去,"杀猪宰羊,为冯将军弟兄接风。"

"朱将军,我兄弟前来相投,非为一餐口福,而是知您有远大志向,因此,暂不需杀牲款待。"冯国用言道,"我弟兄当先立下战功,再饮将军的庆功酒不迟。"

冯国胜也是个智勇双全之人:"朱将军要取横涧山,我弟兄愿为先锋。"

朱元璋喜得眉开眼笑:"二位寨主已知我要取横涧山,真乃知心也。但不知此山当如何攻取?"

"论兵力敌强我弱,只可智取,不可强攻。"冯国用已是成竹在胸。

朱元璋暗加赞赏,但他并不明说,反而扯远了话题:"冯寨主,你看欲成大事,我将如何行动呢?"

"朱将军,要取天下必取金陵,此地龙蟠虎踞,本帝王之都,据有金陵,便可进取天下。"

"此为地理形胜,我当运用何种策略,方能取得天下呢?"

"在下以为,须做到五点。"冯国用正色而言,"一要不急不躁,稳扎稳打,步步为营,积小胜为大胜。二要轻财仗义,战后凡有所获,要奖励将士,使下属肯于用命。三要体恤民生,攻城略地之后,要让百姓过上安生日子,得到你的实惠。四要信任部将,用人不疑,放手让部将用兵,才能不失战机,免却内耗。五要赏罚分明,有功者不吝金银职务的奖赏,对于违犯军纪者,定要严惩不贷。特别是将军的亲属故旧,更要不讲情面。军令如山,方能每战必胜。"

"好!"朱元璋禁不住击案叫好,"冯寨主不仅有短期的用兵方略,更有长远的战略目标。上天赐我冯将军,何愁天下不为我所有。"

冯国胜忍不住插嘴:"朱将军,阁下与家兄所论,乃日后长远之事,眼下当先议论如何夺取横涧山。"

"将军之意呢?"

"横涧山正面寨门建在悬崖峭壁之上,一夫当关,万夫莫开。但它有个致命的弱点,便是后山有条猎人可以攀爬的险径。我愿带一百名勇士偷袭,暗中潜伏在他的大厅之后,配合正面的进攻,出奇制胜。"

"正面也不能强攻,那样做会造成重大伤亡。"冯国用补充说。

朱元璋微微一笑:"我已有了办法,是智取加强攻。"

冯国用问:"但不知朱将军计将安出?"

"来呀,"朱元璋吩咐一声,"将驴牌寨的军师押进帐来。"

那军师本就瘦小枯干,此刻是哆哆嗦嗦战战兢兢,缩成了一团:"给朱将军叩头。"

朱元璋脸绷着:"你是要死还是要活?"

"当然要活。"

"要活便好办,我放你走,让你上横涧山去找缪大亨。"

"小人不敢。"

"本将军和你说的是实话,放你便走。"

"是,小人听命。"军师问道,"我的高堂老母,还有妻子儿女,是否容我……一起带走?"

"暂时不可,"朱元璋冷笑一声,"待到破了横涧山寨之后,自然放他们同你一起离开。"

"朱将军的意思是……"

"我派两员将领,扮作驴牌寨的喽啰,与你一同上山。他二人安全无虞,便是你的造化。"

"那,这二位将军上山做甚?"

"这就不需你多问了。"朱元璋唤道,"花云、丁德兴。"

二人应声入帐:"听朱将军将令。"

"按照我的吩咐,作为喽啰随军师上山。"

"遵令。"

朱元璋嘱咐："一定要随机应变,听到三声号炮响过之后,你们就在缪大亨的大厅里动手。"

"我等记下了。"

军师领着花、丁二将,直往横涧山上走去。到了寨门前,守寨喽啰在寨门顶上喝问:"何人敢闯山寨?"

军师答道:"我是驴牌寨缪寨主属下的军师,所幸逃过朱元璋的搜捕,前来投奔旧主,速去通报。"

缪大亨兄弟闻讯来到寨门上,仔细瞭望一番,不见后面有伏兵,方始放下心来:"同行者何人?"

"寨主,这是我们山寨的两个喽啰。"

"我怎么觉着他们眼生?"

"驴牌寨有几千人,寨主哪能认得清。难道我还会骗你不成?"军师为了家室的安全,自然要为花云二人遮掩,"这一路上也全亏他二人的照顾了,要不然我都到不了横涧山。"

"好吧,放他们进寨。"

寨门轰隆隆打开,军师和花云、丁德兴一齐进入了山寨。

就在这时,咚咚咚,传来三声炮响,花云和丁德兴不失时机,一齐执刀在手,将缪大亨兄弟控制起来:"都不许动,谁动就叫谁的人头落地。"

缪大亨急叫军师:"你为何出卖我们?"

"寨主呀,我的家小在朱将军手中,这也是没法子的事。"军师劝道,"不如投降,还能给个一官半职。"

"不行,我几万大军就这样缴械,也太窝囊了。"缪大财不甘心,"等下我的弟兄们便会过来营救。"

"你就别做梦了!"花云用手一指,"你看——"

朱元璋带领数千人马已向寨门冲来。山后,也响起了号炮。丁德兴喜气洋洋:"冯国胜已占领了议事厅,现在前后夹击的局面已经形成,再不投降你们就只能等死了。"

说话间,朱元璋的人马已经冲入了寨门,缪大亨弟兄无可奈何,只能见风使舵，甘愿投降。这一次朱元璋的收获可是够大了，横涧山共有两万五千人马，库里的粮草也不计其数。朱元璋对喽啰进行了淘汰，剔除了老弱病残人员，实得精兵两万人。他将全军重新进行编队，任命了各级将佐，把粮草全部装上车。

冯国用问："朱将军，下一步打算如何行动？"

"我离开濠州已有两月，探马说二十万元军围城，还不时发起进攻。城内粮草一定告急，兵力也定然不济，我计划回援濠州。"

"我意不可。"冯国用分析道，"将军日后要成大事，应就此脱离红巾军，自己独树一帜。费尽周折得到的人马和粮草，怎能还回去送与他人？"

朱元璋摇头："冯将军见解，我不能苟同。眼下元朝势力尚大，红巾军的名望很有号召力，我们眼下便自立山头不合时宜，怕是难以立足。"

"自立山头是迟早的事。"

"时机还不成熟。"朱元璋又说，"郭子兴元帅被困濠州，我不能袖手旁观。而今我有能力，如不救援，一旦城破兵败，我们也将唇亡齿寒。即日发兵，日夜兼程，前往濠州。"朱元璋大军全速前进，途经定远城外，看见前面有一处村庄，他勒住战马，问冯国用："我们眼前可是大贤庄。"

"正是。"冯国用立刻明白了朱元璋的心思，"朱将军，莫非是要见定远大贤李善长。"

"此人名声在外，不知可符传言？"

"若论此人，可有一比，他堪与汉之萧何比肩。"

"冯将军对他过誉了吧？"

"朱将军得此人，不愁得天下。"

"好，大军暂且休息，我与将军同去拜访。"朱元璋偕同冯国用，并马向村中而行。

对面，一个年轻人健步而来，见到朱元璋拱手一揖："敢问，尊驾可是朱元璋将军？"

"正是朱某，阁下是……"

"在下李善长。"

"哎呀,"朱元璋滚鞍下马,"正要进庄拜访,不期在村头巧遇。莫非前生有缘乎?"

"朱将军,生逢乱世,李某不愿埋没荒村,知大军过境,特地出村投奔,愿为将军效力,不知可否?"

"先生大名,远播域内,能得贤才,元璋幸甚,红巾军幸甚。"朱元璋上前挽住他的手,"请到路边一叙。"

村头的土冈上,朱元璋同李善长席地而坐,二人相见甚欢。朱元璋诚恳地问:"先生,昔年孔明未出茅庐便知三分天下,依您之高见,这元朝的江山还能维持多久?"

"朱将军,元朝已是朽木,其国之大厦轰然倒塌,已属必然。愚以为,至多两三年而已。"

"不知何人可取元朝而代之?"

"当年汉高祖刘邦不过小小亭长,而在沛地斩白蛇起事。将军所居之地与沛地紧邻,亦龙兴之地,何不立下鸿鹄大志,得天下可期也。"

"灭元我义无反顾,争天下言之尚早。"朱元璋诚恳地说,"如蒙先生不弃,可留在军中共图富贵。"

"我李善长即为此而来。"

"好,李先生可在军中任掌书记。"

"多谢将军信任。"

朱元璋收得李善长,队伍重新开拔,全速向濠州进发。

夕阳在地平线上露出半张红脸,归鸟乱叫着在濠州城上空盘旋。郭子兴伫立在寒风中,望着城外元军的重重营寨出神。濠州被围已是两月有余,每天元军都会有多次进攻。双方的死伤人数已超过两万,尽管城没有破,但红巾军和元军俱已精疲力竭,攻守双方都已没了余力,都在盼望着援军。贾鲁已向脱脱丞相派去快马信使,脱脱也已答应增援,而援军却是迟迟不到。濠州城内的红巾军没别的指望,只能期待朱元璋能够招募得一支兵马回来助战。

彭大走上城头:"郭大帅,又在对朱元璋望眼欲穿?"

"元璋不是等闲之辈,他至少能招募来几千人马。"

"郭帅,这濠州被二十万元军所围,他便有几千人,回来也无济于事。"彭大不抱希望,"明知回来是送死,谁还会飞蛾扑火?"

"不,我了解元璋,他不是忘恩负义之人,我被困城中,他决不会弃之于不顾。对此,我深信不疑。"

彭大笑了笑:"郭帅,过于自信就是痴情,我们还是商量一下如何突围,这才是正理。"

"你看!"郭子兴用手向北方的天边一指。

远处,烟尘滚滚,直上云霄,似有大队人马向濠州拥来。

彭大心头一紧:"糟糕,敌人的援兵到了。这下我们突围的希望破灭了,濠州城破只在旦夕之间,赶快商量一下吧。"

郭子兴没有回答,烟尘渐渐散去,夜幕尚未降临的天空,一杆朱字大旗迎风飘扬。后面便是整齐的马步军,气势雄壮,步伐齐整,军威赫赫。

"是朱元璋回来了,濠州有救了!"

彭大也定睛望去,确信无误了,而且他看出这支队伍看不到尾:"郭帅,这绝非几千人马,至少也有上万。"

"生力军,生力军啊!"郭子兴叫过亲兵队长,"速去通报孙德崖、赵均用二位副元帅,来城楼瞭望城外,我们的援兵到了,准备接应。"

元军的统帅贾鲁正在帐中蒙着棉被发汗,近日他受风寒,病倒已有数日。闻报有红巾军救援部队到达,硬撑着爬起来,上马领兵迎头去察看。

朱元璋的大军已临近濠州城下,见元军人马对面而来,急忙停住注目望去。只见帅字旗下,众将簇拥着一位官员,朱元璋心中有数,猜想是元军统帅无疑。他悄悄对徐达说道:"擒贼先擒王,看那帅旗下为首者,赏他一箭。"

"放心吧,看我百步穿杨的本事。"徐达摘下弓,搭上箭,拉满弦,看准贾鲁一箭射去。贾鲁恰好一动,那支箭没有射中咽喉,却是贯穿了脖子。

贾鲁哎呀一声,顿时血流如注,身子晃了几晃,被左右扶住才未落马。副将赶紧搀着他回营帐去了。

这里,朱元璋指挥大军杀到北门城墙下。城内的郭子兴急急打开城门,接应朱元璋。

"父帅,先把粮草接入城中,儿的兵马还要驻扎城外。"

"这样也好,我们城内城外就可相互支援。"郭子兴调出一万人马,用以阻挡元军。

贾鲁中箭,元军已无心恋战,朱元璋的一百车粮草轻易地送进了濠州,困扰许久的城中缺粮难题,得到了缓解。

朱元璋告知郭子兴:"父帅,请转告秀英,为了濠州安全,儿还不能进城看望她,望她保重。"

"元璋,你做得对,现下还不是团圆时刻。待到打败元军,濠州解围,你们自可夫妻团聚。"郭子兴说,"我们可以内外夹击,打破元军的包围。"

"父帅,还不到时候。"朱元璋自有他的见解,"敌军势大,城内军马饥疲已久,需恢复元气,再待敌军生变,方可一鼓破敌。"

"好,就依我儿。"郭子兴关上城门回转城内。

元军大帐里,一片忙乱的景象。随军郎中在给贾鲁处理包扎伤口。贾鲁面无血色,他疼得龇牙咧嘴。

副将近前来报:"启禀左丞,脱脱相爷有军书送达,请您阅看。"

贾鲁哪有看信的气力:"你念吧。"

副将念道:"现今反贼四起,兵力不足,已无人马可调。你处二十万人马,足以攻克濠州。"

"这是说,不给我们派援兵了?"

"军书说得明明白白。"

"在此数月之久,濠州不能下,我还有何颜面回到大都?天哪,命中注定这里就是我的死地吗?"贾鲁大叫一声,咳出一大口鲜血,双眼圆睁,用手指着濠州,气绝而亡。

主帅一死,军中无主,元军本来就已饥疲不堪,而今更无斗志。几个将领一商量,与其被红巾军击溃,还不如及早退兵。就在当夜,元军全部撤走,被围困数月之久的濠州,终于解除了危机。

为了庆祝元军退逃,也为了给朱元璋庆功,郭子兴在他的府邸设下盛宴,邀请彭大、孙德崖、赵均用三位统兵元帅赴宴。定的是午时,可是午时都过了半个时辰,被请的客人还一个没到。郭子兴焦灼地到府门观望,街上并不见那三位的身影,他自言自语:"他们都答应得好好的,断然不该失信的。"

身边的朱元璋早有预测:"父帅,按说彭大帅不该爽约,那孙德崖、赵均用与您有隙,不来是在情理之中的。"

一匹快马疾驰而来,在郭子兴面前停下,马上是彭大的亲兵队长,他对郭子兴施礼:"郭大帅,我家元帅不能赴宴了,特令小人前来报信。"

"却是为何?"

"你的副帅孙德崖带了一支军马,前来我们大营抢夺粮草,彭大帅正与之激战,请大帅前去主持公道。"

"有这种事。"郭子兴眉头皱起,"孙德崖未免太过分了,元璋,你带一队人马跟我走。"

朱元璋想了想:"父帅,那里已经交手,我们再带兵前往多有不妥,不能再添乱,还是劝解为上。"

"他,"郭子兴是有判断力的,"孙德崖一向骄狂,只怕他不会听从我的良言相劝。"

"父帅,那也不能动武,不管怎样说,也都是红巾军,还是尽量劝解,尽我们的能力吧。"朱元璋倒是不退缩,"父帅,儿随你前去。"

郭子兴觉得朱元璋的话也有一定道理:"好吧,且去现场看看再说。"

彭大军队驻守的南城,两支红巾军正在厮杀,地上已有十几具尸体,还有数十名伤员,不时发出痛苦的呻吟。

彭大与孙德崖在捉对交手,两人刀剑不时碰撞,一时难分上下。

郭子兴乘马来到,见此情景大声喝道:"都给我住手,都是自家弟兄,为何就动起武来?"

彭大抢先诉说:"大帅来了,你们的副帅竟然带着人马来我的驻地强抢粮草,我百般劝说他们不听,只得用武力自卫。"

郭子兴怒对孙德崖:"副帅,这就是你的不对了。"

"大帅,你的胳膊肘不能往外拐,咱们好好的濠州,本不缺粮,自打他们来后,弄得饥一顿饱一顿的,弟兄们吃不饱,就应该找他们要。"

"副帅此言不妥,彭帅他们队伍到来,壮大了濠州的力量,我们理当欢迎。"

"大帅,说漂亮话容易。他们来后,占用了多少粮草?此番朱公子接济的粮草,也被他们分去大半,这情况不能再继续下去了,他们必须把粮草交出来,否则,我决不答应。"

彭大很是不满:"孙德崖,你的话好没道理,此次元军围城,要不是我们共同防守,你这濠州早就陷落了。"

"哼!"孙德崖发出冷笑,"是你们把元军引来,若不然濠州还不会受到元军的攻打。"

"你这是强词夺理。"彭大更加抬高了声调。

郭子兴对孙德崖下达命令:"副帅,彭帅所部在防守濠州城中也做出了牺牲,分得粮草理所当然,听我将令,立即撤兵。"

"你说撤就撤呀,没那么容易。彭大不交出粮草,只能是死路一条。"孙德崖手舞带血的钢刀,又往前移动。

"孙德崖,你竟敢违犯军令,难道就不怕死吗?"郭子兴恼了。

孙德崖还以颜色:"郭子兴,看在多年共事的分上,我称你一声大帅。同为红巾军的统帅,你有何资格给我下达命令?"

"你?真是反了。"郭子兴也拔出了佩剑。

"想怎样?要动武吗?我奉陪!"孙德崖毫不示弱。

朱元璋见状,横在了他二人中间:"二位元帅,可否容我一言?"

孙德崖和彭大几乎是同声答道:"朱公子有话但讲无妨。"

"请问孙副帅,尊驾从彭帅处想要的粮草是多少?"

"精粮十石,谷草两车。"

"这些粮草,由我交付孙副帅,你二人息战罢兵。"

"你……"孙德崖问,"你还有未分的粮草?"

"粮草已按人头分配,我要交给您的,乃我大军的那份。"

"那你们何以为继?"

"十天八天,我军尚可维持,这期间,我再引兵外出,设法筹措,想来还不至于挨饿。"

"朱公子舍己为人,可钦可敬。既已有了粮草,自然也不会再与彭帅争斗,本帅多谢了。"

"彭帅,都是红巾军,都是自家弟兄,元军刚刚撤走,说不定何时会卷土重来,对孙副帅的举动,还请不要介意。"

"朱公子,高瞻远瞩,胸怀广阔,日后必成大事,彭某定当铭记所劝,不会记恨孙副帅。"

"如此最好。"朱元璋回头笑对孙德崖,"所应粮草,随后即差人送到副帅军营,尽请放心。"

郭子兴对朱元璋的做法,打心眼里赞赏。这是朱元璋给他解了围,不然他还真的难以下台。同孙德崖打也不是,不打也不是。红巾军自相残杀,毕竟是亲痛仇快的事。但他心中却得出这样一个结论,朱元璋胸有大志,对自己的地位日后定是个威胁,还当提防才是。

第四章　奇兵破滁州

　　成坛的美酒摆在案头,各种山珍野味落满了餐桌。特别显眼的是那红彤彤油腻腻的烤乳猪,散发出诱人的香气,令人馋涎欲滴。天色刚刚擦黑,十数盏油灯便都已点亮。郭子兴的兴致极高,今晚是纯粹的家宴。不仅他的张夫人和马秀英参加,就连他的小女儿郭惠儿也破例参加。郭子兴端起拳头大的酒杯,止不住地喜笑颜开:"今晚是为元璋接风洗尘,也是为他庆功,我来带头,大家都要喝个一醉方休。"

　　惠儿问道:"父帅,姐夫外出征战数月,今得归来,接风洗尘理当如此,可这庆功,女儿却不明白。"

　　"儿你有所不知,此番元璋立有四件大功。"

　　"不知是哪四件?"

　　"这一,他七百人离濠州,领回三万人马,可算得大功。"

　　惠儿点头:"真不简单。"

　　"这二,他部下徐达箭射元军统帅贾鲁,使其伤重身亡,元军无帅,自己溃逃,解了濠州之围,这功劳……"

　　"这是大功。"惠儿接话。

　　"这三,濠州被围数月,粮草业已断绝,是元璋运回救急的粮草,使得军士和百姓免遭饿死。这还不是大功吗?"

　　"这是救命大功啊。"

　　"这四,孙德崖和彭大发生内讧,濠州义军就要自相残杀,为父难以制止,而元璋献出粮草,使局势转危为安,避免了红巾军血流成河的内斗,这功劳可说是比山还高比天还高。"

"父帅的庆功宴摆得有理。"惠儿兴奋地站起来,"姐夫,你真是太能了,小妹我先敬你一杯。"

这父女二人一唱一和,对朱元璋褒奖有加,郭天叙早已听得不耐烦了,他不敢对着父亲发泄怨气,就将怒火全都烧到惠儿的头上:"小丫头片子,你懂个啥,也跟着瞎起哄!不吱声还把你当哑巴卖了。"

"大哥,你干啥冲我发火?我也没惹着你。"

郭子兴瞪了儿子一眼:"你别不高兴,有志气向元璋学学,干出点样子来,拿惠儿撒气算什么本事!"

"父帅,儿说她不懂事,你老人家还没敬酒,她倒抢先了。"郭天叙把话头转向惠儿,"真是没有规矩!"

"你有规矩有能耐,你也没啥出息。父帅被人绑架,你咋不去营救?还不是姐夫给救回来的?"惠儿当众抢白他。

朱元璋觉得郭天叙太没面子了,就拦住话头:"父帅和小妹的褒誉实不敢当,我所做的都是分内之事,若大公子有机会,也会做好的。"

"元璋你就不要为他开脱了,我看他这一生是难有出息了。"郭子兴举杯,"来,干了这杯,为元璋庆功。"

郭天叙心里分外不痛快,勉勉强强举起杯来。这个家庭晚宴有点别扭,结果是不欢而散。

炭火发出阵阵的热气,室内是一派融融的暖意,大红的帐幔挂在铜钩上,灯光扑扑闪烁,将朱元璋的身影投在墙壁上,已有一袋烟的时间了,他还是一动不动地坐在桌前。马秀英早已宽衣解带,可是久别的丈夫,不知为何竟然无动于衷,只是呆呆地盯着她的双脚。

马秀英猛然大悟,她腾地坐起,把双脚再向前伸:"官人,夜已深了,你为何还不歇息?"

"啊,"朱元璋还在走神,"我,我在思考一个问题。"

"你是嫌我脚大吧?"马秀英索性开门见山,"我这也不是掖着藏着的,你也见过了。三寸金莲好是好,走起路来袅袅婷婷,但是打起仗来不能冲锋陷阵,论起来还是脚大好。"

"看你想到哪去了。"朱元璋这才明白被误会了,"夫人,你实在是冤枉为夫了,我何曾嫌你脚大?"

"那你为何二更天都过了还不上床,按说你我夫妻花烛夜后即别离,好不容易你回到濠州,正该夫妻鱼水和谐,你却冷若冰霜,毫无情分,这不是嫌弃我,又是为何?"

"哎呀,夫人,我是在想该如何向你启齿。"

"什么事不能直言?"

"夫人,我意欲明日离开濠州。"朱元璋也只得摊牌了。

马秀英此时倒懵懂了:"离开数月之久,刚刚返回,何故又要分手?"

"夫人,濠州眼下的局面和形势,不容我再蜗居。"朱元璋说出他的担心,"父帅同孙德崖、赵均用已形同水火,彭大同孙德崖等人也已火并,这濠州内争流血只是迟早的事,我必须另寻一个立足之地,一旦他们同父帅翻脸,也好让父帅有处落脚。"

"你说得倒也是。"

"为了红巾军内部免于自相残杀,我已将粮草给了孙德崖,我的三万大军也必须再找粮草,这也是要离开濠州的原因。"

"是的,你那三万人马如再进入濠州,城内的粮草就更加无以为继,为争夺粮草,还会再起争端。"马秀英态度很明确,"所以你离开濠州,另谋落脚之处的决定,是正确的。"

"我担心的是,父帅不放你与我同行。"

"官人说过,好男儿志在四方,大丈夫事业为重,不要儿女情长,妾身支持你,虽说我们是新婚燕尔,我也决不拖你的后腿。"

"夫人可是又要受冷落了。"

"等到官人打下新的州府,我和父帅不就可以前去了?"

"好,我就期待着早有落脚之地。"朱元璋脱光了衣服,钻进了马秀英的热被窝,二人自是一番恩爱。

郭天叙在住宅内,倒背着双手往来踱步,他在等一个人。按约定天黑就该过来,可是眼下已是二更天了,还不见这人的踪影。他有些心烦意乱了,莫非此人背叛了他。而今的人有奶便是娘,说不准这人早就投靠新主了。

窗棂被轻轻敲响,而且是三下。郭天叙精神一振:"进来。"

房门推开,一个人像幽灵般闪入:"大少爷,我来了。"

"好你个郭安,你是想要我,这都什么时辰了,你害我等得好苦。"郭天叙鼻子不是鼻子脸不是脸当头便训。

"大少爷息怒,小人是实在难以分身。"郭安解释,"一两个弟兄非得拉着喝酒,为了不暴露,我只得虚与委蛇。"

"我看你分明是变心卖身投靠了,不然为何至今还完不成我交办的差事。"

"大少爷,你这是冤枉小人了。"郭安答道,"朱元璋去驴牌寨,是我暗中射去箭书,给寨主通风报信,实指望寨主会将他杀掉,谁料想那寨主是个窝囊废,反倒是朱元璋手快,不但没死,而且还拿住了寨主。"

"这许久时间,你就没有一次下手的机会?还是你贪生怕死不敢行动?"郭天叙冷冷地哼了一声,"再不除去朱元璋,我就叫你留在城里的一家三口,全都走进鬼门关!"

郭安的一妻二子还在城中,他最担心的便是这三人的安危:"大少爷千万手下留情。"

"郭安,你不是看不见,这朱元璋的风头越来越强劲,手下已有了三万人马,眼下已对我父帅的地位形成了威胁,若不及早除去,必为心腹大患。"郭天叙将话语转为柔和些,"我知道朱元璋极其奸诈,但你也不是没有机会,这次我再助你一臂之力。"

"大少爷的意思是……"

"给。"郭天叙递过去一个纸包。

"这是……"

"砒霜。"

"啊!"

"眼下只得如此了,"郭天叙说得很轻巧,"瞅个机会,将它下在水里饭里,就打发姓朱的上路了。"

郭安有些犹豫："朱元璋人很精,我又轻易近不得他的身,这投毒之举只恐难度太大。"

"老虎还有打盹的时候,机会总会有的。"郭天叙给他施加压力,"就看你想不想要他的命。"

郭安想想自己家的三口人,将砒霜揣在兜里："小人照办就是。"

"不能拖得太久,我可是等不及了。"郭天叙下了死命令,"一月之内,我听你的好消息。"

"遵命,小人记下了。"郭安领下了毒杀朱元璋的命令。

滁州,是一座山城,东距濠州约百十里,为元将也先守卫。朱元璋将攻取的目标选中了此处,三万大军很快将滁州包围。元将也先的守城兵马也有三万多人,双方势均力敌。但元军是凭城据守,而且这座山城地势险要,明显是元军占有优势。朱元璋命徐达攻南城,花云攻北城,汤和攻东城,冯国用攻西城。他自带两千人马居中策应。

第一次进攻从早饭后打到午时,部队折损了上千人,但仍未能攻进城去。朱元璋下令收兵,在进午餐时,他将主要将佐和李善长召集起来,边吃饭边议论如何攻取滁州。

李善长作为谋士,讲出他的意见："敌军众,我军在数量上不占优势,因此不宜再强攻,应设法智取。"

花云反问："李先生,这智取之道,计将安出?"

"最好是派一小队人马潜入城中,作为奇兵,待大部队攻城时,在城内为策应,使敌人陷于混乱之中,我军自可乘机取胜。"

冯国用将李善长的计谋否定："若能小股部队入城,滁州便已在掌握中,元军防守何等严密,只怕是一个人也难进城。"

朱元璋见状谈了他的想法："众位,李先生所言不无道理,今日上午攻城失利,我看主要是兵力不足。但眼下我们只有这三万人马,不可能增兵也无援军,这说明我的指挥有误。我们的兵力使用过于分散了,我是平均分兵,每面七千人,所以招致失利。"

"对,"冯国用赞同说,"应将兵力集中使用。"

"上午我对四面都做了观察,滁州城三面山势险峻,易守难攻,唯有北城地势平缓,利于排兵布阵。我想这次东、西、南三面,只安排六千人马,作为佯攻,吸引元军兵力。而北面则集中两万四千人,予以猛攻,全力突击,不间断不停歇,直到打开缺口为止。"

"此议甚妥。"李善长首先肯定。

大家也都觉得这是个可行的战术,于是,红巾军积极准备。

滁州北门大街上,有一处四进深的院落,这是富户胡大海的住处。自从也先部元军进驻滁州,胡家可以说是不胜其扰。在此之前,胡大海同官府都保持着良好的关系。尽管也要时不时破费,但都是在可承受的范围内。也先可就不像原来的州官那么好说话了,他们借口城防需要,将胡家的积蓄几乎榨干。就在朱元璋攻城之后,他们派兵将胡家的粮仓打开,存粮被搜刮殆尽。

胡大海早已是忍无可忍,上午红巾军攻城时,他就想在内响应。只是未及行动,朱元璋已是收兵。但胡大海料定,红巾军下午还会进攻,他令下人探听消息。

果然,午时一过,红巾军便又发起了大规模的进攻。

朱元璋的两万多大军,集中在城北,十几员大将同时带队身先士卒架起云梯猛攻。徐达、花云等人,争先恐后,手举盾牌爬上云梯。冯国胜更是勇冠三军,率先登上城头。

这时,也先才发觉北城是红巾军的主攻点,赶紧将兵力向北城转移。元军勉强堵住了红巾军的攻势,双方在北城城头胶着在一处。元军不能将红巾军赶下城头,红巾军也不能彻底攻进城内。

就在双方势均力敌之际,胡大海的一百多名家丁攻上城头。这城内突然发生的攻击,令元军措手不及,惊慌失措。也先执刀过来截击胡大海,怎敌胡大海的勇猛,一剑刺来,也先中剑倒地。徐达、花云趁机猛冲,元军溃散奔逃。

正是兵败如山倒,滁州遂被红巾军占领。

朱元璋欣喜地同胡大海见面:"英雄举家出动,在关键时刻杀死敌酋,为我军制胜立下大功,自当重赏壮士。"

"朱将军,我有一个请求,而不要一星半点奖赏。"

"壮士请讲。"

"我要带领全家加入贵军。"

"这,你的家产全都放弃了。"

"将军,我从虹县来到滁州,实指望躲避战乱,谁料元朝已是腐朽没落,无处逃脱它的残暴统治,我愿带家人加入红巾军,早日推翻元朝廷。"

"好啊,胡壮士,你作战勇猛,我军当然欢迎。"朱元璋收下了胡大海。

滁州的府库打开,李善长盘点了钱粮。令众人分外惊讶的是,滁州库中竟有两千两黄金。这可真是一笔很大的财富,李善长讨好地对朱元璋说:"将军,这黄金您留下再做打算吧。"

"不,我要它何用?"朱元璋不假思索,"把它全数分给有功将士。"

"这个,"李善长想得比较周到,"将军就是不留,也要分给夫人一些,以备急需。"

"不,我身为全军统帅,自当率先垂范,好处全给将士,方为正理。"

"我看还当给郭元帅大头才是,"李善长讲明他的道理,"以往各部打了胜仗,全都向郭元帅奉献缴获。若郭帅得悉将军有两千两黄金,必定眼热。"

"郭大帅也不缺金银,还是应当奖赏有功将士,大帅就不用考虑了。"朱元璋拍板。

李善长只得按照朱元璋的决定,去分配那两千两黄金。但他还是背着朱元璋,给马秀英留了一份。

当晚,红巾军在滁州举行庆功宴。滁州州衙里,真像过年一样热闹非常。郭安心中有事,他在宴席上跑前跑后,显得分外殷勤。菜肴全都上毕,最后是一道羊杂汤。下人小厮逐一为将领们端上羊汤,厨子亲手给朱元璋送上。

在门口处,郭安截住了厨子:"来,给我。你满身油渍麻花,净是油烟子味,别去烦朱将军了,由我端上去。"

厨子满心想趁机表现表现自己,有些不情愿:"郭队长,汤是我做的,好赖得让将军知道。"

"得了吧,你就是不去,谁还不知是你做的汤。"郭安不由分说,从厨子手中夺过汤碗来。

"你看你,咋能这样?"厨子的声音很高。

郭安的拇指和食指拈着一捏砒霜,他当时就将毒药洒入了汤碗中后,疾步登堂入室,送到朱元璋面前的食几上。一言不发,转身便走。

朱元璋喊了一声:"郭安。"

"哎。"郭安不得不止步,但他没有转身。

朱元璋问道:"适才何人与你在门外争执?"

"是……是做饭的厨子。"

"你为何不敢转过身来面对我?"

"不是不敢,转就转过来。"郭安转身,他的目光游移别望,不敢对视朱元璋的眼睛。

"厨子送汤,你为何要抢过来?"朱元璋发问。

"没什么,是我嫌他脏。"

"我都没嫌,你嫌他什么?"

"这个……"郭安有些口吃,"我……比他干净。"

"强词夺理。"朱元璋冷笑几声,"分明是大有文章。"

郭安头上冒汗了:"将军错怪了小人。您要是不吃,我就把这碗汤端下去。"他走近食几。

"且慢。"朱元璋的目光像鹰隼一样注视着郭安,"本将军就把这碗羊汤赏给你了!"

"将军的饮食,小人岂敢受用。"

"你喝下去!"朱元璋厉声说道。

"不,不……"郭安直往后退。

"心中有鬼啊。"朱元璋吩咐一声,"找一条狗来。"

少时,亲兵将一条白犬找到。在朱元璋的指示下,把半碗羊汤给狗喂下,转眼之间,那条狗口鼻流血倒地而亡。

"好一个郭安,你还有何话说。"

郭安扑通一下跪倒:"将军饶命,这不是小人本意,是背后有人指使,我不得不做呀！"

"说,是何人指使你,要加害本将军。"

"是,是……"郭安欲言又止。

"痛痛快快地老实交代。"

"朱将军,是你的妻兄,郭天叙大公子给小人的毒药。"

朱元璋怔了一下,旋即说道:"你做下滔天祸事,不思悔改,竟然胡乱攀咬,还要以郭公子为挡箭牌,此乃痴心妄想。"

"将军,千真万确呀。"郭安叩头犹如鸡啄米,"就是郭天叙逼着小人投毒,如不应允,他就要害死小人全家。"

"事到如今,还敢血口喷人,实乃不可救药。"朱元璋已是下定决心,要除掉这个祸害,吩咐两名亲兵,"给他灌下去。"

亲兵上前,不由分说按住郭安,将半碗羊汤硬灌进他腹中。那郭安挣扎少许,便一命呜呼。

事后,李善长问:"将军,那郭安明明白白已供出背后乃郭天叙指使,你为何还要灭口,莫非意在保护郭大公子。"

"李先生,想我朱元璋从皇觉寺投军,承蒙郭元帅收留,才得以有了今日。我又怎忍心在这件事上较真,那岂不令大帅为难？既已知道郭天叙的为人,此后多加小心便是。"

李善长频频点头:"将军所言极是。有如此心胸,方可成就大事,看来不枉我跟您一场。"

"李先生,我已离开濠州多日,打算派人往家中送封信报个平安。同时,给濠州几支军马送些粮食,烦先生辛苦一趟如何？"

李善长正想把暗中给朱元璋留下的二百两黄金送给马秀英,就慨然应允:"将军吩咐,是最大的信任,善长定当竭尽全力。"

这里便抓紧做好出发的准备。

濠州城内的济世堂,是全城最大的药铺。它的坐堂郎中"赛华佗",也确为杏林高手,为人治病疗伤,可说是手到病除。一个老板带两名伙计,在柜台上还忙不过来。"赛华佗"的桌前,也有几个人在排队等候看病。"赛华佗"在给一个病人把脉,他微眯着双眼,切脉极为认真。

有三个兵勇呼啦啦闯进堂来:"哪位是'赛华佗'?"

老板从柜台走出:"列位军爷,有何吩咐?"

"你是'赛华佗'吗?"

"在下不是。"

"那你搭什么茬?叫他出来。"

"赛华佗"站起身:"军爷,小人便是。"

"跟我们走一趟。"

"请问军爷,小人身犯何罪?"

"没事你心虚做甚。"队长说道,"接你去看病。"

"各位是何处军营?"

"怎么着,还得跟你交代啊?"队长吹胡子瞪眼,"告诉你,我们是彭大元帅的亲兵,接你给彭大帅治病。"

"这个,小人是坐堂医,不出诊的。"

"废什么话,还等用铁链子锁着你去吗?"

"小人不敢。""赛华佗"看看面前的病人,"待我给这几个病人看过抓药之后,就随军爷前往。"

"你纯粹是混蛋了,彭大帅有病急需治疗,还能等你给这些百姓看完病?痛快跟我们走。"

老板在一旁提醒:"去吧,彭大帅的病重要,可耽误不得。"

"好,诸位军爷,待小人收拾一下药箱,立刻便走。"

"快些。"

"赛华佗"装好药箱,未及出门,从外面又闯进两个兵士,进来便大声呼喊:"谁是'赛华佗'?"

"我是。""赛华佗"有些摸不着头脑,"军爷找我为何?"

"别废话,跟我走。"

"赛华佗"甚为迷茫:"做什么?"

"找你能干啥?看病!"

"这,不行啊,""赛华佗"为难地说,"已经有人先约下了。"

"让他们靠后。"

彭大的亲兵队长接茬了："凭什么？总还得有个先来后到吧。"

"我们是孙副帅的亲兵，接'赛华佗'给孙副帅的高堂老母医病，别人无论是谁都得靠后。"

"你说话也不怕风大闪了舌头，我们是彭大帅的亲兵，早你一步先来接'赛华佗'，你呀晚三春了。"亲兵队长回过头吩咐"赛华佗"，"别理他们，跟我们走。"

"赛华佗"背起药箱就要动身，孙德崖的亲兵可就发横了："你敢，看老子打断你的狗腿！"

"这，""赛华佗"左右为难地看看亲兵队长，"你们都是军爷，我谁也惹不起，这……该如何是好？"

"当然是跟我们走了。"亲兵队长摆出当仁不让的架势，"凡事总有个先来后到吧。"

孙德崖的亲兵便将矛头指向了彭大的亲兵队长："你们彭大算个老几，要不是我们收留他，连个窝他都没有！"

亲兵队长被激怒了，对手下的亲兵发号施令："别理他们，带着'赛华佗'走，大帅还在病中。"他们人多，硬是把医生领走了。

孙德崖的亲兵气得不行，飞马离去，边驱马边回头发横："你等着，有你难受的时候！"

亲兵队长领着"赛华佗"到了府门前，未及进院，一队人马如飞追来。孙德崖手下的副将带着五百人马冲过来，不由分说抓住"赛华佗"："你个该死的郎中，还势利眼呢？给我走！"

亲兵队长过来阻挡："干啥，还追到我们大门口来动粗，把人给留下。"

副将将大刀一横："怎么着，不服？那就试试我的刀快不快。"

亲兵队长明白人少不是对手，吩咐亲兵："快，进去喊人！"

副将不等对方人马出院，带着"赛华佗"即速撤离。等彭大的人马出来，副将已是去远了。

亲兵队长来到彭大面前："大帅，怎么办？他们也欺人太甚了，干脆把队伍拉出去，将'赛华佗'抢回来。"

病榻上的彭大喘息着说："这样一来，岂不是要自相残杀，毕竟我们是后来投奔的。"

"那怎么办，难道这口气就不出了？"

"这事还得让郭大帅出面，请他公断。"彭大嘱咐，"你就去向郭大帅说明原委，我等你回话。"

郭子兴听到情况，沉吟片刻，还是同亲兵队长去了孙德崖的驻地。元帅到来，孙德崖不得不出迎："参见大帅。"

"孙副帅，你的副将带兵从彭帅府门前生生抢走名医'赛华佗'，这未免过分了，有伤情谊，请将'赛华佗'交与彭帅。"

"大帅，你这是听了一面之词。"孙德崖辩白说，"家母病重，我派亲兵前去请医，谁料彭大的亲兵队长依仗人多，硬是把'赛华佗'从我们手中夺走。是他无理在先，反而恶人先告状。"

"孙副帅，我们都是红巾军，彭帅是从徐州来此，团结为上，如果令堂看过病，就将'赛华佗'交队长领走，也好为彭帅医治。"

"家母病重，一时半会儿难以让医生离开。"孙德崖回绝，"彭大帅若急，就另请高明吧。"

"难道没有商量的余地了？"

"作为子女尽孝，孙某实难通融，还望大帅见谅。"孙德崖装得很虔诚，"濠州城内医生也非'赛华佗'一人，彭帅可以找别人医治，何必非钻这个牛角尖呢？"

"这，此事。"郭子兴感到无话可说，他转向亲兵队长，"你看，可否为彭帅另请名医。"

亲兵队长的气不打一处来："大帅，明明是孙副帅的副将从我们手中抢走人，他反而倒打一耙。不信，将'赛华佗'叫出来当面对质。"

孙德崖冷笑一声："大帅，若无他事，我就告辞了，家母病重，我作为儿子不能离开左右。"

郭子兴无可奈何地向亲兵队长双手一摊："你也看见了，我也尽力了，请彭帅忍一忍吧。"

亲兵队长也无话可说，回到府中向彭大讲述了经过："大帅，郭子兴和孙德崖毕竟是一伙,不会真心实意帮我们的。"

彭大也是无计可施:"这事该怎么办?我实在是咽不下这口气!"

"大帅,依小人之见,此事不能善罢甘休。这不等于骑在我们头上拉屎?若不采取行动,您会让部下笑话。"

"难道我们还出兵把那'赛华佗'抢来不成?"

亲兵队长是个挑事的:"小人看正当如此,让那孙德崖也明白明白,我们并不是好欺负的。"

彭大的火气被点燃:"好,你去点齐两千马军,向孙德崖的驻地进发。"

他本来就在病中,这一激动,身子晃了几晃,险些跌倒。

亲兵队长将他扶住:"大帅,到了孙德崖的驻地,您不要出战。小人想,那孙德崖一看这阵势,就该老老实实交出'赛华佗'。"

"但愿如此。"

孙德崖获悉彭大率军前来,不由得冷笑几声,他对副将附耳叮嘱几句,副将匆匆离去。孙德崖披挂整齐,手提金刀出了府门。他用刀尖一指:"彭大,你也欺人太甚,竟然打上门来,我孙某也不是软柿子,岂能任你随意捏弄!"

彭大此时就觉眼前直冒金星,他已无心交战:"孙副帅,你不该在我府门前强行抢走医生,听我良言相劝,快将'赛华佗'交出。"

"你是痴心妄想,"孙德崖驱马向前,"既然打上门来,我孙德崖也只有奉陪你彭大了。"

彭大后退一步:"孙副帅,你我最好不要伤了和气。"

"终不然我还怕了你不成!"孙德崖跟进一步挥刀劈下。

彭大只得举枪迎战,前后也不过八九个回合,病中的彭大就已经没了还手之力。孙德崖看得明白,横刀狠狠扫过去。彭大躲闪稍稍慢了一些,腹部便被刀锋划出一道血口子。他身子一晃,栽下马来。孙德崖发狠跟进,又一刀砍下,就想让彭大身首异处。那亲兵队长见状上前,用手中兵器架住孙德崖的金刀:"孙副帅,你还真要斩尽杀绝呀。"

孙德崖不好再下手了,收住手中刀:"看他彭大已伤,且饶他的狗命,此后不可再来我处挑衅。"

亲兵队长叫过兵士,将彭大抬起,急慌慌返回自己的营房,一路上那鲜血滴滴答答,彭大痛得不住呻吟。他们回到府门前,彭大一看眼前的情景不由得痛上加痛。只见自己的部下,在整条街道上横尸遍地。他不禁大声呼叫:"天哪,这是为何?"

孙德崖的副将领兵出了大门:"彭大,你还没死啊?告诉你,老巢已被我占领,还是滚回你的徐州吧。"

"你,你,竟然趁机偷袭我的驻地。孙德崖,你也太阴险了!"

"彭大,这濠州本来就是我们的领地,你偏要插进一只脚来,这回你是该滚了,快滚。孙副帅说了,不要你的命。"

彭大气得血往上涌,他忍不住一口鲜血喷出,随即歪倒在担架上,哀叫几声:"苍天,苍天!"随即,含恨而亡。

第五章　受诬陷牢狱

　　七仙女赌场是濠州城内最大的耍钱场所,档次也是最为豪华的,是濠州城上流社会消遣娱乐的最好去处。正如它的名字一样,这家赌场的老板是七姐妹。她们长得一个比一个美,而且是各有特点。大姐年约四十,但是风韵犹存。二姐人高马大,那皮肤白得赛过粉团,号称"精粉妞"。三姐娇小玲珑,如同赵飞燕再世。四姐热情泼辣,穿着暴露,在街上走过,最为惹人注目。五姐生性风骚,赌徒们无不和她摸摸捏捏,她也是笑闹嘻骂,全然不放在心上。六姐冷若冰霜,见人从没笑模样,俗话说越不易得到的就越珍贵,有些富豪为了得到她,常常是一掷千金还难买到笑。最小的七姐,则如大家闺秀,言谈举止端庄稳重,犹如一名淑女。这各具特色的花家七姐,可以说是能满足所有男人口味,也能满足天下富翁有钱公子哥的猎奇心理,因此这个赌场总是门庭若市,生意兴隆。而花家七姐妹的财富,也是日进斗金。

　　郭天叙是这里的常客,赌与色本是难以分开。大凡稍稍失于检点的人,都会陷入这个泥潭而不能自拔。如此赌与色叠加的地方,郭天叙自是要时常光顾。今日他闲来无事,便又来到这家赌场。

　　花五姐热情地迎上来:"哟,郭大公子,你可是好久没来了,一定是把奴家给忘了。"

　　"哪能呢!"郭天叙在她胸前捏了一把,不怀好意道:"你这么惹人爱,我恨不得……"

　　"狗嘴里吐不出象牙来。"五姐上前在他脸上重重吻了一口,"今儿个可是不许赊账啊。"

"大公子今天别的没有,就是有钱,"郭天叙是格外精神,"这钱多得都能把你们姐七个全都买下来。"

"好啊,今个小七开盘,你可以大饱眼福了。"五姐故意用胸部碰他一下,"别走神把钱全输了。"

原来,这花家从大姐到六姐,郭天叙都曾染指,唯独这七姐,他是光看着眼馋,却从未亲近过皮肉。他对这个七姐,早已是垂涎三尺,听到这个信息,自是兴高采烈,几步就奔到了赌台前。

赌案前大约有五六个赌客在押宝,七姐一见郭天叙来到,有意停下来等候:"郭公子,带着钱来的?"

"小七,今天你是赢不完的。"

"那好,下注吧。"

"有没有限额,封顶不。"

"你有钱可以下注一百两。"

"好,我下一百两。"

这里的赌局紧张地运作起来,郭天叙是输多赢少。

在另一间密室里,三姐和四姐两个人陪着孙德崖歌舞助兴。娇小的三姐在屋内的地毯上轻飘飘地起舞,那优美的舞姿,仿佛是天女飞旋,令人眼花缭乱。三姐边舞边唱:

> 美酒琥珀光,
> 佳人舞霓裳。
> 相拥入锦帐,
> 且赴温柔乡。
> ……

袒胸露背的四姐,手举夜光杯与孙德崖紧紧靠在一起,丰满的双乳,几乎要从绷紧的裙衣中蹦出来。不时地往孙德崖脸上蹭来蹭去,撩拨得孙德崖的心痒痒的。花四姐喝了一口红色的酒,然后放入孙德崖嘴里,之后,又狠狠嘬住他的舌头,热吻个没完。

孙德崖将四姐推开:"你也太骚了,还让人喘气不?"

"呸,偷着乐去吧。"

"说正经的,你们的小七真能把郭天叙的钱赢干净?"

"别说是他,便是天下第一的赌徒,在我们这儿也得甘拜下风。"

"你们真的有绝招。"

"放心吧,"四姐咯咯笑着,"我们那色子是灌铅的,而且是两副,叫他输他就得输。"

"那好,郭天叙手头有一万人的兵饷,足足五千两白银,一定要想法给赢过来。"

"笃定没问题。"

孙德崖舒心了,和四姐抱在一起,滚到了一处。

赌场上,郭天叙冒汗了,自己的一千两银子已是输光了,他的双眼都红了,呼哧呼哧喘着粗气。

小七娇嗔地对他说:"大公子,没钱来就请退离赌台,让有钱的人上来,姑奶奶还等着赢钱呢。"

"我,我先欠着你的。"

"开宗明义,就已明白无误地告诉你,概不赊欠。"

"就凭我郭大公子,还能欠你的钱不还?"

"大公子,少废话,没钱不好使。"七姐是有意刺激他,"还是郭大元帅的公子呢,才一千两银子就输空了。"

"咋的,真就把人给瞧扁了?"郭天叙急了,"谁说公子我没钱,我的公事房里还有整整五千两呢。"

"公事房的?那……怕是公款吧?"

"管它公款私款,在我手中就是我说了算。"

"那你就把它取来,五千两,够你翻盘了,没准还能大赢一笔。"

"信着我,先押上,输赢记账。"

七姐犹豫一下:"你要是输了,到时耍赖咋办?"

"真让你把人看得一文不值,我堂堂郭大公子,是那样的无赖吗?"

郭天叙一心想翻盘,"放心,果真输了,你跟我去拿。"

"好吧,那你就下注。"

满怀希望的郭天叙,本打算赢这几把就洗手了,可是他怎知赌场的猫腻,依旧押的小点,出的还是大点。输了以后,他可是傻了,低着头一声不吭。

七姐可是不给他喘息之机:"大公子,你的话得兑现了,把五千两银子取来吧。"

郭天叙无话可说,猛地起身:"跟我走。"

赌场两个伙计,跟着七姐,一直来到郭天叙的军部。值守的兵士看见他都几乎欢叫起来:"大公子来了,该给我们发饷了。"

郭天叙也不言语,径直走进房中,打开箱子的铁锁,对七姐说:"你点验一下吧,不多不少正好五千两。"

七姐扣上箱子盖:"不用点了,大公子的为人声名赫赫,错不了,就是差个百八十两也无妨。"

"银钱过手,最好还是点点。"

七姐看到兵士们全都堵在窗外门前,议论纷纷,心说快走为上:"伙计,抬起来装车。"

两个伙计抬着银箱走出房门,偏将上前问:"哎,你们是哪儿的?怎么把我们的饷银抬走了?"

伙计理直气壮地回答:"你们靠后,少管闲事,这是郭大公子还的赌债,啥钱我们不管。"

"哎,别抬走,饷银抬走了,我们一家大小吃什么?"偏将上前挡住去路。

郭天叙过来使出大将军的威风:"让开,本公子的事,你们不得干预。"

偏将转问:"大将军,我们的兵饷怎么办?"

"本公子再另想法子。"

"那何时才能发放?"

"多嘴,等我筹到银子自然就会发饷。"

七姐指挥着伙计,将银箱抬到车上,挥鞭催马急匆匆一溜烟地离去。偏将望着马车留下的尘影,使劲跺脚长叹一声。

郭天叙进房将门插上,躺倒在床上,双眼望着房顶,琢磨着军饷怎么办,但他苦思无策。

七姐将五千两银子运回了赌场,孙德崖真是兴高采烈,他早已做好准备,亲兵队长立刻出动,到了郭天叙的营房前,找到郭部的偏将附耳嘀咕了一番。偏将便带着自己的亲信,跟随亲兵队长去往孙德崖的营房。孙德崖满面带笑,发给每人五钱银子。这些郭天叙原有的部下便都留在了孙营。消息传出,郭部兵士纷纷到孙营领取饷银,不过一个时辰,郭天叙所部一万兵士,俱已成为孙德崖的部下。待到郭天叙发觉,他已成了孤家寡人。

事情很快被郭子兴得知,他面对低头不语的儿子,几乎是声泪俱下:"天叙呀,你咋就这样不争气,耍钱竟敢挪用军饷,这不是要把为父往死路上逼吗?原本孙德崖就与为父不和,这下可好,人马走了一万,此消彼长,我们就剩两万人了,而孙德崖人马也已增至两万,说不定就可随时向我们寻衅。"

"父帅,你给儿一万人马,咱们先发制人,向孙德崖发起进攻,那一万旧部定会阵前倒戈。"

"算了吧,你个不成器的东西,为父我一兵一卒都不能交你了。"

"父帅,打仗亲兄弟,上阵父子兵,将人马交儿统领,总比外人放心。"郭天叙发誓,"儿再也不会令您失望了。"

"你要不是我的儿子,我非把你碎尸万段。从现在起,我免去你的大将军一职,把你养起来。"

"父帅,不用儿子,那您用谁呀?这兵权可是不能轻易交给别人的。"

"我叫你的小舅舅张天佑接任大将军。"

"那,他的总兵呢?"

"暂时没有合适人选,我先空着。"郭子兴叫来张天佑,交代了任命,拨他麾下一万人马。然后又说,"你即刻整顿兵马,准备出征。"

张天佑请示："大帅,我军的对手是哪路敌人?"

"孙德崖。"

"这,不又是红巾军自相残杀吗?"

"休得多管,只去打点人马便了。"郭子兴决心要把改换门庭的一万部下都讨要回来。

亲兵队长匆匆走进来禀报："大帅,朱公子派人回来下书。"

郭子兴心中正在思念朱元璋,听到有了消息,真是喜不自胜:"快传下书人进来相见。"

李善长步入深施一礼："属下掌书记李善长,参见大元帅。"

"李先生,快说说元璋他在何处? 可有了落脚之地?"

"大帅,朱将军已据有滁州,手下兵马已众达三万。"李善长躬身递上书信,"这有将军的书信,请大帅过目。"

郭子兴看过,对朱元璋赞不绝口:"元璋真乃本帅爱婿,不但占有滁州,而且广有精兵良将,日后前程不可限量。"

"大帅这里一切可好?"

"好什么,好闹心。"郭子兴将与孙德崖的过节述说一番,"本帅准备带兵与孙德崖叫板,让他交回我的一万兵马。"

"大帅,若是话不投机,岂不要兵戎相见?"

"打就打,孙德崖这个脓包迟早是要出头的。"

"大帅,若依愚见,同为红巾军,还是不打为上。"李善长劝阻,"自残手足之事,只能使元军坐收渔利。"

"那又当如何? 我看孙德崖狼子野心已是昭然若揭,他总有一天是要吞并我余下的人马,夺去我的帅位。"

"退一步海阔天空,大帅躲还躲得起,"李善长建议,"何不带队移师滁州,与朱将军会合。"

"这倒不失为好主意。"郭子兴尚在沉吟。

郭天叙急加阻拦:"父帅,万万不可。"

"为何?"

"父帅,这不是明摆着的事?"郭天叙诚恳地道,"朱元璋业已统兵三万,父帅去滁州只有两万人马,实力不济,还不得仰人鼻息?"

"此言差矣,"郭子兴对朱元璋还是信任的,"元璋不是这样的人,他是会尊重父帅的。"

"大帅移师滁州乃明智之举,元军业已逼近,濠州即将成为战场,大帅去往滁州实为正确抉择。"

"好,传令下去,即刻拔营。"郭子兴下达命令。

李善长又忙着会见马秀英,将二百两黄金交与她:"夫人,这是打下滁州的战利品。"

"这,元璋可知?将士们可有?"

"夫人放心,将士们每人有份,这是你应得的。"李善长赶紧掉转话题,"还有一事,必须让你得知。大公子郭天叙派郭安投毒欲坏朱将军性命,幸被识破未能得逞。"

"此事当真?"

"郭安已是当众招认。"李善长又相告,"朱将军因大帅有收留之恩,不忍祸及大公子,已将郭安灭口。但我想,大公子不会死心,此番滁州团聚,夫人还当规劝将军,不可掉以轻心。"

马秀英点头:"天叙怎能这样?我知道了。"

郭子兴的两万人马,还有相应家眷,一日之后到了滁州。朱元璋闻信,早已出城十里前往迎接。翁婿二人并马一路说笑着进了滁州,到了大堂上坐定,未及叙话,朱元璋便将统兵的旗符令箭呈上。

郭子兴问:"这是何意?"

"父帅来到滁州,这三万人马自当交与父帅指挥。"

"这合适吗?"郭子兴心中窃喜,"你以七百人发展到三万人,谈何容易。你拥戴我为大帅尚可,人马还应由你统领。"

李善长急忙接话:"大帅所言极是,朱将军不能交出三万人马的指挥权,如此做,部下将领也能诚服。"

"大帅是全军的大帅,自当指挥全军。我部下的将士谁敢不从,自有军法处治。"朱元璋看来是决心已定。

郭子兴赶紧就坡下驴:"元璋如此情真意切,我也不能拂了他的好意,本帅便将这符箭收下了。"

李善长要阻止已是来不及了,不由得长叹一声。

郭子兴安抚朱元璋及其部下:"元璋治军有方,本帅自即日起,提升他为总兵之职。"

"谢父帅重用。"朱元璋躬身。

晚饭后,李善长找到朱元璋:"总兵,我想辞去掌书记。"

"这是为何?"

"我要另寻出路。"

"李先生,我不曾慢待先生,而且还指望靠先生的谋略打江山呢。"

"将军把兵权都交与大帅了,我们感到前途无望,只好告辞。"

"你说是我们,难道还有别人。"

言犹未尽,花云、胡大海、徐达、汤和等一干将领,纷纷来到,大家七嘴八舌,同声说道:"朱大哥,我们跟您打天下,是为有个出头之日,而今你让出兵权,连张天佑的位置都在你之上,我等还有何指望?"

"列位兄弟,不要看一时一事,这路还长着呢。郭大帅他不会亏待我的,我也不会亏待大家的。"

"远水解不了近渴,我们要求大哥领三万人马,另寻落脚之地,把这滁州留给郭大帅,总算可以了吧?"

"各位兄弟,当年郭大帅收留我,总不能不讲情义呀。"

"朱大哥,你可以讲情义,但我们不会听从别人的调遣,郭大帅和张天佑,休想对我们发号施令。"

李善长见机又说:"将军,我们跟着你,是要打天下。欲得天下者,就不能有妇人之仁。我将郭大帅带到滁州,实指望把他的两万人马也变成我们的,谁料你竟然让出指挥权。这太令我们寒心了。"

"李先生,我的兄弟们不懂还有情可原,你文韬武略在胸,应该懂得若欲取之必先与之的道理。有众位兄弟在,这三万人马表面上是大帅统领,实质上不还是我说了算?"朱元璋拱手转圈一揖,"各位,朱元璋我话已出口不能收回,且先听命于郭大帅,拜托了。"

众人也难再反对,想想朱元璋的话也有道理,只要心中时刻记着旧主人,这形式上的军权又有何妨?

朱元璋他们没想到,隔墙有耳,众人的议论,全被郭天叙听了去。他正愁无法对朱元璋实行报复,这下子有了可以使坏的借口。找到自己在朱元璋军中的另一亲信任义,二人策划了一番,他就去求见郭子兴。

"你又有何事?"郭子兴的言语中透着不耐烦。

"父帅,儿有重大事情禀报。"

"哼,又在故弄玄虚。"

"父帅,朱元璋和部下计议,明里交权,暗中抵制您的军令,还要伺机吞并咱们的两万人马。"

"纯粹是一派胡言,"郭子兴训斥道,"你少要编这套假话骗我,为父不会上你的当。"

"父帅,千真万确呀,是儿亲耳听到的。"郭天叙发誓,"如若不信,可以试着调动一下他的部下。"

听了这话,郭子兴有些动心了:"元璋他对我忠心耿耿,他不是阳奉阴违投机取巧之人。"

"还说呢,"郭天叙显出激动的样子,"他打下滁州,府库里有一万两黄金,他可曾给父帅一厘一毫。"

这句话触到了郭子兴的痛处,人人尽知他这个大帅最为爱财:"什么?一万两?不会吧?"

"父帅,儿怎敢蒙骗您。不信,可找朱元璋部下的镇抚任义询问。"

少时,任义到来。郭子兴问道:"你们打下滁州,府库里可有黄金?你必须如实回答,若有虚妄,本帅打断你的双腿。"

"大帅,有黄金属实,只是数量属下说不准,有人说是万两。"任义言之凿凿,"朱将军称黄金全分给有功将士了,小人还分得了十两。"

"父帅,那朱元璋断不能全数分给部下,他自己至少得留下几千两。"

郭子兴已是气得脸色煞白:"看起来这黄金一事属实,所有部将凡有获取,无不将其大部送我,而朱元璋竟然对我一毛不拔,实实可恶。"

"还有一事,不知属下可否向大帅禀报?"

"有话就说,少来这套虚情假意。"

"大帅,朱将军在给部将奖赏黄金时,巡哨郭安曾劝他,这黄金要给大帅一份。朱将军大怒,命人给他灌下毒药,活活给毒死了。"

"竟有这等事?"

"属下不敢谎报。"

郭子兴已是忍无可忍:"天叙,传朱元璋立刻来见。"

"儿遵令。"郭天叙心中暗喜,很快将朱元璋传来。

郭子兴劈头便问:"朱元璋,你可知罪?"

朱元璋有些发蒙:"父帅此话何意?"

"自己做下的事,还想抵赖吗?"

"儿我确实不知有何过失,还请父帅明示。"

"我来问你,打下滁州府库可有黄金?"

"有哇。"

"多少?"

"一千两。"

"哼,明明是一万两,你却谎称一千两!"郭子兴已认定朱元璋私吞黄金,"如此说,那九千两是入了你的私囊?"

"父帅,属实是一千两啊。若不信,可找李善长对证,他是掌书记,一切财物他那里均有账可查。"

郭天叙插话:"得了吧,姓朱的,那李善长是你的亲信,他自然要和你口径一致,父帅才不会上你的当呢。"

郭子兴真就如郭天叙所说,认定朱元璋与李善长共同作弊,又突然问道:"朱元璋,你可将郭安给灌下毒药致死?"

"这个,"朱元璋看一眼郭天叙,觉得不便直言,"父帅,此事不假,但其中另有隐情。"

"哼!"郭子兴心说,任义所说件件属实,"你就不要狡辩了,郭安不过是提醒你应将黄金送给本帅一些,你就狠心下此毒手?"

"父帅,你是错怪小婿了。内中隐情,待小婿择机详告。"

"你就算了吧。"郭天叙又来插话,"姓朱的,你说老实话,滁州的黄金你可曾打算送给父帅?"

"这,倒是不曾有这打算。"

"朱元璋,你真是个忘恩负义之徒。想当初你不过是皇觉寺的一个和尚,若不是本帅收留,你只能是流浪街头沿街乞讨,说不定早就饿死路旁。本帅给了你出路,又招你为婿,你竟然还这样不思报恩,真是狼心狗肺。"

"父帅,小婿是为大局着想,些许黄金对您无关紧要,重要的是将士们肯于用命,为日后打下江山奠定根基。故而,小婿将黄金都奖赏给部将,望您谅情。"朱元璋没想到郭子兴这样看重财物和金钱,又补充了一句,"小婿考虑不周,今后再有缴获,一定先给父帅。"

"你算了吧,哪里还有今后!本帅原以为,你将兵符令箭交我是真心的,岂料你心怀叵测,竟和部将议论不服我的调遣,真是个阴谋家。"

"父帅,部将们是曾有此议论,但小婿狠狠地训斥了他们,相信他们会听从您的军令。"

"就不要再骗我了,本帅是信不着你了。"郭子兴吩咐一声,"天叙,把他押入大牢。"

"谨遵父帅军令。"郭天叙洋洋得意,"朱将军,请吧。"

朱元璋无话可说,默默地跟随在后,走进了黑漆阴暗的牢房。郭天叙并不离去,他支开狱卒,冷笑着说:"姓朱的,这回你是落到了我的手里,是想受皮肉之苦呢,还是聪明些痛快招认呢?"

"天叙兄长,不知你要我招认何事?"

"你和部将蓄谋加害大帅,然后取而代之。"

"这是从哪里说起?父帅对我恩重如山,我绝无此意。"

"看起来,不动大刑,你是不会开口了。"郭天叙又叫来两个狱卒,"将他吊起来。"

不由分说,朱元璋被吊上了房梁。郭天叙亲自抄起了鞭子:"姓朱的,认了吧,要不然就得皮开肉绽。"

"兄长,你怎能这样待我?没有的事,我又怎能承认?"朱元璋表示决心,"就是扒了我的皮,也不会屈打成招。"

"好,那我就看看你的肉皮子有多厚。"郭天叙抡起皮鞭狠狠抽下,他要发泄这许久以来积淤在心中的愤懑。

任凭怎样打,朱元璋始终不开口。郭天叙渐渐打累了,朱元璋的衣服也成了布条子凌乱不堪。郭天叙一看急切间难以如愿,便扔下鞭子走了。

天色转眼间黑下来,已经掌灯了,马秀英还不见丈夫归来,便四处寻找。后来听说被郭子兴叫走,就没见归来。她便风风火火地去见郭子兴:"父帅,女儿的夫君被你派往何处,为何不见回家?"

"哼,还说他,狼心狗肺的东西。"郭子兴满是怒气,"他私自侵吞万两黄金,竟然毫厘也不与为父。他还鼓动部将不听我的调遣,这样的女婿还不如一条狗,为父将他下狱了。"

"父帅,您怎能这样?"马秀英落泪了,"您说的未必属实,待女儿找他问个明白。"

"你想见他办不到。"郭子兴透露想法,"待为父将他这些罪过查实,定要重重惩治!"

"父帅,如此说,我的夫君他连午饭还不曾吃过。"

"他不用想吃了,干脆饿死,也省得我不好下手。"

"父帅,你好狠心,终不成让女儿做寡妇?"

"他一个穷和尚,死便死了,为父再给你选个如意郎君。部下大将还不由着我们挑选?"

马秀英气得哭着离开了郭子兴,她惦记着朱元璋正饿着肚子,便跑到了厨房。厨师正在烙饼,她便拣了两张,托在盘子上便走。出了门,她看看四下无人,也顾不了许多,将饼揣进了前胸的衣服里,贴胸仅隔一层布。她急步奔向牢房,转过墙角,恰与张夫人相遇。

夫人问道:"秀英,如此行色匆匆,这是要去何处?"

马秀英遮掩说:"女儿身体不爽,想回自己房中休息。"

"儿呀,这半天我也没见到元璋了,莫不是他又有行动外出了?"

马秀英再也忍不住,她的泪珠成双成对地掉落下来。

第六章　火烧瓦梁峪

潮湿的牢房散发出一阵阵霉气,可以攥得出水的稻草堆,已经是多年不见天日,遍体鳞伤的朱元璋无力地躺在上面。有生以来,他还是第一次受到这样的毒打,他咬紧牙关不吭声。但是,他也在思考自己的前途。看来郭子兴是不能成就大事了,那么自己就要在那帮忠心义气的兄弟们的协助下,向着更高的目标迈进。不管能走多远,都要顽强地向前。

牢门被猛地推开,一个人跑进来。大概是不适应里面的黑暗,看不见朱元璋身在何处,便连声呼唤起来:"姐夫,姐夫。"

朱元璋此时也看清了,是他的妻妹郭惠儿:"惠妹妹,是你呀!我在这里。"郭惠儿看见朱元璋倒卧在草堆上,大为意外:"怎么会这样,父帅也太狠心了,这也太过分了。"

朱元璋挤出一丝苦笑:"没啥,父帅是误会我了。"

郭惠儿到了近前,俯下身来,这才发现朱元璋满身都是血道子,心疼得哭出声来:"姐夫,怎把你打成这样啊?"

"不怕,过几天就会好的。"

郭惠儿用纤纤嫩手轻轻抚摩着朱元璋的伤口:"姐夫,你告诉我,这是哪个狠心的犊子给打的?"

"打都打过了,还要问谁做什么?"

"我要找人教训他一顿,叫他也尝尝挨打的滋味。"

"不要这样,没伤到筋骨,并无大碍。"

"姐夫,你有多疼啊!"郭惠儿忍不住抱着朱元璋泣不成声。

朱元璋觉得惠儿已经十五六岁了,也算是大姑娘了,便推她起身:"惠儿,不要这样伤感,我没事的。"

可是,郭惠儿俯在朱元璋的身上,就是不肯离开。在她的心目中,朱元璋是个大英雄。从钦佩而生爱慕,过去一直没有这样的机会,如今她要把对朱元璋的爱全都倾泻出来。

朱元璋推得用力些:"惠儿妹妹,别这样,万一被人看见不好,该有闲话了。听话,站起来。"

郭惠儿反倒抱得更紧了:"我不怕闲话,人家就是心疼你,日后你做了大元帅,我还要嫁给你呢!"

"惠儿,这种笑话可是说不得。"

"人家不是笑话,是真心实意的。"

"这种想法千万要不得,我都和你姐姐成为夫妻,怎能再与你结合?"朱元璋规劝,"你还是早早死了这份心吧。"

"不,我就是要嫁给你。"郭惠儿在朱元璋脸颊上狂吻起来。

一时间,倒令朱元璋不知所措。

马秀英的卧室,简朴而又洁净得体。只有墙上挂的一柄龙泉宝剑,算是额外的装饰品。马秀英打开炕柜,从里面取出红色的布包,把它送到张夫人面前:"母亲您看,这就是元璋给父帅留的二百两黄金。总共才有一千两,元璋将那八百两全奖给了有功将士,给父帅二百两不算少了。"

"他为何不直接给你父帅?"

"元璋言道,让女儿暗中交与父帅,以免影响父帅名声。"马秀英说着话,眉头不由得皱了皱,脸上现出痛苦的表情。

"秀英,你是怎么了,莫非哪儿不舒服?"

"女儿倒是忘记了。"马秀英从怀中取出那两张烙饼,带出一小块红色抹胸的布片来。

"这是从哪里说起?油饼为何要揣到胸前?"

"女儿获悉元璋已是两餐未得进食,就想偷着给他送去吃食。"说着话,她又痛得一咧嘴。

"让为娘看看,别烫坏了。"张夫人解开她的外衣,不由得倒抽了一口凉气,"这,这,嫩皮都给烫掉了。孩子,你这是何苦啊?"

"母亲,你想,元璋都两顿没吃饭了,我能不急吗?"马秀英掩上衣服,"元璋对父帅没有二心,还望母亲搭救。"

张夫人是郭子兴的小夫人,郭天叙不是她的亲生,她平素对郭天叙的作为很是看不上眼。而郭天叙对她也极少尊重,甚至叫声母亲都极为勉强。因此她对郭天叙绝无好感。而马秀英虽是养女,但她为人孝顺乖巧,张夫人视如己出,其倾向自然显而易见:"秀英,为娘自会与你做主。当务之急,是先去看望元璋,已快到二更天了,先让他吃饭要紧。"

马秀英和张夫人进入牢房,看见惠儿在场大为诧异。张夫人问:"惠儿,你怎么来到牢房?"

"你为啥来?"

"我,为娘获悉元璋被屈,所以同你姐秀英前来看望。"

"什么被冤,"惠儿声泪俱下,"姐夫他被郭天叙打得体无完肤,父帅他也太狠心了。"

马秀英一听,扑上前去:"元璋,快让为妻看看。"

"不妨事。"

马秀英一看便傻眼了:"夫君,你,如何受得了啊?"

张夫人也看到了朱元璋的惨状:"元璋,这真是郭天叙所为?"

"岳母大人,其实无关紧要,没有伤筋动骨,休息十天半月就会好的。"朱元璋尽量轻描淡写。

马秀英递上热乎乎的烙饼:"夫君,你快趁热吃了,一定是饿坏了。"

"元璋,你父帅他是一时糊涂,对你产生误会。待为娘就去找他论理,相信你就会脱离囹圄。"

"多谢岳母大人,小婿不怪父帅。"朱元璋在草堆上欠了欠身,以示尊敬。

郭子兴看到二百两黄澄澄光闪闪的金子,满脸都笑开了花:"夫人,这是元璋他给我的?"

"不是给你,又是给谁?"张夫人一看他那贪财的样子,就打心眼里厌恶,"瞅你,像个馋猫。"

"既是给我,为何不早言语?"

"谁都像你那么没心,元璋是为了避人耳目,才特意送到我处。在我手里,不和在你那儿一样吗?"

"那是,那是。"郭子兴有三大特点,一是贪财,二是耳根子软,三是出奇的惧内。

"大帅,元璋还不放吗?"张夫人说到了主题上。

"但凭夫人。"

"元璋几次救你性命,你竟然将他下狱?真是没天理!"

"夫人,我就是想磨磨他的性子,并无恶意,谁料天叙他擅自做主,还敢对元璋动刑,我实实不知。"

"得了,这次事情就算过去了,以后少听你那不孝之子的挑唆,凡事自己要有个主意。"

"夫人所言极是,极是。"

朱元璋出狱了,经过半个月的休养,身体已是完全复原。

这一日,郭子兴召集众将和谋士在大堂上议事。他四外看看,有些怯生生地说:"诸位,眼下群雄并起,天下大乱,我在明王手下也已近十年,不想还打着他的旗号。为了各位的前途,我想改称滁州王。"

这个提议确实太突然了,一时间众人面面相觑,谁也不知如何开口。朱元璋见状,他率先应答:"父帅的主张,小婿以为不妥。"

"何以见得?"郭子兴显出不悦。

"父帅,而今元朝势力强大,全部红巾军尚难与之抗衡,我方兵微将寡,只这一座滁州,立足尚难,何况同红巾军决裂后,便形同四面受敌。委实不是时机,还望父帅缓行。"

李善长也表示反对:"大帅,您称王我等自然高兴,都可以晋升官职,只是区区五六万人马,如何能与整个红巾军对垒,更不要说强大的元朝军队了。切不可自找苦吃,还当暗中发展,等待时机。"

众将与谋士们几乎是无一赞成,郭子兴一看过于孤立,也就不好十分坚持。正在场面有些尴尬之际,小校进来禀报:"大帅,孙德崖副帅差人前来下书。"

"他来做甚?"郭子兴一听他的名字就从内心里反感,"夜猫子进宅,他不会有好事。"

朱元璋劝道:"大帅,还是叫下书者来见,是好是坏,总要知道他的来意。"

"好吧。"

下书人是孙德崖的亲兵队长,他显得极其谦恭,将书信呈上:"万望大帅能施以援手。"

郭子兴看罢信函,吩咐队长:"你且下堂等候,容我们商议。"

队长退下后,郭子兴环问在场文武部下:"众位,元丞相脱脱统领二十万大军进犯濠州,业已抵达六合城下,孙德崖派来信使,请求发兵救援,不知大家意下如何?"

李善长反问郭子兴:"大帅的意思呢?"

"孙德崖为人奸猾,几次欲置我于死地,本帅此番来滁州前,他还撬走我的部众一万。依本帅之见,我军且作壁上观。"

"这,只怕不妥。"朱元璋发表看法。

"何以见得?"

"孙德崖为人如何且不论,他和他的部众毕竟是红巾军,而元军是我们的共同敌人。岂有目睹手足为外敌所困而袖手旁观之理?"

"元璋,别人反对还情有可原,你是知道的,他将本帅困于牢中,险些要了我的命,要不是你带人营救,哪里还有我的今天?这次元军大举进攻,让他尝尝失败的滋味也好。"

"大帅,还当以大局为重。"李善长也来劝说。

"何为大局?"

"元军是我们的敌人,团结起来,共同对付元军,这就是当前的大局。"李善长再加解释,"大帅,敌强我弱呀。"

"红巾军少一个孙德崖非但不弱,而是少了一个脓包,我们再打元军,反倒气更顺了。"

"父帅,濠州乃滁州的屏障,濠州若失,滁州便不保,这就是唇亡齿寒的道理。所以,濠州不能有失。"朱元璋深入进行了分析。

"元璋,元军势大,我们不能拿鸡蛋去碰石头。"郭子兴也有他的道理,"我们要保存自己的实力呀。"

"大帅,"李善长还是赞同朱元璋的观点,"一旦濠州失守,孙德崖兵败,靠我们自己的力量就只能任凭元军宰割了。"

"所以,现在出兵实际上是救我们自己。"朱元璋补充道。

"那,二十万元军气势汹汹,我们出多少兵?谁又敢领兵?"郭子兴遍问诸将,"哪位将军领一万人马救援?"

听说是一万对二十万,众将无不噤若寒蝉,缄口不语。

朱元璋见状挺身而出:"父帅,小婿愿往。"

"你,"郭子兴重复一遍,"我只能出一万人马。"

"小婿明白。"

"好吧,你就出征吧。"郭子兴有点无可奈何的味道。

元丞相脱脱带领的二十万元军,一路旌旗招展队列整齐向濠州进发。在他看来,取濠州就如探囊取物一般,那是手到擒来马到成功,因此元军是不紧不慢地行进。朱元璋的人马径直到了六合前线。他没想到元军尚未到达,便与六合守将耿再成商议:"耿将军,六合是座小城,不宜坚守,前方十里的小镇瓦梁垴,是个险要去处,我们何不全力防守彼处,以阻元军的脚步?"

"朱将军真是大将之才,瓦梁垴确实易守难攻,你我两万大军,说不定就能抵挡元军的二十万虎狼之师。"

朱元璋和耿再成的两万人马,便在瓦梁垴进行了严密的布防。这里是通往六合的必经之路,又是咽喉要道。

脱脱大军到达之后,感到这是个难以逾越的天堑。瓦梁垴三面环山,只有东面一个关门,还在两山夹峙之中,任你有多少兵马,也只能独攻东门。况且马军不得施展,只能是步军进攻。

脱脱急于拿下濠州,便不停歇地向瓦梁垴猛攻。从日出到日落,十数次攻击都难奏效,在关前留下了上千具尸体。

双方激战了三日,元军总是以失败告终。耿再成站在关楼上,凭栏远眺西方的落日,心中荡起无限豪情:"朱将军,我们这小小的瓦梁峪,足可挡住元朝的百万大军。"

朱元璋却是长叹了一声:"唉!"

"朱将军这是为何,我们以两万之微,对抗脱脱二十万大军,三天战过,仅仅折损一千兵士。这样小的代价,取得这样大的胜利,可说是旷古未有,高兴还来不及呢,为何叹息?"

"拒元军于城下这是不假,我们以一千人的代价,元军死亡三千余众,自然算是胜利。可是,这样下去何时才能消灭大批元军,何时才能解除敌人对濠州、滁州的威胁?这样打下去,也非长久之计。"

"朱将军此言差矣,我们区区两万兵,能挡住元军二十万已属不易,更何况我们还取得了胜利,应该知足了。"

"我在想,如何才能将元军打败。"

"你就别白日做梦了,俗话说知己知彼,你总不能将两万人拉出去,和元军二十万对阵吧。"

"我们不能力敌,却可智取。"

"你有何妙计?"

"我们何不诈败?"朱元璋讲出了他的诱敌之计。

耿再成听罢,不能不承认这是一条绝妙的好计。但他还不愿冒险:"朱将军,敌人数量太大了,二十万啊。他就是中了你的计,损失了几万人马,脱脱收拢败军全力攻打六合,我们就无险可守了。"

"耿将军,此计只能在瓦梁峪使用,在此处败,脱脱方会信是真败,不能错过这个歼敌的良机。"

耿再成也不愿放过这个机会:"那就冒一回险。"

元军对瓦梁峪的进攻,几乎没有停歇。双方的激战、搏杀,真是惊心动魄。从早至晚,眼看着太阳落下西山,朱元璋让部队做好一切准备,卖个破绽,让元军杀上城来。

红巾军全线溃退,元军蜂拥入城。

脱脱见城内做好的成锅的白米饭,还有香喷喷的炖菜,显然是红巾军做熟没来得及吃,便仓皇退走。也不用脱脱这个统帅下令,元军的将士便呼啦啦扑向饭菜,狼吞虎咽大吃大嚼起来。恰值饭时,又经过一天的战斗,他们也都饥肠辘辘,不顾一切地抢饭抢菜。由于元军人多,饭菜量少,大部分元军还得自己埋锅造饭。脱脱坐在房中,等待专灶为他做饭,还没等吃到口,就听外面连声的哎哟哎哟喊叫起来。他出来查看,但见许多兵将都抱着肚子在地上打滚,无不痛得大汗淋漓。脱脱立刻明白过来,这是红巾军在饭菜里投毒了。

就这一餐晚饭,元军即被药死两万多人。

脱脱心说不好,这显然不是红巾军战败,敌人是有意撤退,说不定还有阴谋。他下令立即搜查所有地点,看红巾军有否埋伏。不等元军将死者的尸体清理完毕,三面的山坡上像流星般射下来数不清的火箭,居高临下,火箭射中屋顶的茅草,院中的易燃物,再加上朱元璋事先准备的大量油麻,火势腾地猛燃起来。转眼间,瓦梁峪就成了一片火海。脱脱的胡子眉毛也已着火。卫士保着他突烟冒火逃出城,再看城内,已是乱成一片。元军人多,只有一个城门,将士们争相逃命,互不相让,一个时辰里,烧死和踩踏而死的元军即达七八万人。这一来,二十万元军仅剩十万之数,而且无不被烟熏火燎得一副狼狈相,简直是溃不成军。

脱脱这个气呀!他统兵多年,从未吃过这样大的亏。想着想着,一个凶狠的想法跳上了心头。全军集合,连夜出发攻打六合,要打朱元璋一个措手不及。红巾军投毒火攻得胜,绝对想不到元军会连夜进攻,这就叫军事上的出其不意攻其无备,元军定能大获全胜。

十万元军在夜色中全速进发,从瓦梁峪到六合不过十几里路,三更天时正值夜半,道路依稀可辨。大队元军途经一处林地,这片林地有二里路长短,全是密匝匝的灌木丛。脱脱督促队伍迅速向前,元军也顾不得查看。十万大军的队头出了林地,面前是开阔地,再走二里路,便是六合城了。元军的马队发声大喊就向六合城扑去。万万没想到,轰隆隆震天声响,上千匹马落入了陷坑中。脱脱赶紧收缰,才算没有掉下。冲起的灰尘,就像狂风卷起,迷漫了夜空,遮掩了星月,一切都陷入混沌中。

元军还没醒过味来,林地四面又嗖嗖嗖飞来数不清的火箭,立刻将林内的易燃物点燃。冲天大火腾空而起,火借风势,风助火威,直烧得元军哭爹叫娘,狼奔豕突。脱脱想要节制部队根本办不到,元军自相践踏,又死伤累累。侥幸活命的元军,全都往回逃跑,裹挟着脱脱直向瓦梁峪奔去。待回到住地,天明之后点验部队,仅剩下三万人马,而且也全都精疲力竭,无力再战。

就这样,脱脱的二十万大军,被朱元璋的两万之众彻底打败。元朝皇帝一怒之下,将脱脱撤职。

朱元璋得胜回到滁州,郭子兴亲自出迎。路上,他便对朱元璋说:"贤婿真乃诸葛再世一般,两次火攻,打得脱脱大败,可喜可贺。"

"侥幸得胜,不值一提。"朱元璋谦逊地说,"全托父帅洪福。"

"只是,"郭子兴顿了一下,"滁州城内眼下缺粮,看光景也支撑不了半个月了。"

朱元璋立刻明白了郭子兴的用意:"父帅不必焦虑,小婿请令去他处打粮,以缓滁州的困境。"

"如此最好不过。"郭子兴又故作姿态,"贤婿刚刚经过大战,还未及休整,有些说不过去。"

"不妨,小婿理当为父帅分忧。"朱元璋已是心中有数,"离此八十里路的和州,是个富庶之地,且为元军粮草基地,小婿就把它打下来。我军的粮草之困,自然缓解。"

"好,本帅就着你带本部兵马攻占和州。"

脱脱兵败之后,和州的元军守将惶惶不可终日。但一时间信息全无,只是闻听脱脱丞相解职,却不知皇上如何部署。日夜盼望能有报信人来,真是望穿双眼。在去往和州的路上,李善长对朱元璋建言:"将军,和州可以智取。"

"说说看。"这与朱元璋的想法不谋而合。

"扮作元军,骗开城门。"

"好,正当如此。"朱元璋道,"前不久,我们俘获了元军一批军装,足足有数千套,如今正好派上用场。"

朱元璋挑选三千精兵,换上元军服装,扮作元军模样。又要十头骆驼,载上金银绸缎和青年女子,意为缴获,打起元军旗帜向和州进发。那一万骑兵则紧随其后。

徐达率领"元军"到了和州城下。他大声呼唤:"快打开城门。"

守将俯身垛口向下观望:"你们是从何处来的人马?"

"我们从徽州而来,奉命给你们送来犒赏。"徐达用手一指十头骆驼,"看,金银粮秣,还有女人。"

守将盼信息盼得眼睛都红了,看不出破绽,便下令打开城门。徐达率军一拥而入,当先一枪把守将刺死。守城元军顿时大乱,无不抱头鼠窜,四处逃命。用不着后续一万人马增援,徐达的三千部队便已占领了和州。

捷报传回滁州,郭子兴命令将一半存粮运到滁州,而留下朱元璋镇守和州。次日早饭后,运粮车队刚刚出了城门,便被孙德崖的人马堵住了去路。

大将花云用手中枪一点:"孙副帅,为何阻路?"

"花将军,濠州缺粮,获悉朱将军打下和州,而这里粮草丰裕,故而前来就食,我这儿有三万人马呢,你这粮不能再外运了。"

"你好无道理,"花云指责说,"这是运往滁州的军粮,是为郭大帅救急的。至于你来要粮,那得看朱将军如何安排。快些让路,不要误了我的行程。"

"我这几万人也要大批军粮,眼下就有大量需要,你无论如何也不能运走。"孙德崖提出,"这些粮食正可给我的队伍食用。"

花云未免焦躁:"再不让路,我手中的枪可是不答应了。"

孙德崖毫不相让:"我们都是红巾军,你们有吃的,也不能叫我们饿肚子,有动武的道理吗?"

"孙副帅,不要耍无赖。你要粮去找朱将军商议,给我让路!"

"你不留下粮车,就休想离开!"

"那我就对不起了。"花云催马挺枪便刺。

孙德崖举刀迎战:"终不然我还怕你不成?"

二人在城门前厮杀起来,早有人报告了朱元璋。他赶到之后,纵马插到二人中间,用宝剑挡开他们的兵器:"全都退后,给我住手。"

花云气愤得先行告状："将军,他要劫我的粮车。"

孙德崖也不示弱："朱将军,同是红巾军,你们有干的吃,总得让我们喝稀的吧,要粮食吃也不为过。"

"不知孙副帅带兵来到,未及迎接,还请见谅。"朱元璋讲出道理,"要粮吃,也得容我安排,怎能截住花将军去路?"

"我,我是想,这粮若都运走,我这几万人马就得喝西北风了。"

"副帅放心,城中有粮,尽可让弟兄们吃饱饭。"朱元璋劝道,"且放花将军去送粮,贵部军粮待副帅进城后,我二人再从长计议。"

"好吧。"孙德崖也说不出别的,只得让开道路。

花云押带粮车奔向滁州,回身看看孙德崖的人马,心中有些不安,但也不得不离去。

朱元璋又同孙德崖商议："副帅,将大军暂留城外,您且随我进城,容我设宴款待。"

"我的部下呢,就在这儿饿肚子?"

"怎会呢?"朱元璋笑容可掬,"我自会安排杀猪宰羊,让弟兄们饱餐。"

"我们同为红巾军,你怎能将我大军拒之城外,这是说不过去的。"孙德崖招呼一声,"弟兄们,进城。"

他的弟弟孙德生率先带队拥入城中,孙部大军源源而进,孙德崖则是怡然自得的神态。

徐达在朱元璋身边低语："将军,待我收拾了这个姓孙的。"

"不可,"朱元璋反对,"终归都是红巾军,两军若是开打,必定是两败俱伤,还是不要手足相残。"

"那他这几万大军入城,这和州怎能承受得了?"徐达提醒道,"万一他有异心,我们的安全堪忧。"

"只能是小心防范了。"朱元璋也是无可奈何的口气。

孙德崖所部进入和州后,白米饭是吃个饱,但他们野性不改,动不动就在城里闹事。有的强抢民女,有的酗酒打架,使得朱元璋也很头疼,觉得这不是长久之计,还是要设法让孙部人马出城。

这日夜晚朱元璋同李善长正在房中商议,如何妥善处理孙德崖的人马,花云匆匆而进:"将军,末将回来交令。"

"你这样快便归来,可曾见到郭元帅?"

郭子兴应声而入:"怎么,你想见我吗?"

朱元璋赶紧跪迎:"父帅,小婿不知大驾到和州,还请惩治失迎之罪。"

"你的罪不在此,"郭子兴入座,"可你犯下了大罪,你可知罪?"

"小婿实实不知。"

"孙德崖是我的夙敌,在濠州曾拘押羞辱于我,而你竟然放他的数万大军入城就食,这岂非同我作对?"

"父帅有所不知,孙德崖是硬行闯入城来。"

"你的手下尽有能征善战的兵马,为何不将他阻于城外?"

"父帅,若以武力拒之,双方便是兵戎相见,难免有较大的死伤,这岂不是手足相残?"

"哼,你和他还磨不开情面,难道就不怕我动怒?"郭子兴声色俱厉,"他的几万人马在和州,就长此下去不成?"

"父帅息怒,小婿就去同他商量,要他的队伍尽快离开和州。"朱元璋明白必须同孙德崖决裂了。

"不把孙德崖赶走,你就不要回来见我。"郭子兴对临出门的朱元璋扔下了一句狠话。

朱元璋由徐达、汤和相伴,到了孙德崖的住处。孙德崖哥俩正在房中密谈,见到朱元璋,孙德崖显然已有精神准备:"听说郭子兴到了,你该不会是赶我走吧?"

"这倒说不上。"朱元璋也只能明说了,"副帅,你与郭元帅向来不睦,几万人马在这和州就食,我倒好说,但是郭元帅毕竟有些不快,而且人多粮少,这样坐吃山空,也不是长久之计。"

"好了,我也不难为你。"孙德崖已然打定主意,"我们今晚连夜出城离开,去别处再想办法。"

朱元璋没想到事情如此顺利:"副帅体谅我的难处,令人感激。"

"但是我还有个条件。"孙德崖紧接着说。

"不知是何条件。"朱元璋疑惑地问。

"郭元帅带来一万精兵,已在城外严阵以待。我的队伍出城,担心与他的部队交手,烦劳朱将军领路送我军出城。"

"这事我可以做到。"

"那便请你同舍弟德生先行出城,我殿后押队,立即离开和州。"

"好吧,那就行动吧。"朱元璋回头吩咐徐达,"你且留下,保证孙副帅这里的安全,避免我军任何队伍与之摩擦。"

徐达有些不放心:"让末将随你同行,以防发生意外。"

朱元璋一笑:"在这和州地面,还不是任我往来?再说,郭元帅的部下我无不熟识,不会有碍。"

孙德生集合起队伍,这先头部队约有五千人,朱元璋同他并马出发了。临行,孙德崖向孙德生使个眼色:"二弟,一切按我们商量的办。"

"大哥,放心好了。"孙德生打马离开。

这里,孙德崖召集余下的两万多人马,部下的四员大将只有两人奉命前来,还有两员将领及其一万人马,迟迟不来报到。孙德崖未免焦躁,正在发火之际,郭子兴带着儿子郭天叙和大队精锐骑兵来到。

孙德崖见状,心中有些发毛,赶紧迎上前道:"大帅到了。我这里乱糟糟的,也没个坐处,对大帅失礼了。"

郭子兴的脸绷着:"孙副帅,你对我失礼之处还少吗?"

孙德崖明白,现下是在郭子兴的房檐下,不得不低头,以免吃眼前亏:"大帅,以往多有得罪,您大人不见小人怪,还请多多担待。"

"你得了吧。"郭天叙接过话来,"你在濠州将我的父帅擒拿关押起来,这笔账今天是该清算了。"

"大公子,怎可如此火上浇油,理应劝和才是。"孙德崖此刻是想委曲求全,全身离去。

郭天叙可不这么想,其实今天这场戏就是他挑起来的,他要以此树立自己在父帅心中的地位。他一个箭步逼近孙德崖,宝剑便横在了对方脖子上:"你敢动一动,就叫你人头落地。"

"别,千万别。"孙德崖说话时声音有些发抖,"大公子,剑下留情。"

事已至此,郭子兴也就横下心来:"绑了。"

亲兵上前,给孙德崖上了绑绳。郭天叙的剑动了动,孙德崖的脖子现出一道血口子:"父帅,让儿子给您出气吧?"

郭子兴冷笑一声:"孙德崖,你可知道也有今天?"

"大帅,以往千错万错都是小弟的错,您不看僧面看佛面。不管怎么说,我们都是红巾军,我们还要共同抗元呢。"

"你少给我套近乎,要不是朱元璋舍命相救,我早就没有今天了。"郭子兴牙关一咬,"对不住了,今天我是要开杀戒了。"

"父帅,您就下令吧。"

"杀!"

第七章　奇袭采石矶

夜空中阴霾密布,看不到明月和繁星。呼呼的北风有些寒意,战士们无不把头缩进了军衣领中。

朱元璋与孙德生并马而行,在城门处遇到了张天佑。他上前截住孙德生:"黉夜之间,军马为何出城?"

"你问朱将军吧!"孙德生是不屑的口吻。

朱元璋接过话来:"张将军,我是奉大帅之命,礼送孙副帅所部连夜离开和州,请让开道路。"

"原来是这样。"张天佑命令部下闪开通道,"朱将军,送到此处为止吧。"

孙德生抢着说:"我军尚未走出你们的攻击圈,为确保万无一失,朱将军还当再送一程。"

"理当如此。"朱元璋没有多想。

孙德生的队伍加速行进,很快离开了张天佑的部队。汤和见状提醒朱元璋:"大哥,我们该回城去接孙副帅了。"

朱元璋觉得也该返回城中了:"正是,孙将军,就此别过。"

"怎么,还想走?"孙德生冷笑几声。

朱元璋大为诧异:"孙将军此言何意?"

"你要等到我的兄长平安从城中归来,方可回城。"

汤和急忙拔刀,可是孙德生早有准备,他的部下将士已将朱元璋团团围住。孙德生警告:"汤和,不要盲动,否则我便坏了朱元璋的性命。"

朱元璋示意汤和不要动手："孙将军,你这是何意,不是已经说好,令兄随后便离城吗?"

"话是那么说,谁知郭子兴会不会变卦?"孙德生语气决绝,"家兄没有安全出城之前,你是不能走的。"

朱元璋也无可奈何："好吧,我们且耐心等待。"

汤和想了想说："孙将军,且容末将回城去督促一下,也好使孙副帅早些出城离开。"孙德生表示赞同："如此最好不过。"

城内,郭子兴下令对孙德崖下手。一旁的李善长和徐达都疾呼："元帅且慢动手。"

郭子兴问："为何?"

李善长言道："元帅,朱将军陪同孙德生出城,彼处只有他与汤和二人,一旦孙德崖凶讯传出,怕是朱将军会有危险。"

徐达也表明态度："元帅,反正孙德崖已在我们手中,待朱将军返回再杀他也不迟。"

一旁,孙德崖发出连声的冷笑。

郭天叙很是反感,也不想朱元璋安全："父帅,有仇不报非丈夫,看他那个得意样儿,还不杀了他?"

"朱元璋已在我弟弟之手,若要坏我性命,朱元璋也休想活命。"孙德崖亮出底牌。

"我们一定要保朱将军平安。"李善长再次强调。

汤和风风火火闯进来："大帅,孙德生把朱将军扣下了。"

"啊!"郭子兴大吃一惊,"这,这该如何是好?"

"父帅,好不容易抓到孙德崖,决不能放虎归山。"郭天叙一心想要趁机一箭双雕也除掉朱元璋。

郭子兴可是犯难了,他从心里恨透了孙德崖,可想起朱元璋的救命之功,又不忍心让女婿死于非命,一时难以作出决断。

徐达此时主动请缨："大帅,让末将前去城外,先行换回朱将军,再放孙德崖与末将交换。"

"何必如此费周折,"郭子兴决定,"将孙德崖拷上刑枷,押他出城,本帅要亲自在阵前走马换将。"

和州城外,孙德生在焦躁地等待,他心中没底,不知兄长是否安全。正在望眼欲穿,看见大队人马出城来,便催马上前喝问:"何人兵马,难道要交战吗?"

郭子兴在马上回答:"孙德生,你的兄长在此,快将元璋交出。"

"先放我兄长过来。"

"先放朱元璋。"

二人争执不下,孙德崖可是着急了:"二弟,我们约好同时放人,这便是阵前走马换将。"

"好。"孙德生将反绑双手骑在马上的朱元璋推到前面,"郭子兴,你也照此办理。"

"谁也不许耍滑!"郭子兴也将被五花大绑的孙德崖推到了前面,"我说一二三,就同时放人。"

"不许暗做手脚。"孙德生喊道,"你数吧。"

"一二三。"

郭子兴和孙德生同时松开马的缰绳,二马分别向本方嗒嗒嗒平稳而行。待到孙德崖就要回到队伍中时,早已隐身在郭子兴身后的郭天叙,向孙德崖后心射去一支煨过毒药的雕翎箭。孙德崖"哎哟"一声,晃了几下栽下马来。

孙德生其实也早有暗算的准备。他的手一松,箭离弦,郭子兴不及防范,要躲时已是迟了,箭从他的脖颈穿过,撕开一道拳头大的血口子,肉都翻了出来,鲜血淋漓。

郭子兴强忍剧痛,发出命令:"全军出击,消灭孙德生。"

朱元璋急加拦阻:"不要,千万不可自相残杀。"

可是,郭天叙早已率军冲杀过去。张天佑看到姐夫重伤,也是怒火满腔,也带领所部杀向前方。两支红巾军,终于不免一场内战。孙德崖部下有一万人已生变心,没有随其出城。双方实力悬殊,刚一交手便是一边倒的局面。更兼徐达一马当先,直冲入敌阵,一杆枪直取孙德生。

朱元璋见状疾呼:"降者免死!"

孙部人马已是群龙无首，两位主帅阵亡，下余将士无不举手交出武器归降。这一仗解除了多年郭子兴部同孙德崖部的积怨，也使郭子兴的人马得以壮大。但是，郭子兴伤势严重，鲜血流满胸襟，已是不能乘马，众人急着将他抬进城中。朱元璋同郭天叙、张天佑，并张夫人同在病榻前守候，端汤煎药尽心服侍。由于敌人用的是毒箭，郭子兴的伤势虽说见好，但毒素进入体内，他的性命已快到尽头了。

这一日，郭子兴觉得神清气爽，精气神格外好。他明白大限将至，这是回光返照的征象，便想抓紧安排后事，退开众人，只将郭天叙留在床前。

"儿啊，看来为父已不久于人世。我走之后，最不放心的便是你。"

郭天叙泪流满腮："父帅，儿我平素是曾惹您生气，但儿我毕竟是男子汉，是能够撑起这个家的。"

"咳！"郭子兴长叹一声，"为父从小把你骄纵惯了，舍不得让你上战场厮杀磨炼，你的文韬武略都远不及朱元璋。再说，他手下有一班能征善战的将领，我到九泉之后，你肯定不是他的对手。"

"儿看未必，这支队伍是父帅带起来的。只要父帅把兵权交与儿，您的旧部儿我还不是一呼百应？"

"为父辛辛苦苦积下这份家当，实在不愿落入朱元璋之手。为确保我郭家对这支队伍的统领，你要依我两件事。"

"请父帅教诲。"

"第一，你要立即去往小明王处，给丞相杜遵道和小明王送上厚礼，一旦为父归天之后，让他们委你为兵马大元帅。有了圣命，便名正言顺，朱元璋他也无可奈何，这支队伍还是我们郭家的。"

"孩儿遵命，即日便可启程。"

"第二，你一定要同朱元璋处好关系，事事处处要让着他，对他谦恭有礼，不与他争辩，更不要算计他，使他没有反你的口实，只能老老实实在你手下做一个将军。"郭子兴加重语气，"这才是至关重要的。"

"父帅，儿做了大元帅后，兵权在握，还怕他何来？"郭天叙看来对这点不太认可，"他若不服，寻个理由，便可将他处死。"

"万万不可,"郭子兴劝道,"儿啊,对朱元璋只能利用,不可除掉,他确有过人的智谋和武艺,若是可以除掉他,为父也就不会留他到今天。要明白,眼下还得指望他冲锋陷阵。和元军或其他敌人交战,还得靠他打胜仗呢。"

郭天叙明白此刻不应承下来父亲是难以瞑目的,便含糊答应下来:"儿谨遵父帅的教诲。"

郭子兴不放心:"儿啊,千万不可阳奉阴违,若不听为父之言,只恐你的性命难保。"

"孩儿怎么会那样做?"郭天叙赶紧掉转话题,"儿这就去准备礼物,父帅看应送何物为好?"

"我平生爱财,积攒下大量金银。要想实现目的,就要不惜血本,给明王和杜遵道每人一千两黄金吧。"

"儿照办。"郭天叙临出门再三叮嘱,"父帅,您要多多保重,一定要等孩儿归来。"

"放心,为父不会走得那样匆忙。"

郭天叙一走,张夫人便来到病榻前。郭子兴见了夫人,急忙拉住她的手:"夫人,我病了多日,你我未曾交谈,今日应当把话说透。"

张夫人也明白丈夫是回光返照,就想先将重要事情安排好:"元帅,女儿的终身大事,趁你还在应该办妥。"

"那,夫人的意思是……"

"惠儿已向我表明心迹,她要嫁给元璋。"

"这,"郭子兴有所顾虑,"我们两个女儿嫁他一人,是否过于抬爱他了?再说万一朱元璋命中无福,岂不误了女儿一生?"

"依妾身看,元璋虽说出身寒微,但智勇兼备,是个志向远大洪福齐天之人。日后定能发达,前程不可限量。"

"我有一个担心,"郭子兴叹息一声,"天叙与元璋二人水火难容,只怕二人在我身后会刀兵相见,那时鹿死谁手实难预料。万一元璋不存,我的女儿岂不是误了终身?"

郭惠儿一直在门外偷听,此刻忍不住冲进房来:"父帅,儿非元璋不嫁,万望父帅成全。"

"惠儿,你就认准了朱元璋?"

"儿意已决!"

张夫人劝道:"元帅,惠儿与元璋联姻,我们的亲情更近一层,天叙投鼠忌器,说不定他与元璋会冰释前嫌。"

"此言也有道理。"郭子兴疼爱这唯一的女儿,"既是夫人与惠儿俱已属意元璋,那就把喜事办了,也借女儿的喜事,冲冲我的病情。"

惠儿高高兴兴地拜倒在地:"谢父帅。"

于是,郭府张灯结彩,鼓乐喧天,为朱元璋和郭惠儿成亲。冲喜的愿望是好的,然而,就在一对新人拜堂之际,郭子兴终于没能熬过去,溘然长逝了。

郭家赶紧换去喜庆装饰,布置丧事灵堂。朱元璋与郭惠儿未及入洞房,便双双至灵堂守灵。

郭天叙从亳州返回,一见父帅业已亡故,在灵前放声大哭:"父亲,你怎么不等儿归来,行前儿是如何叮嘱你的?"

一旁守灵的朱元璋规劝:"大公子节哀,元帅离去,此后军中无主,还得靠你中流砥柱。"

"哼!"郭天叙恶狠狠逼近朱元璋,"都是你,趁我不在,急着和惠妹成亲,害得父帅升天。你,你该当何罪!"

"天叙此言差矣,"张夫人解释,"元璋与惠儿成亲,本是元帅主张,意在为他冲喜。"

"哼!"郭天叙原本对这个后娘就看不上,以往碍于父亲情面,不得不虚与委蛇,如今父亲不在了,他把多年的不满全都发泄出来,"秀英嫁给朱元璋也就罢了,你又将惠儿嫁与他,也不怕以后朱元璋死在战场上,郭惠儿成了寡妇?"

"你不用咒念元璋,这是我愿意。"郭惠儿怒气冲冲,"郭天叙,你要把心放正,须知神目如电。"

"好好,不要再说了,是好是坏咱们走着瞧。"郭天叙心中已是发狠。

两千两黄金真的起了作用,郭子兴辞世第三天,小明王的钦差便到了和州。当众宣读了圣旨,任命郭天叙为兵马都元帅,张天佑为右副帅,朱元璋为左副帅。随即,郭天叙以都元帅身份,对人马进行了分配。总共五万大军,由他一人统领三万,而张天佑统率一万五千人马,仅仅分给朱元璋五千人马。朱元璋手下的大将气愤不过,纷纷要与郭天叙论理。朱元璋劝住大家,说只要好的得力大将全在,这就是制胜的本钱。兵马不足,自己可以在战斗中扩充。只要弟兄们用命,何愁麾下人马不足?

郭天叙在第二天又给朱元璋下达作战命令:"朱将军,和州城小,聚集五万兵马,这样坐吃山空,不是长久之计。你可率领所部,攻取米粮之仓集庆,为大军解决粮草供给。"

李善长当即提出意见:"都元帅,集庆有元朝行台御史蛮子海牙部下的三万大军,以五千兵力攻打敌人三万重兵防守的坚城,岂不是以卵击石,与送死何异呢?"

郭天叙嘿嘿一笑:"本帅知朱将军善能奇兵制胜,在别人认为不可能的事,在朱将军即成为可能。"

"请问,都元帅的三万大军做何使用?"

"本帅要坚守和州,我们这老家不能有失。"郭天叙依旧是嘿嘿笑着,"这可是顶要紧的。"

"那何不让右副帅的人马同我军一道攻打集庆?这样,兵力便于调度,方有取胜的希望。"

"张副帅的人马本帅也有调遣,让他带兵攻打方山寨。那里有陈埜先的三万人马,与蛮子海牙互为犄角。张副帅牵制住陈部,也免得朱副帅腹背受敌。"

李善长不依不饶:"请都元帅再拨一万人马,守和州有两万足矣。不然,这仗没法打。"

郭天叙沉下脸来:"李善长,这都元帅是你当还是我当?本帅用兵自有通盘考虑,还能把底牌全都亮出来吗?"

李善长小声叨咕:"这样用兵是何用意?可说是其意不言自明。"

郭天叙绷着脸厉声喝问:"朱副帅,你到底是领兵与否?难道还要违抗本帅的军令不成!"

"末将不敢,谨遵元帅军令。"朱元璋躬身施礼。

朱元璋与张天佑领军出发,在岔路口,张天佑叮嘱朱元璋:"朱副帅,郭天叙的用意已是司马昭之心,朱副帅务必先要想到自保。"

李善长叹气:"谈何自保啊。五千人攻城必败无疑,打了败仗损兵折将,朱副帅还不得受军法处治?"

"不说这些了,也请张副帅多多保重。"朱元璋和张天佑拜别。

李善长规劝朱元璋:"副帅,我们就此脱离郭天叙,自立门户,独打天下,不能受他的气了。"

"脱离却是未必,这支队伍不能轻易地交给他。但我们不见得完全听他的摆布,有道是:将在外,君命有所不受。何况他仅仅是个元帅。"

"那,副帅的意思是……"

"我们不能去强打集庆,而是要打采石矶。"

李善长不解:"没有水军,何以攻打采石矶。"

朱元璋一笑:"我打算去巢湖水寨。"

"副帅,巢湖水军头领李普胜三次派二寨主桑世杰来搬救兵,副帅都未应允,此时前去,对方会否反感?"

朱元璋答道:"彼时我并未拒绝出兵,只说在方便时会发援军,现下蛮子海牙已在采石矶备战,他们感到压力甚大。我军此时救援,李普胜自会欢迎。"

"我明白了。"李善长毕竟是个谋士,"我军日后若想在群雄中立足,没有水军如同人少一腿车少一轮。"

"还是李先生知我。"朱元璋的用意已是不言自明。

当下,李善长征集了数十艘商船,载上全军,直向巢湖水寨进发。到了水寨门前,常遇春乘小船上前通报:"门上听着,我军乃左副帅朱元璋的队伍,应桑寨主之请,前来助战。"

桑世杰闻报,急忙来到寨门,趴到木栅上问:"朱副帅在哪里?"

朱元璋乘坐的大船驶向前面,他站在船头,对桑世杰一揖:"二寨主,别来一向可好?"

"啊,果真是朱副帅亲身前来,待我驾船出迎。"桑世杰认得朱元璋,他吩咐打开寨门,将朱元璋等人接至聚义厅。

李普胜万万没想到朱元璋亲自带兵助战,真的是喜出望外。命令大摆宴席,将巢湖的新鲜鱼虾尽数摆上餐桌。

席间,朱元璋鼓动说:"李寨主,元璋既来助战,就不能在水寨等元军来攻,我们要主动出击。"

"对啊,"李普胜也是这样想的,"朱副帅不可能在此常驻,我军要靠副帅的人马取胜自当主动寻找战机。"

桑世杰问:"但不知我们应如何进攻?"

"发兵攻占采石矶。"

"啊,"李普胜疑虑重重,"采石矶向来易守难攻,乃集庆的前哨屏障,我们没有必胜的把握呀。"

朱元璋笑着分析:"元军自以为采石矶地势险要,故而屯兵不多,防守懈怠,进攻采石矶正是出其不意,攻其无备。"

李善长补充道:"此战有九成胜算。"

桑世杰表示赞同:"副元帅所言甚是,请寨主定夺。"

"既然如此,那就明日奇袭采石矶。"李普胜也同意了。

次日一早,巢湖水面上大雾弥漫,一箭地外看不见任何景物。那雾浓得几乎同牛毛细雨一般,人站在雾中,不消一刻钟头发便给打湿了。

李普胜对身边的朱元璋说:"副帅,如此大雾,看来这采石矶之战要等明日了。"

"不,我军正当乘雾偷袭。"

"湖面上这么雾大,江面上雾更大。"李普胜觉得有困难,"对面不见人,如何交战?"

"越是这样天气,敌人就越疏忽,我们的胜利就多几分把握。"朱元璋提议,"找几个熟识水路的人,在大雾中不要迷失方向。"

"这事不难,我的弟兄自小在水面上长大,就是闭着眼睛也能辨出方位。"李普胜信心十足。

朱元璋五千精兵、百艘战船,李普胜一万五千人马、几百只战船,浩浩荡荡扬帆起航,出巢湖奔长江,直往采石矶扑去。朱元璋命大将常遇春为先锋,在第一只船上。第一队船共有十只,包括另几位统兵将领还有朱元璋麾下的大将汤和、花云、徐达、胡大海等人。

常遇春同桑世杰在头一条船上,二人心情较为紧张。因为偷袭采石矶这一仗,要由他二人首先打响。向导告知,前面就是采石矶了。但见巨大的岩石突出在江水中,涌浪不时拍起一人高的浪花。两名放哨的元军看见有船驶过来,不太经意地问道:"这大雾天气你们还行船,也不怕撞沉了。"

另一哨兵问:"做的什么生意,是粮食还是布匹?"

常遇春明白,元军是将他们当成生意人了,就含糊应承:"我们是做生漆买卖的,一定会孝敬两位军爷。"

此时哨兵发现并非只有一艘船只,后面还有大队船只跟进,立刻警觉起来:"不对,你们停船,不得向前进,再向前行,就要开炮了。"

"生意船嘛,何必大惊小怪。"常遇春吩咐船上的舵手,"快,迅速靠近,要不顾一切。"

岸上感到情况有异,守军乱箭齐发,常遇春等人手执盾牌,也不理睬,继续飞船向前。很快,便已看得见岸上人的模样了,常遇春手中长矛挺起便刺,一个哨兵应声倒地。另一个哨兵用枪扎来,被常遇春挡开,复一矛将其刺死。战斗间,已有上百元军冲过来,有一个元军更是勇猛,竟不顾一切抓住了常遇春的长矛,意图夺过去。岂料常遇春顺势发力,一跃跳上了江岸。拔出腰间利剑,左劈右砍,就像砍瓜切菜一样,元军兵士成排地倒下。桑世杰等也都趁机跟上,徐达、胡大海一班虎将,无不恣意砍杀。元军守将万万没料到这大雾天竟然有敌偷袭,而进攻者战斗力又如此强悍。三千守军很快死伤大半,几员守将也都成为刀下之鬼。侥幸未死的元军,无不作鸟兽散。采石矶旋即被占领。

李普胜的部下一见采石矶有数不清白花花的大米,还有骡马牛羊,更有酒肉布匹女人,全都发疯般开抢。有的甚至为争财物而自相打斗起来。朱元璋见状皱起眉头,对李普胜说:"李寨主,快些下达命令禁止兵士抢掠,这样会失去民心,军令不严,何以再打胜仗?"

李普胜却不以为然:"这事实属正常,不让兵士放纵,此后再打仗时,谁还会卖命?"

有个水军小头目正在撕扯一个青年女子,已在当街将女子的上衣扒下,女子哭喊哀嚎不止。朱元璋近前怒喝道:"快快放手,岂有光天化日之下当众对女人如此非礼!"

小头目看一眼朱元璋:"你算什么东西,也来管老子的闲事?打了胜仗,我爱咋的就咋的。"

李善长训斥道:"大胆,这是朱副元帅,你也敢无理?"

小头目不以为然:"我不是你们的部下,我就听我们李寨主的,其他人老子我一概不认。"

一旁的常遇春可是忍不住了,举起宝剑冲上前:"你个小小喽啰,竟然口出狂言,藐视副元帅,我看你是活够了。"剑如一道闪电,对准小头目当胸便刺。

朱元璋疾呼一声:"常将军住手。"

常遇春手中的剑停在了小头目的胸前,但已刺破了皮肉:"副元帅,像这种不知好歹的东西,干脆送回老家。"

李普胜却是大为不满:"朱副帅,这是我的手下人,要杀要剐总得我来做主吧,常将军也太不把我放在眼里了。"

"李寨主,我们是红巾军,不是元军,不能做欺压百姓的事,像你的部下这样与元军何异?百姓也会抛弃我们的,哪里还能再打胜仗。"

"好吧,以后我严加管束部下就是。"李普胜给小头目一个眼色,"还不给我滚得远远的。"

小头目屁滚尿流地抱头鼠窜。

朱元璋又对李普胜言道:"李寨主,你要下个令,不能在采石矶抢掠了,我们要有远大目光。"

"朱副帅的意思是……"

"前面就是太平府,那里才是富庶之地,金银绸缎粮肉美女多的是,"朱元璋话锋深入,"我们一鼓作气,拿下太平,让弟兄们尽情尽兴。"

"你是说……随便抢?"

"是这个意思。"

李普胜想了想还是摇头："我的队伍不能连续作战,偷袭采石矶成功,已是少有的胜利,得见好就收,我们要回水寨了。"

"李寨主,目光要远大一些,打下太平,就有了立足之地,也有了物资的补给,更可扩充兵员,力量强大了,便可攻打集庆,战胜蛮子海牙。"

"我不想再惹事了,要把这采石矶的物资全都装船运回水寨,"李普胜胸无大志,看到的只是眼前利益,"这里的战利品,够我们用一年的了。"

"还当一鼓作气,乘胜攻打太平才是。"朱元璋叫过常遇春,在他的耳边悄声叮嘱了一番。

常遇春眼中闪出光芒:"末将谨遵将令。"言罢,他飞马离开。

李普胜心下生疑:"朱副帅,好话不背人,背人没好话。你这是何意?"

"李寨主不必多想,本帅是布置下一步行动。"朱元璋仍在规劝,"太平府可是个大去处,打下它李寨主十年都不缺钱粮了,这到嘴的肥肉怎能不吃呢?"

"打下之后,你真的任我随意搬取?"

"这样吧,我和你订个君子协定,你我三七分成。"

"我七你三?"

"就是这个意思。"

李普胜又有些动心:"到时你不会反悔?"

"男子汉大丈夫一言九鼎,吐口唾沫就是钉,本帅从未自食其言。"朱元璋再次鼓动,"乘胜取太平,这可是千载难逢的良机。不能错过啊,机不可失,时不再来。"

李普胜转头问他的副手:"二寨主,你看呢?"

桑世杰的态度很明确:"寨主,我们既为红巾军,就当听从副帅的指挥。"

言未毕,小头目慌慌张张跑来:"寨主,大事不好了。"

"你又回来做甚,"李普胜颇为不满地训斥道,"难道说天还塌了不成?"

"船,我们的船全都没了!"

"胡说,战船好好的泊在江边,还会长翅膀飞了?"

"是,是,"小头目看看朱元璋还是说出来,"是常遇春砍断缆绳,把所有船只全都放漂,船都顺流而下,都不见了踪影。"

李普胜直瞪瞪看着朱元璋:"副帅,你的部下这样做是何道理?我那战船可是来之不易啊。"

"寨主不要动怒,常遇春所为,乃是我的授意。"朱元璋轻松地回答。

"怎么,是你指使的?"李普胜气呼呼质问,"你这样做,我军如何返回巢湖水寨?"

"寨主有所不知,我这样做,是效法当年项羽破釜沉舟的故事,使大军断了载运采石矶物资回巢湖的念头,全心合力去攻打太平。"

"你,你这样做为何不先行说明?"

"若是先挑明,寨主是不会同意的。"

桑世杰说道:"朱副帅用心良苦,这一切其实是为了我们,攻下太平,我们的缴获将是采石矶的十倍。"

"朱副帅,咱可把话说在前头,"李普胜再次发问,"攻下太平以后,所有物资任我军搬取?"

"这是自然。"

"百姓家中的金银,还有年轻女子,任由我的部下抢掠。"李普胜又找理由,"不向部下交代明白,他们是不肯卖命的。"

"我不是已经答应过了吗?"

事已至此,船也都放漂了,李普胜只能同意攻打太平府了:"好吧,就按朱副帅所说,你来部署攻取太平之战。"

朱元璋命花云为先锋,带领一千精兵,换上采石矶守军的元军服装,而后,命常遇春、徐达、胡大海领兵随后跟进。桑世杰与李普胜统率他们的一万五千人马,从东南西三面,将太平包围。朱元璋带领汤和的五百精兵,与李善长压阵,在后徐徐跟进。

花云引兵到了太平府城下,他们是一副狼狈的逃窜景象,他对着城楼高声叫喊:"快,快打开城门。"

"什么人?"城楼上发问。

"我们是采石矶的守军,今被红巾反贼击败,得以突围逃出,后面追兵将至,快放我们入城。"

守城将领哪辨真伪,见追兵尚远,急忙下令打开城门。花云飞骑抢入,部下一股脑儿拥进城中。守将还要规劝:"追兵还远,不需这般惊慌。"

"去你的吧!"花云手中刀猛地劈下,元军守将立刻身首异处,糊里糊涂做了冤死鬼。

北门一破,守军士气全无,其他三面也随即失守。水寨的一万多人也都强行拥入城来,他们满心想要大捞一把。可是没想到,城内早已由常遇春的部队实行了戒严。在明显处张贴了十数幅大字告示,严禁入城军人抢掠,胆敢将一丝一线一钱收入私囊,即行斩首示众,决不宽贷。水寨的兵将一下子傻眼了,他们想动武动粗,但谁也不是常遇春的对手。无奈之下,来找李普胜告状。

李普胜听罢部下的诉苦,心中不住地翻腾,他打量桑世杰一眼:"二寨主,你说该如何是好?"

"要说起来,朱元璋严禁抢掠还是对的。我们不是山大王,要推翻元逆,就要争得民心,纵兵抢掠,民心必失,还如何争得天下?"

李普胜沉吟一下:"说得是,有理。还是朱副帅高瞻远瞩,我们就按约定分得府库所存吧。"

"朱副帅他会公平合理地分配,寨主不要过分强求才是。"

"贤弟之言有理,"李普胜一脸微笑,"朱副帅运筹破敌,连下两城,功高甚伟,烦请贤弟跑一趟,请他过来赴宴,我们理当好好犒敬一番。"

"遵寨主之命,小弟这就前往。"桑世杰转身便走。

李普胜脸上现出了奸笑,他把牙齿咬得咯咯直响。

第八章　血战太平府

大帐里气氛凝重,重重幔帐掩不住腾腾杀气。一百名刀斧手,隐伏在黑帐之后,他们只等李普胜摔杯为号,就要一拥冲出,把赴宴的朱元璋碎尸万段。李普胜又叫来十名美女,吩咐她们届时歌舞陪酒。尤其要陪好朱元璋同行的将领,以免对其下手时多费周折。

桑世杰到了朱元璋的大帐,见礼之后说:"副元帅,我家寨主设下酒宴,一者为副帅庆功,二者要商议一下太平府缴获物资的分配。"

朱元璋推辞道:"打下太平,是大家的功劳,我朱元璋也未上阵冲杀,庆功酒宴大可不必。"

"全仗副元帅运筹,理当摆酒庆贺。"桑世杰态度诚恳,"再说,物资之事总要议上一议。"

"也好,有道是盛情难却。"朱元璋却不过情面,便应承下来,"二寨主先请返回,我随后即到。"

李善长在桑世杰走后,立即提醒说:"副元帅,常言说宴无好宴,还应提防他们做手脚。"

"不要把人想得太坏,我们在一个城里,虽说他们的兵力大过我们,但我手下的大将随便挑出一个,他们也不是对手。不信他们就敢贸然行事。"

李善长还是不放心:"副元帅,你命常遇春带队在城中巡逻,禁止抢掠,已使李普胜他们非常不满,我看得出李普胜是强忍怒火。害人之心不可有,防人之心不可无啊。"

"先生既是如此小心,本帅也不好一意孤行。"朱元璋作了妥协,"这样吧,让徐达、常遇春二将陪我赴宴,他二人好比当年的秦琼、敬德,足以震慑李普胜的部下。"

"副帅,还是不去为上,"李善长建议,"由在下代劳如何?"

"本帅已当面应允,岂有反悔之理?不能叫李普胜小看我。"朱元璋主意拿定,"徐达、常遇春二将随同本帅前往。"

二人响亮地回答:"领元帅军令!李军师和众将放心,我二人管保元帅不会少一根毫毛。"

朱元璋在前,徐达、常遇春在后,三个人从容不迫向李普胜大帐走去。桑世杰回到大帐,感到气氛有些异样。李普胜冲他奸笑着问:"怎么样,朱元璋可来赴宴?"

"大哥,他已当面应允。"

"好,这一回管叫他朱元璋有来无回。"

"大哥,你此话何意?"

"二弟,朱元璋他欺人太甚。当面羞辱我们的部下不说,还几次三番戏耍我们。口头说打下太平任我们随意行动,可他竟派常遇春在街头张贴告示,限制我军弟兄的行动。为兄我已是忍无可忍,请他赴宴是计,已在帐后埋伏下刀斧手,他进了这营帐,就休想活着出去。"

"啊!"桑世杰惊呆了,他实在不敢想象,这一歹毒的暗杀计划,竟是他最尊敬的大哥李普胜精心策划。桑世杰由于惊惧,言语已是有些结巴:"大哥,这样做是万万不可以的,朱副帅是来帮我们的,我们不能恩将仇报。"

"这就怪不得为兄了,是他自作自受。"李普胜是万分得意,"贤弟,除去朱元璋,这太平府的缴获便全归我军所有了。"

"你这样做会遭报应的。"桑世杰转身就走。

"站住,你到哪里去?"

"我要给朱副帅报信,"桑世杰倒是明说了,"我去请他赴宴,你却暗害于他,这岂非陷我于不义?"

"哼!我的二寨主,胳膊肘往外扭。"李普胜呼唤一声,"来人!"

亲兵队长应声走上:"寨主有何吩咐?"

"把二寨主送到上房暂时关押起来,待到朱元璋死后,再放他出来。"李普胜关照道,"要好生对待,不可无礼。"

队长答道:"小人遵命。"

桑世杰被押出了大帐,路上队长对他说道:"二寨主,你是对的。那朱副帅手下勇将如云,寨主真要坏了他的性命,他手下的将领岂能罢休?只怕我们都难得活命,您快去报个信,叫朱副帅别来赴宴,这样也就彼此相安无事了。"

"好,难得你有这样的见识。"桑世杰双脚如飞,去迎朱元璋。

途中,恰与朱元璋迎头相遇。朱元璋先打招呼:"二寨主,这样慌慌张张意欲何往?"

"副元帅,快快返回,不要赴宴。"

朱元璋一怔:"这是为何?"

"咳,一言难尽,副元帅不要参加宴会就是。"

"莫非有何意外?"

"怎么说呢,"桑世杰不好明言,"总之,请副元帅返回驻地,派个人来声称突然身体不适即可。"

"我身为副元帅自当言而有信,怎可失信于李寨主?本帅还是要赴宴。"朱元璋心说,看来李善长所虑有理。

桑世杰见朱元璋一再坚持,逼得他只得吐露真情:"副元帅,李普胜他,他没安好心。"

"噢,"朱元璋心说,果然如此,但他表面上还是否认,"李寨主怎会这样?怕是二寨主误会了。"

"副元帅,我是认真的,所言绝非虚妄。"桑世杰有些着急了,"万万不可涉险啊!"

"多谢二寨主提醒报信,本帅日后定当厚报。"朱元璋依然十分自信,"不过,我还真不相信李普胜能奈我何。"

"副元帅,李普胜埋伏了一百名刀斧手呀!"

"便是有一千伏兵,又何惧哉?"朱元璋一身凛然正气,"桑寨主,我有一事相求。"

"副元帅但请吩咐无妨。"

"烦你去到我的军营,将这一情况告知军师李善长,他得到消息,自会安排好一切。"

"小人遵命。"桑世杰还不放心,"只是副元帅切不可掉以轻心。"

"放心,有徐达、常遇春二将在身边,本帅定会安然无恙。"朱元璋是一副自信的表情。

桑世杰如飞离开,去向李善长报信,而朱元璋则是轻松自如地步入了李普胜的大帐。李普胜一见喜出望外,忙不迭地迎上前去:"副元帅大驾光临,令在下的营帐蓬荜生辉,快请上坐。"

"李寨主盛情相邀,却之岂非不恭。"朱元璋大大方方在正面入座,徐达与常遇春便在他身后侍立左右。

"二位将军本是有名上将,岂有侍立之理,也已备好坐席,"李普胜伸手相让,"也请入座。"

"不劳寨主费心了,他二人不会入席的。"朱元璋催促,"如若准备好,即请开席吧。"

"也好,"李普胜拍拍手,"歌舞上来。"

十名美女翩翩舞上,每人手中一柄团扇,身着袒胸露背的薄纱,婀娜多姿,边舞边唱:

> 香艳美娇娘,
> 款款舞霓裳。
> 玉腕明翠袖,
> 金莲映红装。
> 引吭歌一曲,
> 余音更绕梁。
> ……

李普胜对舞女们使个眼色:"不要唱了跳了,且到席间给副元帅和二位将军把盏陪酒。"

众舞女像一群花蝴蝶飞到朱元璋身边,又是拉手,又是搂腰,又是扳脖子,极尽献媚之能事:"来呀,副元帅,这陈年美酒,又有美人相伴,您是英雄海量,可要开怀畅饮啊!"

朱元璋只是微笑,他却不端酒杯。

四名舞女还去拉扯徐达、常遇春:"二位将军,也请入座,这站客可是难答对的,也没法饮酒啊。"

徐达怒斥一声:"靠后。"

常遇春更不客气,腰间宝剑半出鞘:"滚开,再若纠缠,小心你们的脸蛋子上多出几个血口子。"

舞女们吓得战战兢兢,不敢上前。李普胜已是有些不耐烦,举起酒杯:"副元帅,请满饮此杯。"

朱元璋笑着把酒转送身边的舞女:"美人儿,难得你适才歌舞助兴,这杯酒就赏予你了。"

舞女不肯接下:"副元帅的酒,奴家怎敢领受?"

"副元帅,既来赴宴,岂有不饮酒的道理?"李普胜已经不客气了,"快些喝了吧。"

"这酒莫非有蹊跷,李寨主恨不得我立刻干杯?"朱元璋反问。

"姓朱的,本想让你留个全尸,可你不识好歹,死活不肯饮酒。这就怪不得我了,活该你成为刀下之鬼。"李普胜将手中杯狠狠一摔,"刀斧手,给我杀出来,把他们剁成肉酱!"

帐幔后的一百名刀斧手应声齐出,同时向朱元璋三人扑过来。徐达、常遇春和朱元璋三人立刻三面向外,成三角形防御态势,手中刀剑飞舞,转眼间便有十数个刀斧手躺倒在地。

"上,上。"李普胜恨不能立时将朱元璋三人碎尸万段。

他的话音刚落,汤和、胡大海等大将领着数百精兵已冲进大帐,这些刀斧手怎禁得他们追杀。没多久,一个个即已身首异处。李普胜见状便要溜走,徐达早已领受朱元璋的命令,跟上去一剑刺过,将李普胜刺个透心凉。

大帐外,桑世杰高声宣告:"弟兄们,愿意归顺朱元帅者,一律免死,发白银五两。"

大寨主已死,二寨主归降,几万喽啰自然是统统归顺。这样,朱元璋又凭空得到了三万多人马,而这次得到的还是他缺少的水军,使得他的实力更加壮大了,郭天叙想要不给他兵力,置他于死地的阴谋彻底落空。

太平府里的喜庆气氛还没有消退,新的危机就已经出现。集庆的元军统帅蛮子海牙,带领五万大军气势汹汹向太平杀来。而且,方山寨的地主武装陈埜先,也奉命亲领五万大军向太平府合围。朱元璋不足四万兵力,要抵御十万敌军的进攻,显然是形势危急。战前的军事会议上,朱元璋召集谋士和武将,共同商讨御敌之策。众人七嘴八舌,议论纷纷,莫衷一是。

朱元璋还是比较看重李善长,便请他发表看法:"李先生,请直陈高见。"

李善长业已思考良久:"副元帅,太平府城池不够坚固,三万对十万,实属困难较大。依在下愚见,应作战略退却,不与敌人在此作一城一地的争夺,退到巢湖水寨,保存实力为上。"

朱元璋未置可否,又问徐达:"将军之意如何?"

"退守水寨,若敌人再跟进合围,我军再退又退向何处?"徐达态度明确,"退总不是个上策,还当进取才是。"

"敌强我弱,会吃亏的。"李善长不改初衷,"兵法云避实就虚,不能与强敌硬拼。"

朱元璋笑了:"避实就虚甚是有理,我们不作退却,而要固守太平,还要出击消灭敌人。"

"出击,"李善长实在费解,"就凭我们的兵力,固守已属万分不易,还谈出击?"

"众将和李先生,"朱元璋展开说了他的想法,"敌强我弱,但我们有我们的打法,我军三万人,只留五千守城,而两万五千人出城去迎击陈埜先的地主武装。老太太吃柿子,专拣软的捏。相对来说,陈埜先的部队战斗力较弱,我们集中兵力,先把这伙敌人吃掉。"

"副元帅,以两万五千兵力去打对方五万人马,还要把人家吃掉,这不是一厢情愿吗?"

"不然,"朱元璋自有他的看法,"我军实力不如敌军,陈埜先绝对想不到我军会主动出击,他也就更加想不到我军会设伏兵,我们再大造声势,打他个措手不及,还是有胜利把握的。"

"副元帅意欲在何处设伏?"

"姑孰口。"

李善长精神为之一振,看起来朱元璋早有算计:"这里确为绝佳的地形,适于伏击歼敌。可是,太平城不高池不深,五千人守城实在是过于冒险,一旦失守,岂不是前功尽弃?"

"因而,我决定亲自带兵守城。"朱元璋决心已下,"用太平府牵制五万元军,确保姑孰口全歼五万敌人。"

"副元帅,你这太冒险了。"

朱元璋淡然一笑:"其实,打仗就和赌博一样,总是要冒风险的,只要我两天内守住太平,先生那里尽快结束战斗,然后带兵回援,也许我们就能内外夹击,打败蛮子海牙的元军。"

"副元帅的意思是,要我领兵去同陈埜先的部队作战?"

"正是,"朱元璋安慰他,"我把徐达、常遇春、胡大海等一班能征善战之将,全都派给你使用。"

"副元帅,这如何使得?"李善长急忙提议,"我要留在城中,与副元帅一起坚守太平,与副元帅共担风险。"

"先生此言差矣,"朱元璋点明要害,"只有你带队同陈埜先交战,我才会放心,因为你会尽快解决战斗,也好返回增援。若是晚了一步,说不定我就会落入敌人之手。"

"副元帅,属下明白了,我一定抢时间速战速决。"李善长带着队伍,向姑孰口飞快进发。

临近长江的姑孰口,在浪花的拍拍下显现出狭长的沙滩,一面是起伏的山峦,一面是密麻麻的树丛。五月天气,下午时分的太阳,如射下万道金针,人都难以睁开眼睛。陈埜先的五万大军不成队形拖拖拉拉地向前行进。进入姑孰口后,陈埜先部的副元帅康茂才看看两面险峻的地形,提醒陈埜先道:"陈大帅,此处地势险要,万一敌人有伏兵,我们可要吃大亏呀。"

"伏兵?"陈埜先笑个不停,"你真是个榆木疙瘩脑袋,就朱元璋那点人马,他顾头顾不了腚,还伏兵呢,依我看恐怕早就开溜了。"

"大帅,朱元璋不比常人,惯会出奇制胜,我看还是向两侧搜索一下,没有伏兵岂不更好?"

陈埜先有些不情愿地:"那就派一个小队试试。"

言犹未了,突然间号炮连天,紧接着火炮齐发,落在密集的队形中,兵士成片地倒下,无不哭爹叫娘。炮火还未停歇,箭雨又同飞蝗一样袭来,江边沙滩上的士兵无处躲藏,纷纷中箭。他们一个个抱头鼠窜,真像是热汤浇进了蚂蚁窝,大火烧着了黄蜂巢。山坡上,草丛中,上百面朱字大旗高高举起,呐喊声如同沉雷从空中滚过:"投降不杀!陈埜先,快快缴械。"

陈埜先与康茂才对视一眼:"副帅,听这喊杀声惊天动地,朱元璋的人马得有十万,我们已被包围,为了活命,还是投降吧。"

康茂才心中犹疑:"朱元璋本没有这许多人马啊,他还要守城,哪里会有十万大军?"

徐达、常遇春等勇将已率军冲杀下来,陈埜先的地主兵毫无抵抗能力,只是任凭红巾军砍杀。胡大海一马当先,业已冲到陈埜先身边,金刀一道寒光,猛地劈杀过来。陈埜先已是发傻,怔在了那里。康茂才见状,用手中的开山斧架开了金刀,陈埜先才没有被腰斩两段。

胡大海又复一刀砍向陈埜先的马头:"拿命来!"一股马血喷溅,那马头应声落地,陈埜先也被掀落于尘埃。

胡大海跟进一刀:"回家去吧。"

陈埜先手中还有长枪,坐在地上拼力架起:"将军手下留情,我投降便是,千万千万别要了我性命。"

胡大海怒喝一声:"放下武器。"

陈埜先将枪丢掉,举起了双手:"将军,可不要下手啊。"

"命令你的部下全都投降。"胡大海发出指令。

"弟兄们,都缴械投降吧。"陈埜先声嘶力竭地叫喊,"我是大帅,命令你们不要再抵抗。"

几万队伍,顷刻间齐刷刷举起了双手,前后不过一刻钟,陈埜先这支五万人的地主武装,除去死伤数百人外,其余全都成了俘虏。

李善长吩咐胡大海:"胡将军,给你一万人马,看押投降的敌人。谁敢乱说乱动,格杀勿论。"

"军师放心,我有五千人足矣。"

"陈埜先,你是要死还是要活?"

"要活,当然要活,"陈埜先是从内心里怕死,"我率部投降,就是为了能够活命。"

"想要活命容易,必须听从我的指挥调遣,把你的人马带上两千,跟我火速去往太平府。"

"到那里做什么?"

"不要问,只管走就是,到时我会告诉你如何做。"李善长并不预先说明,而是振臂一挥,几万人马跑步前进。

太平府的战斗,已经到了白热化。蛮子海牙指挥元军正在全力攻城,朱元璋和仅有少得可怜的战士在竭尽全力守卫城池。元军的云梯几度架上城头,都被守城的战士掀翻。朱元璋亲自在城头上指挥,他的身上脸上已是一片狼藉,可以看出战斗的残酷和激烈程度。守城的战士业已死伤过半,城墙脚下也堆满了元军的尸体。

元军副帅福寿对主帅蛮子海牙发出劝告:"大帅,这样打下去死伤过大,是否暂停攻击,等陈埜先的五万大军一到,何愁太平府攻不下?"

"不,朱元璋已是强弩之末,我们不能前功尽弃。陈埜先迟迟不到,说不定遇到了麻烦。"蛮子海牙坚持一鼓作气,"胜利已是在望,不能给守敌喘息之机,还要加大攻势。"

元军的进攻更加猛烈了,投入的兵力也更大了。城头处处都出现了危机,朱元璋已是穷于招架。马秀英和郭惠儿在关键时刻来到了战火纷飞的城头。她们共有几百名青壮妇女,抬着一百多个箩筐,里面装满了数不清的金银财宝,那珍珠、翡翠耀人眼目,金条元宝也是光闪闪。

"你们这是做甚?"朱元璋顾不得多说,"快快离开,看乱箭流矢横飞伤到你们。"

马秀英且不与朱元璋分辩,而是大声呼喊:"守城的弟兄们,看,这些金银财宝全都是给你们的。"

将士们回头一看,无不大为惊讶:"夫人,这些当真给我们了?"

"这还有假。但你们一定要守住城池,若是太平失守,这些连同整座太平城,不全都成为元军囊中物了?"

"夫人放心,我们一定守住太平城。"将士们的斗志被激励起来,都更加勇猛地投入了战斗。

"好了,感谢夫人上城助战,你们可以下去了,这城头上随时都有生命危险,不可久留。"朱元璋担心夫人有失。

马秀英却是出人意料地:"不,我们也要参加战斗。虽说是女流之辈,多个人总还多份力量嘛。"

"这万万不可,快些离开。"

马秀英却是振臂一呼:"姐妹们,上前杀敌啊!"

郭惠儿抢先冲向女墙,她拿起筐中的火把,将其点燃,然后又逐一将蘸满火油的火把点着,居高临下,将火把投向了攻城的元军。这熊熊的火把,将元军烧得遍身起火,有的眉毛胡子也被烧着,起到了比箭矢还要强大的作用。元军的云梯也被烧毁了,攻城的元军哭喊着摔到了地上。

朱元璋兴奋了:"夫人,你真了不起,这关键时刻,多亏你了。"

"别这么说,要是城丢了,我不也跟着受辱吗?"马秀英鼓励丈夫,"元璋,战争往往就是胜负决定呼吸之间。哪一方咬咬牙坚持住了,哪一方就得到了胜利。你一定要咬紧牙关,说不定李先生他们就要回援了。"

"好,夫人言之有理,我们一定咬牙挺住。"朱元璋回头激励手下的将士,"弟兄们,一定要坚持下去,我们的援兵就要到了。"

蛮子海牙眼看得手,不料被守军一阵火攻败下阵来,心下大为懊恼。正要重新组织兵力,福寿万分惊喜地喊道:"大帅,我们的援兵来了。"

攻城部队后方,一片黑压压的大军以急行军的速度赶来。蛮子海牙手搭凉棚向前望去,他要辨别真伪。

福寿指点说:"大帅,绝对是我们的援兵,那前面的人不就是陈埜先吗?不会有错。"

蛮子海牙也认出了陈埜先:"不错,果然是他,这一来我们攻城又添五万援军,他朱元璋只能束手就擒。"

眼看着陈埜先的队伍来到近前,突然间发一声喊,几万红巾军冲杀过来,陈埜先的人马也向他们举起了刀枪。

福寿大惊失色:"大帅,这……陈埜先难道投降变节了?"

"我们失算了。肯定是陈埜先和红巾军联手了,我们不能吃这眼前亏,立即撤走方为上策。"蛮子海牙下令元军停止攻城,全军撤退。

在李善长指挥部队的攻击下,元军以死伤数千人的代价,紧急撤离太平城下,回到集庆城去了。

太平府化险为夷,朱元璋大获全胜。当晚他在府衙设宴,为陈埜先的投诚摆酒庆功。陈埜先在席间表示,他在方山寨还有一万人马,要全部招来归朱元璋调遣。

不几日后,攻打方山寨的张天佑大军和方山寨的人马全都来到了太平府。一时间,太平城内大军云集,已有十万之众。

随之,郭天叙也将都元帅的行辕迁到了太平府。待到在府衙坐定,部下众将参见,他对这几大胜仗并无片言只语奖励,而是对朱元璋劈头就训:"左副帅,你知罪吗?"

"末将愚钝,请元帅训教。"

"你不遵将令,该当何罪?"

"元帅是说末将未曾带兵攻打集庆。"

"不遵将令,就当问斩。"

"末将有下情回禀。"

"讲。"

"集庆为敌军重兵屯聚之地,兵力不足强攻,只能是飞蛾扑火,末将是想取下太平,扩大兵力之后再去进攻集庆。"朱元璋说得有板有眼,

"如今我军已有足够兵力,末将这就准备攻占集庆。请大帅稳坐太平府,一个月后听末将的捷报。若不能攻取集庆,愿提头来见。"

"哼!本帅还信不过你了。"郭天叙脸上没有好模样,"念你打下太平有功,这次且不追究你违抗军令之罪。至于攻打集庆,本帅要亲自领兵,由新归顺的陈将军辅佐,你留下守卫太平。"

朱元璋沉吟一下:"末将遵令。"

"陈埜先听封。"

"末将在。"陈埜先出列跪倒。

"将军归顺有功,本帅封你为兵马都统之职,仍领原有本部人马。康茂才将军为兵马副都统,仍在陈都统麾下听用。"

"谢大帅恩典。"

朱元璋看看郭天叙,欲言又止。李善长拉了拉他的袖子,朱元璋佯作不知,不予理睬。待到走出府衙,李善长叫住朱元璋:"副帅,适才你为何对我的动作故作不知。"

"先生,我明白你的意思,郭天叙不该将原有队伍仍然交由他和康茂才统领,这样做万一有意外,那就不得了。"

"副帅看得出就好,"李善长表示出他的担忧,"陈埜先的归顺,我觉得并不可信,在向元军进攻时,他有意靠后不肯上前,此人当时我就感到不可信,日后怕他会有二心。"

"是啊,理当对他加以警惕。"

"副元帅,有件大事,你应当作出决策了。"

"先生尽请赐教。"

"郭天叙对副帅不怀好意,说不定何时寻你一个过错,治你的罪还不容易,不能不防啊!"

"对此我心中有数。"

"副帅不可再这样延宕下去,"李善长直言,"要成大事,这样的人不足以为帅,副帅理当取而代之。凭我们现在的实力,凭副帅的威望,为长久计,为弟兄们的前程计,都应该除掉他。"

朱元璋先是叹息一声:"谁让他是郭大帅之子?郭大帅有恩于我,

无论如何也不能做这种恩将仇报之事。宁可他郭天叙负我,我也不能负他,我也对得起郭大帅的在天之灵。"

"男子汉大丈夫,如此优柔寡断,何以成大事,"李善长颇为不满,"我所担心的是,说不定什么时候,他寻个过错,将你军法从事,那就悔之晚矣。"

"先生所虑极是,"朱元璋心中底气十足,"但我也不是任人宰割的羔羊,手下的这帮弟兄,也不会任由他为所欲为。"

"依副帅之见,就这样得过且过?"

"顺其自然吧。"朱元璋似乎信命了,"命中有的,赶都赶不走,命中无的莫强求。"

这个话题,李善长也不好再说下去,他又建议:"副帅,应当将陈埜先的情况告诫郭天叙,免得日后吃亏,我们跟着受连累。"

"这倒是有必要提醒他。"朱元璋掉转身,"我这就去向他谏言。"

郭天叙的亲兵队长将朱元璋拦在了门外:"副元帅留步。"

"我见都元帅,有军情大事。"

"郭帅和陈都统还在议事,还请稍候。"

朱元璋无奈,只得在门外驻足。但他心中盘算,陈埜先与郭天叙在议论何事,看起来还真得明确提醒郭天叙,不可被陈埜先迷惑。

室内,陈埜先正在向郭天叙表忠心:"大帅待我天高地厚,恩同再造,此番攻打集庆,我定不惜肝脑涂地,报效大帅。"

"本帅此番定要拿下集庆城,也免得被朱元璋和他的部下小瞧,以树起我郭天叙的威望。"

"大帅放心,末将包你一战成功。"陈埜先又说,"若是大帅信得过我,也许兵不血刃,就能活捉蛮子海牙。"

"有这种可能?"

"当然有,只要大帅相信我。"

"俗话说用人不疑,疑人不用,本帅封你为兵马都统,原班人马不动交你指挥,这还不是最大的信任?"

"那,末将就用用这个纳降之计。"陈埜先煞有介事,"大帅,元军的副帅福寿与末将是八拜之交,我有把握劝他归顺大帅,让他献出城池,他手下的几万大军全都归大帅所有,蛮子海牙也就成为大帅的俘虏,集庆城和全城的财物亦全归大帅,这岂不是大获全胜?"

"若能如此,本帅定会加封你为副元帅。"郭天叙心中乐开了花,他认为集庆城已是囊中之物。但他哪里想到,凶险已向他步步逼来。

第九章　血战应天府

府衙的花厅倒也宽敞明亮,百十盆各色鲜花争芳斗艳。两只铜鹤口中不时喷吐出天竺国的佛香,那异样的香味令人陶醉。几案上摆放着打开的一本厚厚的书册,郭天叙似乎在认真地阅读。其实,陈埜先前脚刚走,他完全用不着在朱元璋面前装这个样子。

朱元璋走进厅来,很规矩躬身见礼:"参见都元帅。"

郭天叙故意端起架子:"何事?"

"末将以为,对陈埜先不可轻信,应留心提防。更不可将他的原班人马仍归其指挥。"朱元璋提出忠告。

郭天叙打断他的话:"你不要说了,鼠肚鸡肠,早在本帅的预料之中。怎么,怕他与我合作,顺利打下集庆路。"

"末将绝无此意,只是担心都元帅的安全。"朱元璋依然坚持劝谏,"须防他有二心。"

"哼,有二心的怕是你吧?"郭天叙话语更冷了,"你就老老实实地在太平府给我守着吧,看本帅怎样兵不血刃拿下集庆。"

"都元帅。"朱元璋越发感到事情离谱,很想问个仔细。

"好了,不要再废话了。本帅还要研读兵书,你可以离开了。"郭天叙埋头于书本之中。

朱元璋怔了一下,只得说:"末将告退。"他步出花厅时,脚步很是沉重,而且止不住叹息出声。

集庆路是元朝的军事重镇,青砖砌就的城墙城头也有一丈二尺宽,护城河水深没人,且有三丈多宽。城头上架有几百尊铁炮,五万守军兵精粮足,难怪蛮子海牙夸口说,集庆城是坚不可摧的钢铁城,任何敌人都休想踏进城池一步。郭天叙的八万红巾军将集庆城团团围住,扎下营寨后他并不攻城,而是将陈埜先叫到元帅大帐:"陈都统,该你露一手了。"

"没问题,末将已用箭书同福寿联络,对方也有了答复,元帅请看。"陈埜先呈上书信。

"怎么,这么快你就进行了?"郭天叙接过箭书打开来,却是福寿约陈埜先夜间进城商谈。

"陈都统的意思如何?"郭天叙问。

"既然福寿有意,末将便依约入城走一遭。"

"这,万一福寿翻脸,你的性命岂不……"

"我想福寿不是这样的小人,他和我情同手足,胜过同胞。再说,为了大帅不流血拿下集庆,末将便冒些风险也是值得的。"陈埜先一副慷慨激昂的样子。

郭天叙大为感动:"陈将军,策反成功,本帅会重重封赏。"

当夜二更天,陈埜先进入了集庆城,三更时分,他带着五个人出城返回了大帐:"元帅,事情成功了!"

"福寿他应允了?"

"元帅,这位是福寿副帅的胞弟福康,是福副帅为表诚意,特地派来作为联络官的,另四人是他的随从。"

"好,好,但不知如何里应外合?"

福康接过话:"大帅,家兄说为献城顺利,还请您派一地位高的人,也作为联络官进城。"

"这个……"郭天叙有些犹豫。

"元帅,派人是理所应当的。"陈埜先一旁鼓动,"这是对等的行动,也可显示我方的诚意。"

"那么,派谁合适呢?"

陈埜先提议:"看来只有张副帅进城为妥。"

"这,"郭天叙并不十分认可,"他统领部下一万人马,离开之后何人指挥,还是换个人吧。"

"元帅,别人的地位恐难同福康将军比肩。再说,地位低的人在福寿副帅那里,也不好做决策。"

"也好,那就叫张副帅进城。"

张天佑将郭天叙叫到后帐:"元帅,让我进城似乎不妥。"

"那是为何?"

"万一福寿是诈降,属下的性命休矣。"

"怎么会呢?"郭天叙不以为然,"他的弟弟福康在我手中,还怕他胡来?我想,陈埜先的家小皆在太平,他是不敢捣鬼的。"

张天佑也不好十分反对,只得连夜进入了集庆城。福寿的人把他领进了副帅府,福寿正在客厅等候。张天佑上前见礼:"福副帅安好。"

"张天佑,你失算了。"

张天佑一听顿时就懵了:"福副帅何出此言?"

"明白告诉你,本帅是诈降。"

"你……想怎样?"

"自然是要你的命!"福寿吩咐一声,"来人,把他绑了。"

张天佑一边挣扎,一边警告:"福寿,你不能坏我性命,要知道,你弟弟的性命掌握在郭大帅手里。"

蛮子海牙走进来:"想不到这堂堂郭子兴的大舅哥张副元帅,就这样落入了我们手中。"

"得来全不费工夫嘛。"福寿一阵阵的冷笑,"他死到临头还蒙在鼓里,以为郭天叙会救你的命呢。"

"那就让他做个糊涂鬼吧。"蛮子海牙下令,"推出去,砍了。"

可怜张天佑,从郭惠儿那论,还是朱元璋的长辈,日后朱元璋发达,他说不定也是开国元勋,现在竟糊里糊涂地丢了性命。

蛮子海牙对福寿调侃地说:"我的副帅,你也该去郭天叙处归降了。"

"大帅放心,想来不会有失。"福寿起身与蛮子海牙告别。

正是五月十五,夜空中一轮皎洁的明月,泼洒下遍地水银。月亮的清辉涂抹在郭天叙的帅帐上,恰如披上了一层薄如蝉翼的轻纱。这真是个充满诗意的夜晚,郭天叙充满期待,他为即将到来的胜利而兴奋,以至于有些坐立不安。

巡夜的军士,敲响了四更的梆声,郭天叙看看陈埜先:"陈都统,福寿应该到了,不会有什么变化吧?"

"大帅放心,他决不会失信。"陈埜先走出帐门。

郭天叙也随之走出,二人一直走出了营寨大门。远远看见,集庆城的大门,已是无声地打开,数不清的人马正陆续出城。

陈埜先用手一指:"看,大帅,这准是福寿的队伍,是接我们进城的。"

"真乃天助我也。"郭天叙以手加额,望空祈祷,"但愿上苍保佑我直捣大都,登上龙位。"

说话间,大队元军已到面前。当先一马,高坐着福寿,他提狼牙棒问道:"陈埜先将军可在?"

"副帅,末将在此恭候。"陈埜先指指身边,"这位便是红巾军兵马都元帅郭天叙。"

郭天叙见状开言:"福副帅弃暗投明,献城有功,本帅当重加封赏,保你享不尽的荣华富贵。"

"怎么,还想要集庆城吗?"福寿冷笑着反问。

郭天叙一惊:"福副帅此言何意?"

"我要你的命!"福寿的狼牙棒恶狠狠砸下。

郭天叙毫无提防,被砸个正着,立刻脑浆崩裂,鲜血四溅。可怜他刚刚还在做着皇帝梦,转瞬间即已死于非命。

福寿高高举起带血的狼牙棒,大吼一声:"给我杀!"

元军如群狼奔突,闯入红巾军营中。主帅阵亡,陈埜先内应,他的部下早已做好准备,同元军一起对红巾军进行屠杀。张天佑也已被诱进城中被杀,他的部队无人指挥,更是一片混乱。在死伤上千人后,其余将士只得投降。这一战,福寿大获全胜,俘获人员将近四万,军械辎重更是不计其数。只有三万多人溃逃回了太平，朱元璋多年奋斗经营积聚的人马，被郭天叙一下子给损失殆尽。

蛮子海牙甚是得意，他对福寿洋洋自得地说："这一仗，朱元璋的本钱都赔光了，他本人虽说侥幸活命，但他此后再也掀不起大浪。待我军稍作休整，组织起重兵，打下太平府，擒杀朱元璋。"

"大帅所言极是，谅他朱元璋也活不了几天了。"福寿和陈埜先同声恭维他们的上司。

噩耗传到太平府，朱元璋难过地流下泪来，他哽咽着面对李善长："果然被你我不幸言中，郭元帅和张副帅本不该死的。"

"张副帅确实没有料到，郭天叙却是罪有应得。"李善长自有他的见解，"依在下看来，这倒是难得的一件好事。"

"不可如此看待。"

"多年来，郭天叙一直掣肘于你，使得大帅难以施展，去了这块绊脚石，您就可以大展宏图了。"

"咳，郭元帅这也是命中注定，难逃此劫。"朱元璋内心其实还是高兴的，"郭大帅留下的事业，我们当然不能半途而废，是要越过重重难关，让红巾军继续发展壮大。"

"大帅理当如此。"李善长问，"我们何时攻打集庆？"

"事不宜迟，按我们事前的约定，明日就起兵向集庆进发。"

"军事上这就叫出其不意，"李善长显然赞同这一决策，"蛮子海牙绝对想不到我们还会进攻集庆，而且还是这样快，几乎不给他们喘息之机。"

"时间拖长，我担心城中的卧底万一暴露，我们岂不前功尽弃？"朱元璋已经有了主张，"明晚三更，全力攻城。"

蛮子海牙与福寿在集庆城的帅府中，正在大摆庆功宴席，福寿功劳最大，当场被奖给黄金千两和美女十名。陈埜先一见没他的份，可就坐不住了，在有了八分酒意后，他忍不住就放炮了："大帅，这一碗水总要端平，福帅功劳再大，这次诈降之计，要没有我居中策划，怕也难以成功。就是没有一千两，哪怕给我五百两，也让我心理平衡啊。"

"哼!"蛮子海牙冷笑一声,"你还有脸邀功?"

"末将原本有功。"

"难道你忘记了姑孰口跪地求饶全军投降的耻辱,不是你贪生怕死,那太平府早就为我军占领,哪还有今日的集庆之战?"蛮子海牙越说越气,"你不提醒,本帅还忘记了治你的降敌之罪。"

陈埜先一听,酒也吓醒了:"大帅,万望饶恕我的失言之罪。末将投降当时就是为了保存实力,是人在曹营心在汉啊。"

蛮子海牙仍是怒气不息:"知道害怕?晚了。"

一名小校急匆匆跑进来:"大帅,大事不好。"

"慌什么,慢慢说。"

"红巾军来了。"

"当真?"

"小人不敢说谎。"

"有多少人马?"

"小人也说不清,看光景怕是要有十万人。"

蛮子海牙狠狠瞪一眼陈埜先:"且先记下你的人头,留着你戴罪立功。副元帅,与我去观察敌情。"

集庆城外,三万红巾军人马,将该城的东、西、南三面围困起来,唯独留着北门。朱元璋分别指定徐达、胡大海、常遇春三员大将,对集庆城的三面实施围困,而五百骑兵还在部队身后的土路上,马尾拖着扫把,往来不停地奔跑,使得尘埃冲天。

来到城头上瞭望的蛮子海牙,可就犯起了猜疑。他难以做出判断,便问左右的福寿和陈埜先:"二位,你们说这朱元璋到底有多少兵马?"

陈埜先当然最了解情况:"郭天叙日前失利,损兵折将,已是大伤元气,朱元璋守太平的兵马只有五千,加上从这里溃逃回去的败残人马,满打满算也就三万人马。"

"那这朱元璋队伍后面,还在源源不断地有兵马行进,这许多人马又是从何而来呢?"

"也许,"福寿猜测,"会不会是其他红巾军出兵协助,他们共同来攻打我集庆城。"

"不太可能啊。"蛮子海牙以他的经验分析,"红巾军虽说多达十几股,但他们历来基本上是各自为战,从未有过联合作战之举。"

"也许这次是个例外。"福寿只能这样解释。

"你们看,"蛮子海牙在城头上走了一圈,"这个现象好奇怪,朱元璋只围我三门,而留下北门不围,这又是何意?"

陈埜先首先想到:"他这是在北门外设伏。"

"你是说,强攻之后,逼我军从北门突围而走,而在路上设下伏兵,再将我军聚歼。"福寿顺着他的话茬。

"这还不是明摆着的事。"陈埜先自作聪明,"这样就免得攻打坚固的城池,付出太大的代价。"

蛮子海牙晃晃头:"可这北门外,也没有适于埋伏的险要地形,陈将军之说令人难以苟同。"

福寿倒是说出了一句真话:"反正这个朱元璋不好斗,说不定他就是我们大元朝日后的强敌。"

蛮子海牙也想不出正确的结论:"啥也别说了,兵来将挡,水来土掩,且等着他们进攻吧。"

然而,整整一个白天,红巾军硬是没有攻城。这倒叫蛮子海牙更加丈二和尚摸不着头脑。他不敢稍有疏忽,和福寿、陈埜先一起,在城头上往来巡查。三更时分了,蛮子海牙已是疲困难支,他躲进城楼中打盹,福寿和陈埜先也已是支撑不住,分别偷懒找个房间休息去了。突然,号炮连声响起,红巾军从三面发起了猛烈的攻击。一时间,硝烟滚滚,炮火熊熊,箭雨横飞,呐喊声如同雷震。蛮子海牙等急急奔上城头,分别在东南西三面,对攻城的红巾军全力反击。而徐达、常遇春、胡大海等勇将,几乎已是攻上城头。蛮子海牙等率兵勉强据守,城头已是死伤累累,血流成河。

集庆城中号炮连天响起,蛮子海牙一怔,这城内为何响炮?紧接着呐喊声像万里雷霆滚动,陈埜先的上万兵将,高举起刀枪向城头杀来。

蛮子海牙大怒:"陈埜先,你这个反复无常的败类,为何从背后对我大军进行攻击?"

陈埜先也是倍觉糊涂和委屈:"大帅,我何曾让他们反水,我也说不清他们为何叛乱。"

这些人马业已杀上城头,为首的一员大将横刀立马:"你们全都引颈受死吧,我是红巾军大将汤和。"

"你,你是混在张天佑的队伍中的奸细。"

"算你聪明,但你们还是中了朱元帅的诡计。"汤和高声怒喝,"投降者免尔一死。"

原本在守城上已经捉襟见肘的元军,此刻受到内外夹击,顿时乱了阵脚,徐达趁乱攀上城头,挺枪向福寿便刺,陈埜先抵住汤和厮杀。而蛮子海牙情知大事不妙,带百余亲信下了城墙。他打马飞奔北门,在城门洞稍加思索,和他的亲兵队长互换了服装,这才出北门沿官道逃跑。向北行约一里路,蛮子海牙勒住坐下马,把队伍分为两队,他让亲兵队长继续向北,而他则折向西方。队长那伙人马前进大约二里路远近,一哨人马迎面拦住去路。为首的大将冯国用断喝一声:"哪里走?我家元帅早已料到尔从此路逃走,某已在此等候多时。"

队长见对方有上千人马,情知不是对手,拨马便逃。冯国用策马追上:"蛮子海牙,你已是笼中鸟网里鱼,快快下马投降。"

三下五除二,这伙元军五十人非死即伤,有十几人做了俘虏。这时冯国用方知这个蛮子海牙是假冒的,可要再改道西追为时已晚。集庆城内,此时也已结束了战斗。福寿和陈埜先分别命丧徐达与汤和之手,余下的敌军大多数缴械投降。这一仗朱元璋又是大获全胜,部下的将领,也都深为朱元璋的用兵能力所折服。从1352年投军,到1355年攻占集庆,朱元璋用了四年时间,终于掌握了这支红巾军,有了真正属于自己的队伍。

小明王韩林儿,鉴于朱元璋的实力和战功,颁旨加封朱元璋为江南等处行中书省平章政事,李善长为左右司郎中,徐达、常遇春、胡大海、冯国用、花云为前、后、左、右、中翼元帅,汤和为掌枢密院事。改集庆路为应天府,以示上应天命之意。朱元璋又派兵分别戍守太平、溧水、溧阳、句容、芜湖等地,拥有了自己的势力范围。他以应天为核心真正站稳了脚跟,自此,他的事业掀开了新的一页。

应天府内的青龙寺,是全城最热闹的去处。庙前的广场,五行八作俱全,原本就人流涌动。今天又赶上庙会,士农工商各色人等更是络绎不绝。明丽的阳光,照射在大雄宝殿上,使得高耸的庙宇显得越发庄严。人流里走着两个与众不同的香客。明眼人一看便知,她们是主仆二人。年轻的女子是丫鬟,年纪稍长的肯定是主人。本来寺里就人潮拥挤,她二人身边更是挨挤不开。围着她二人,成了一个人团。随着她们的移动而滚动。也难怪人们随着她们的脚步紧跟不放,原来这女主人长得太美了。都说是闭月羞花沉鱼落雁,人世间何曾有过这样如花似玉的标致女人?说是仙女下凡是绝不为过。就连逛庙会的妇女,也忍不住跟随她要多看几眼,真可谓秀色可餐。

人群后面,又来了两位身份特殊的香客。这二人全是普通百姓打扮,其实一位是这应天府的最高行政长官朱元璋,一位是他手下大将徐达。激战刚过,适逢青龙寺庙会,朱元璋说是出来放松放松,其实是他的恋旧心理作怪。想当年曾在皇觉寺出家,使得朱元璋对寺庙有一种割舍不断的感情。

二人径直到了如来佛祖像前,朱元璋顶礼参拜,默默祷告:"愿佛祖保佑,他日若得一统天下,定当重修庙宇,再塑金身。"

一旁的住持,看出朱元璋相貌不俗,上前施礼:"施主尊容清奇,乃大富大贵之貌,如不嫌弃,请到禅房拜茶。"

朱元璋心情正佳,又被他几句话说得心中舒坦:"既是长老热诚相邀,在下也就叨扰了。"

一行几人,正要离开,殿门外乱纷纷吵嚷起来,而且夹杂着女人的骂声和哭泣声,还有众人跟着起哄。朱元璋等人不由得站上大殿的门槛向内张望,这一看不打紧,直叫朱元璋两眼发直——里面那个女人也太艳丽了,真是亘古少有的佳人。原来是一个无赖薅着那丽人的衣袖纠缠不休。这个女子叫胡玉婵,和贴身丫鬟春柳一同来这庙中上香,不想被众人围观,且又遭歹徒调戏。

春柳厉声指责歹徒:"臭无赖,光天化日,朗朗乾坤,你竟然当众调戏良家妇女,难道就没有王法了不成!"

歹徒嬉皮笑脸:"这就怪不得大爷我了,谁让小姐长得比天仙还好看,我就是要亲亲她!"

朱元璋看在眼里恼在心中:"闭住你的臭嘴,再敢胡说八道,叫你的脑袋搬家。"

"哟呵,出来个挡横的。"歹徒依旧是大大咧咧,"也不买上四两棉花纺一纺,这应天府里大爷我怕过谁?"

朱元璋挤进来,对歹徒当胸便是一拳:"今天就让你认识认识让你怕的人。"

歹徒四脚朝天倒在地上,惹得众人哄堂大笑。朱元璋对胡玉婵躬身一礼:"小姐,受惊了。"

"啊!"胡玉婵惊魂方定,"多谢英雄出手相救。"

"请问小姐芳名。"

胡玉婵脸一红:"萍水相逢,又何必要知名姓?奴家会为你焚香祷告祈福,告辞了。"言毕,在春柳的引导下,出了人圈,往外便走。

朱元璋望着胡玉婵的背影,若有所思地出神。

徐达看出了朱元璋的心思,将手中的银两包向他手中一塞:"主公,我去去就来。"

青龙寺的住持见人已散尽,朱元璋还在发呆,便上前提醒:"施主,请到禅房小坐品茶。"

朱元璋心绪全无:"长老,我就不去了,容改日再来拜访。"

"施主,如此怅然若失,莫非是……"住持没好意思把话说下去。

朱元璋的脸有些暗红,他将银包递过去:"长老,这是一百两纹银,权作布施,还请笑纳。"

"施主如此厚赠,请问尊姓大名?"

"小小心意,何需留下名姓?"

"不然,施主礼佛之心高尚,布施巨额银两,寺中弟子们做法事时,理当为施主祈求福禄。"长老递过布施名册。

朱元璋难以拒绝,接过纸笔,铺展开来,在布施册上刷刷刷一挥而就。长老将布施册拿在手中,注目一看,却是一首七言诗:

杀尽江南百万兵,
腰间宝剑血犹腥。
山僧不识英雄主,
只管唠唠问姓名。

"啊!"长老大吃一惊,此人来头不小,莫非是红巾军的大将。他抬头正要问仔细,可朱元璋已不见了踪影。

一束明亮的阳光,透过打开的窗户照射到一丈见方的书案上。羊皮制成的大幅地形图,就摊放在朱元璋的面前。他对着地形图凝视沉思,心中不时泛起对前途的忧思。自己虽然管辖江南行中书省,可也只有以应天府为中心,西起滁州、芜湖,东到句容、溧阳,这么一小块狭长的地盘。而且四面俱是强敌,最近的东面是元将定定据守的镇江,西面是徐寿辉占有的池州,南面为元将八思尔不花扼守的徽州,东南有张士诚占有平江和浙西以外大片地区,东北则是"青衣军"张明鉴据有的扬州。此外,周边还有元将石抹宜占有处州,宋伯颜不花占据衢州。形势是万分严峻的,这些敌人的实力都比他强大,不论是哪一股敌人向他发起进攻,他都难以招架。更不要说,这些敌人万一联手来攻,那他就只有挨打的份儿了。

朱元璋对着地形图正在苦思良策。

徐达快步走进:"主公,我回来了,业已全部明了。"

朱元璋明白这位爱将所指何事,他索性放下沉重的思考,把心思转到轻松愉快上来:"说说看。"

"那女子姓胡名玉婵,年方二十岁,只是,"徐达打个沉,"她已不是待字闺中的处子。"

"难道说业已许配人家?"

"非但已婚,还是个小寡妇。"

"好!"朱元璋竟然叫出声。

"主公何以叫好。"

"孀居没有牵挂,岂不是更为方便?"朱元璋问,"她的家境怎样?"

"家中殷实,是个富户。"徐达介绍,"其父名胡泉,她的家在淮安,来应天是到其舅父家串亲。"

"其舅父又是何人?"

"名叫赵均用,是个盐商。"

"好,"朱元璋在男女亲事上也是打仗的大将风度,"徐将军得便通报赵均用,我要纳胡玉婵为妾。"

"就这么简单,没有别的话了?"

"这还不够吗?"朱元璋又补充几句,"对了,给他们送去一千两黄金,一万两白银,一千匹绢,算是聘礼。"

"人家要是不收呢?"

"我看中她,是她和她亲人的福气。"朱元璋就是这么果断,"还有,你不要耽搁,明日一早便去办理,后天我还要派你打个大仗呢。"

"主公的目标是……"

朱元璋已是思考成熟:"镇江。"

"为何选它?"

"近来张士诚活动频繁,已先后派兵攻占无锡、常州,镇江就在他的眼皮底下。镇江倘若被他据有,那我们的门户等于洞开,应天就没有了屏障。所以必须抢在他的前面占领镇江,这叫以攻为守。"

"主公言之有理。"徐达表态,"末将愿领兵马攻占镇江。"

"要挂这个帅印,可要先受皮肉之苦啊!"

徐达可就糊涂了:"主公莫不是……"

"我要仿照当年东吴都督周瑜,行使苦肉计。"

徐达越发不解:"主公这是何意?"

"两层用意,"朱元璋告知,"镇江要用水军,而我们的水军系归降的土匪旧部,他们恶习不改,攻下城池后,免不了要抢掠烧杀,所以我要立下军令状,用你的人头担保,使他们不敢也不能放肆。"

"那第二层意思呢?"

"镇江是元军重兵防守之处,统帅元朝平章定定,还有水军统领段武,皆是久经沙场的骁将,确实不可轻视。你当众立下军令状,如不能攻取镇江,愿领军法,你的部下必然死战,这样,镇江才有把握占领。"

"主公真是运筹帷幄,决胜千里。"

"只是,徐将军你可要受苦了。"

"能得主公信任,当此大任,是我徐达的福分,莫说受皮肉之苦,便赴汤蹈火亦在所不辞。"

"徐将军忠心可嘉,为了胜利甘愿作出牺牲,我是不会亏待你的。"朱元璋叮嘱道,"不要忘记下聘之事。"

"末将放在心上了。"徐达为朱元璋对他的信任而自豪。

军事会议在应天城平章府的大厅进行,出席的俱是举足轻重的文武大员。朱元璋的讲话已接近尾声:"各位,攻打镇江已势在必行。但水军不可信不能用,倒叫本官左右为难。"

徐达抢先接话:"主公纯属多虑,水军亦归属我红巾军多时,断然不会有违军令之举。"

"徐将军,常言说人心隔肚皮,做事两不知,陈埜先部反复无常就是教训,水军实不可用。"

"攻打镇江必用水军,主公怎能疑心过重,作为一方诸侯,如此气量狭窄,何以成大事!"

"徐达,你怎能藐视本平章。"

"主公不该对水军偏见,这样做会令全军将士寒心。"

"徐达,你的言语要收敛些,难道要鼓动全军将士与我离心吗?"

"主公如此而为,只能令将士离心离德。"

"大胆徐达,你竟敢当众羞辱于我,不要以为你战功显赫,须知军法无情。"朱元璋已是怒气冲冲。

李善长不明就里,对徐达急加劝阻:"徐将军,言语已是失当,理当谨言,不要再冲撞主公。"

"他这样统兵,如何能令全军用命?"徐达愤愤地道,"若不能统领全军,我来指挥,定能早日消灭元军,一统中华。"

"徐达,你太放肆了,还想夺我的兵权,本平章岂能容你!"朱元璋呼唤一声,"来人,将徐达推出去斩首。"

二武士上前,不由分说,便把徐达架了出去。

"刀下留人。"李善长喊了一声后,对朱元璋求情,"主公,徐将军杀不得,他是我军大将,立下无数汗马功劳,还当念其有功,饶他不死。"

常遇春、胡大海、花云等众将无不纷纷出面求情。朱元璋也就见风转舵了:"看在众位将军金面,且饶他一死,死罪饶过,活罪难免,当众责打四十军棍,以儆效尤。"

徐达被打得双腿流血,但他口中依然不服:"主公,便杀我我也不服,你将水军交我,看我不打下镇江,我就不是徐达。"

"你还嘴硬?万一水军阵前哗变,你岂不误了我的大事?"

"末将敢担保水军的忠诚。"

"看来你是不见棺材不落泪了,"朱元璋反问,"你可敢立军令状?"

"有何不敢?"

"这可是以人头担保。"

"末将愿以性命打赌!"

"好,若不试上一试,我也难以服众。"朱元璋吩咐一声,"笔墨伺候。但有一样,你需保证在规定时间内打下镇江。"

"主公以多少日为限?"

"限你两月之内。"

"末将一个月即可。"

"有道是,军中无戏言。"

"末将签下军令状便是。"

于是,徐达签下了一月之内攻下镇江的军令状。这就等于把性命押上了,李善长都为他捏了一把汗。

第十章　大败张士诚

夕阳的余晖泼洒在镇江城的城头，高高耸立的箭楼，那一个个垛口，就像一只只怪兽张着血盆大口，随时准备吞噬进攻的红巾军。徐达命令水军都统陈保二攻打江边的北固山，而他亲自带领部队对镇江城发起攻击。

从午时到入夜，红巾军的进攻就没有停歇。将士们无不拼死力战，他们知道统帅徐达立下了军令状，这城是非取不可。镇江城已是岌岌可危，但定定拼死抵抗，双方在城头形成了拉锯战。如果不能一鼓作气攻上城去，今日的攻势就可能前功尽弃。徐达感到双方谁能咬紧牙关，谁就能取得最后的胜利。面对如此形势，他不顾自己身为全军统帅，毅然换上士兵的短军服，口衔一柄钢刀，顺云梯向城头上爬去。亲兵队长再三呼喊："徐元帅，你不能上，万一有失，部队何人指挥呀！"

徐达也不理睬，嗖嗖嗖爬上了城头，定定正和一员偏将恶斗，双方杀得难解难分。徐达插入阵中，手中刀直取定定。刀法犹如闪电，只看见一团银光，在定定身前身后飘忽不定。偏将的钢鞭直取定定心窝，他一闪躲过。可徐达的刀锋已到了定定面门，要招架已是不及，"刷"的一声，削飞了定定的天灵盖。主帅一死，红巾军乘势蜂拥而上，镇江城很快易手。

长江边上的北固山，战斗也已结束。水军都统陈保二已将元军水军统领段武斩杀。而在搜查段武元帅府时，发现一个人身份十分可疑，陈保二将宝剑逼近这人的前胸："你是什么人，为何在段武的帅府滞留？"

这个人面对陈保二毫无惧色："想知道我是谁吗？说出来会让你大惊失色。"

"别卖关子了,本都统是见过大世面的。"陈保二手中剑又往前探探,已是刺破了对方衣服,"说,你到底是何人？"

"实话告诉你,我并不是元军,而是江浙军元帅张士诚的弟弟张士信。"言罢他又说了一句,"家兄拥有精兵百万,上将千员,你那主子朱元璋不过初出茅庐,谅他也不敢和家兄作对。"

岂料陈保二根本不在乎："啊,张士诚的胞弟,这和我有何干系？本都统就声称你是死于乱军之中,张士诚也好,朱元璋也好,谁也怪不得我。"他的手中剑动了动,张士信已是皮破流出血来。

张士信可是胆怯了,他要活命啊,就得说好听的了："陈将军,你我无冤无仇,何苦与我结怨？留条后路,家兄也许是有用的。"

"现在我若放了你,于我有何好处？"

"陈将军,实不相瞒,我是奉家兄秘密使命来这北固山水寨招降段武的,没料到他已被你所杀。但我带来的厚礼段武还未及消受,如不嫌弃,可转交给将军你。"

"厚礼？"陈保二有些动心,"是何破烂,也称厚礼？"

"请看,这是整整十只樟木箱子。"张士信逐一打开。

十只箱子内逐一装满了黄金、白银、珍珠、玛瑙、翡翠、珊瑚、美玉等贵重稀奇之物,陈保二的眼睛都看直了。但他可不傻："这些东西,也用不着你做空头人情,我已打下北固山,这战利品自然是我的。"

张士信抛出钓饵："将军如果愿为家兄部下,我保证依此为样,再给一份。"

"两万水军,大小千艘战船,就值这二十箱珠宝？"

"将军如果易帜,我可保你做水军都督。"张士信又加大了筹码,"给你建都督府,还有二十名美女供你享用。"

"你能做得了主？"

张士信拍胸膛："我的话完全可以兑现,家兄就得听我的。"

陈保二这才收起宝剑："二大王,适才多有得罪。"

"无妨,"张士信没想到招降段武未果,竟意外收获了陈保二,"就请将军驾船带领全军,顺流而下直达常州。"

"不急。"陈保二可不是省油的灯,"徐达为人精明,请大王派支水军前来接应,再将水军都督的旨意带来,我方好行动。"

张士信明白他这是还有疑虑:"将军放心在此等候,我回报家兄,很快便会派水军接应,同时十箱珠宝、二十名美女,连同任水军都督的指令,会一并送到。"

"好,我在这北固山恭候佳音。"陈保二已是脚踏两只船。

徐达攻下镇江,朱元璋甚是欢喜,亲自带人来视察。部下众将皆来迎接,唯独陈保二不到。朱元璋心下生疑,徐达脸上也挂不住。派了使者送信与陈保二,要他来镇江参加军事会议。这可令陈保二犯难了。去镇江吧,他担心与张士信的密谋走漏风声,那他就没命了;不去吧,这也就昭示他与朱元璋的决裂。正在他左右犯难之际,张士信带五千水军前来接应。

张士信将十箱珠宝,二十名美女交付陈保二,然后取出诏书,宣读王旨:"陈保二将军听旨。"

陈保二跪倒:"王爷千岁千千岁。"

"陈将军弃暗投明,有功于寡人,特加封其为水军都督,并率所部会同水军元帅张士信,克日进占镇江。"

陈保二站起身颇为不悦:"怎么,我这都督还要归你这元帅管辖?看来给我这个官也是虚的。"

"陈都督之言差矣,这支水军还是由你指挥嘛。我不过是挂名而已。"张士信安慰他。

陈保二依然不满:"刚刚投诚,不容我喘口气,便命我攻打镇江,这也未免过于急切了。"

"镇江地理位置重要,关系到家兄和朱元璋的最终胜负,大军就在镇江门口,何必再劳往返?"张士信仍在好言相劝,"说不定将军打下镇江时,都督府也已建好。庆功入住,那时双喜临门,岂不光宗耀祖?"

"哼,徐达就不好对付,如今朱和尚又来了,现在攻打镇江,还不知道我这条命能不能剩下。"

"陈都督不必悲观,你这里归顺我王,朱元璋便没了水军。我们不与他陆战,只从水上进攻,看他如何胜我。"

"就依二大王。"此时也由不得陈保二了。

江面上数百条战船黑压压一片,直向镇江城驶来。特别是陈保二降了张士诚,令朱元璋甚为恼火。可是自己眼下又无水军迎战,作为全军统帅的他,可真是一筹莫展了。

徐达提议:"主公,用城头的大炮轰击敌人的战船。"

"这是唯一的办法了。"朱元璋下令开炮。

敌船迂回前进,尽量躲避着炮火。一刻钟过去,只有两艘船被打中,眼看着敌船就要接近。朱元璋双眉紧皱,盯着敌人的战船苦思良策。他一抬头,看见了迎风飘扬的"朱"字大旗,猛然间有了主意。

"徐将军,此刻刮的是东风,敌船是顶风前进。"

"正是。"徐达反问,"主公何意?"

"有了,"朱元璋脸上现出笑容,"徐将军,你立刻带一百支舴艋小船,每船一名船工,一名弓箭手,如此这般即可。"

"主公,真是好办法。"

朱元璋微微一笑:"只是我这儿有老天相助,不像当年诸葛孔明还要借东风,咱这是现成的。"

徐达领命而行,很快百条小船下了长江,对着敌人船队急驶过去。陈保二一见,觉得好笑:"朱元璋逼急了,没有战船,把这些打鱼小舟全都强征下水了,开炮,把他们全给我击沉。"

可是,炮弹根本打不到小船,如同岸上的炮对敌船不起作用一样,小船更加灵活,迂回前进,很快接近了战船。小船上的弓箭手,立刻向战船射出火箭。火借风势,腾地燃烧起来,战船转瞬间成为一片火海。张士信急忙传令水军:"快,快救火,把火扑灭。"

水军们七手八脚地忙乱着,从江中取水。可是杯水车薪,根本无济于事。战船相继烧得体无完肤,接二连三下沉。张士信一见已无挽回可能,弃船跳入水中。他仰仗着高超的泗水本领,从江水下面得以逃生。

而陈保二则不然,那二十箱金银珠宝还在船上,他舍不得抛弃,自己不弃船也不许部下弃船,结果被活活烧死在船上。这一战,朱元璋大获全胜。未被烧毁的船只,未被烧死的水军,又被他俘获,又成了他的部下。

获胜的朱元璋回到镇江城,李善长也带援军赶到。徐达提议:"主公,我们何不趁热打铁,向常州发起进攻。"

朱元璋问李善长:"先生以为如何?"

"似有不妥。"

"愿闻其详。"朱元璋一副求教的诚恳态度。

"主公,"李善长显然是经过了深思熟虑,"我方兵力只及张士诚的五分之一,实力悬殊,还当积聚力量,待时机成熟,再与其开战。"

"先生所言极是,眼下我们要同张士诚交好,以争取时间。"

徐达自有他的见解:"交好,只怕是一厢情愿,张士诚不会容我们坐大,你不打他,他也会来打你。"

"尽量争取吧,"朱元璋的主意已定,"而且,我们要给他一些甜头。"

李善长见朱元璋目光瞄向他,已经明白主人的意图:"主公,若欲同张士诚修好,属下愿为使者。"

"虽说两国交兵不斩来使,先生又是通好使者,但张士诚为人奸诈,难保他不做出有悖常理之事,出使还是有风险的。"

"徐将军等上马冲杀,都是头掖在裤腰带上,随时可能阵亡。属下未曾给主公建有寸功,为使者担些风险又何惧哉?"

"好吧,先生为使最好不过,一定要善自珍重。"朱元璋写下了亲笔信。

李善长到了苏州张士诚的王府,递上朱元璋的信函:"请大王过目,我家主公愿与大王永结盟好。"

张士诚根本不接书信:"就凭朱元璋?他不过是个穷和尚,还想同本王结盟,他不配。"

李善长心说不好,这趟差事看来有大风险:"大王,有道是将相本无种,而今休问出身,只论实力。眼下群雄并起,多个朋友总比多个仇人要强。"

"论实力,"张士诚冷笑几声,"请问,朱元璋他有多少人马?有多大地盘?本王对他真是不屑一顾。"

"今日兵少,来日就可能兵多。我家主公能征善战,元将蛮子海牙据有集庆,兵多粮足,不还是被我家主公打得大败,侥幸逃得性命?"李善长能言善辩,"大王,英雄与否,不能以兵将多寡领地大小而论。"

"李善长,本王知道你是朱元璋的军师。你应该想想,我的水军刚刚被你们打败,你们却下书通好,天底下哪有这样的道理?"

李善长不觉一笑:"大王不该强词夺理,陈保二是我方水军都督,而二大王竟然策反,向我镇江进攻,我家主公以火攻将其战败。这不愉快的一页本已翻过不想提起,大王要提,在下倒要说清楚,二大王之不妥做法在先。"

一旁的张士信早就气满胸膛:"李善长,休再巧言善辩,今日你是来得走不得了。武士们,推出去砍了。"

李善长毫不惊慌:"二大王,两国交兵尚且不斩来使,况且我是主动前来修好,我想大王他是不会失礼的。"

张士诚笑了:"你不怕我杀你?"

"怎么可能呢?"李善长说来动听,"大王如果这样不分青红皂白草菅人命,又如何能创下这偌大的基业!"

"说得好。"张士诚笑问,"朱元璋与我修好,都有哪些表示呀?"

"这亲笔信上写得清楚明白。"

"还是你说说看。"

"愿给大王献上白米十万石,黄金一百斤,白金五百斤……"

张士诚已是连声笑个不停:"好了,李先生你不要再说下去了,这些许财物,还不够我逢年过节赏给娃娃们的。"

"大王地大物博,财大气粗,当今天下群雄,有谁能与大王比肩?"李善长显得十分诚恳,"就这些,我们已是勉为其难,但我们是真诚的。"

"你们的礼物本王不收,与朱元璋结盟更是办不到,他要想生存,就得拿出打败我的实力来。"

"大王之意在下明白了,待我回复我家主人。"李善长躬身一礼,"与大王告辞,后会有期。"

"怎么,还想走?"

"这是自然的。"

"李先生,你走不了啦!"

李善长内心好紧张,难道张士诚要下毒手,但他表面上从容不迫:"大王此言何意?"

"我要你留下做本王的军师。"

李善长暗中松口气:"大王,在下岂能做背主求荣之事?我家主公论兵力和领地,远远不及大王,在大王麾下,日后我也许能够位及宰辅。但人不能见异思迁,朝秦暮楚,乞大王放在下回到镇江。"

"我料你也不会三言两语便能另侍新主,不过本王有耐心,你且住下,我以军师之礼相待。"

李善长被扣下了,一时间难以回转镇江。他心中烦闷,常到江边散步。这一天,他正向镇江方向眺望,忽听身后有人大喝一声:"什么人,在这江边逡巡,莫非是在刺探军情?"

李善长回头,见是一位军官打扮的中年人,相貌堂堂,身材伟岸,他一转脑筋,心中便有数了:"阁下莫非是水军江通海元帅?"

那人一怔:"你如何便知晓?"

"果然是江元帅,今日得见,实三生有幸。"李善长进一步套交情,"久闻元帅大名,掌握十万水军,每战必胜,张士诚能在江浙为王,若无江元帅支撑,哪有今天的阵势。"

"咳!别说了。"江通海被触到了痛处,"现下今非昔比,时过境迁,我是吃不开了。"

"元帅此言倒叫李某不解,整个水军还有何人能与江元帅比肩?"

"张士诚兄弟不以才干用人,而以亲疏画线。他的小舅子史文炳本是纨绔子弟,毫无军事才干,而今已被任为水军副元帅,明摆着是要取我而代之。"江通海忧心忡忡,"我的前景不妙啊。"

"这倒也是,"李善长借机煽动,"江元帅当未雨绸缪,要预作打算才是,以免受小人之气。"

"江某今日主动与李先生接触,就是想要另择良木栖身。"江通海也不绕弯子,"烦请李先生引见,带某投奔朱元帅。"

李善长心中暗喜,想不到被扣敌营反倒因祸得福,若能引水军归降,对红巾军可是如虎添翼,但他还得多个心眼,对方是否试探呢:"江元帅笑谈了,我身为阶下囚,如何能帮得了您?"

"李先生,不要心存疑虑,我早已是忍无可忍。"江通海再次表明心迹,"朱元帅当世英雄,待部下如手足,更兼智勇双全,日后可成大业。大丈夫谁不想光宗耀祖?江某是一片真心。"

"既如此,在下愿为元帅牵线。"

"史文炳来的时间尚短,水军头目至少有半数系我亲信,现在投靠朱元帅,至少我能拉走一半水军和船只。"

"一半兵力,也有五万之众,规模已经可以了。"李善长想要发挥更大作用,"江元帅最好能给一个更大的见面礼,不知近期可有水军参加的军事行动?"

"有啊,"江通海有些许兴奋,"张士诚已开过军事会议,要在三天后,动用全部水军攻打嘉兴。"

"好,这是天赐元帅立功的良机。"李善长作出决策,"就在这次战事中阵前起事。"

二人又对细节进行了详尽的商议。

三日之后,天晴气朗,张士诚命张士信为领兵大元帅,向朱元璋管辖的嘉兴发起进攻。嘉兴城像一个楔子,钉在张士诚的江浙领地之间,真像是卡在他喉头的一根刺,使他特别难受。镇守嘉兴的胡大海,闻报敌人来攻,列阵岸边,做好了迎敌的准备。而李善长早已派两名兵士,分别向朱元璋与胡大海通报了他与江通海的计划。

张士信在镇江兵败,早就憋着一口气,这次以十万大军攻打只有一万人驻守的嘉兴,他是势在必得。船至岸边,张士信命令江通海派五万精兵登岸攻城。可是,江通海却突然下令向张士信所乘的虎头船开炮。因为距离近,又兼早有准备,头一炮便击中桅杆,帅旗也应声落水。

张士信还未反应过来:"江通海,你疯了!"

第二炮、第三炮已相继轰过来,准确无误地落在帅船上。张士信这才明白是江通海哗变了,他大声疾呼:"史文炳,向江通海开炮。"

然而,史文炳早已钻到了船舱里,哪里还顾得上指挥。况且,江通海炮火猛烈,也不容史文炳反扑。眼见得战船被炸得七零八落,张士信情知大势已去,先顾自己逃命,仗着他娴熟的水性,又是潜水逃生。江面上,战船烧得浓烟熊熊火光冲天,绵延四十余里。

两次兵败,使得张士诚对朱元璋再也不敢轻视,为了重组水军,他决定使用缓兵计。这次是他主动与朱元璋求和,派去信使,提出了优厚的休战条件:"前蒙你遣使通好,而我却愚昧不明事理,以致贻误时机。现你发兵围我昆陵,我实不愿军卒死伤,愿与贵军讲和,以解困危。情愿年给粮二十万石,黄金五百两,白金二百斤,作为犒赏三军之资。从此各守封疆,则我不胜感恩。"

朱元璋明白张士诚的用意,但他并不说破,而是大开狮子口,每年要求贡粮五百万石,使得张士诚难以承受,而停战和议未成。朱元璋派兵趁势进击,半年之内,耿炳文攻占长兴,徐达占领常州,常遇春打下江阴,廖永安攻取泰兴。

公元1357年阴历七月,徐达率军攻打常熟。这里的守将是张士诚另一个弟弟张士德,经过激战,徐达用伏兵生擒张士德。至此,张士诚在与朱元璋的较量中大败而一蹶不振,无奈之下,率部降元。

击败了张士诚,朱元璋把下一个进攻目标指向了宁国。这可是块硬骨头,宁国不光地势险要,而且守敌数量庞大,有二十万之众。统帅是元将别不花,还有汉将杨仲英、朱亮祖,他们声称如红巾军来犯,定叫朱元璋死无葬身之地。朱元璋未敢轻视此战,点派大将徐达、常遇春共同进攻宁国。他二人各领五万大军,由东西两路同时向宁国发起了攻击。

战斗异常激烈,守敌凭借坚固的城防,给进攻方的红巾军较大的杀伤。连续三天,红巾军发动了十数次进攻,都不能奏效,而且付出了死伤数千人的代价。第四天,勇将常遇春身先士卒,口衔钢刀亲自爬上云梯,他要强行登上城头。敌将杨仲英看准常遇春,一箭射去,正在攀爬的常遇春难以躲闪,箭中肩窝,把握不住云梯,当空折下。部下军将急将他救回本营,好在伤势不重,没有生命危险。这使得徐达的攻击也只好停止,宁国城屹立不动。

朱元璋获悉进攻受挫,亲自带两万人马,和胡大海、廖永安两员大将前往宁国战场增援。到达之后,朱元璋亲自指挥四员大将,从四面向宁国城发起猛攻,自辰时到午时,红巾军损失了两千多人,依然不能越雷池一步。朱元璋紧锁双眉,这是他攻城以来最难打的一座城池。

李善长提议:"主公,不给敌人以喘息之机,连续强攻不止,让敌人缓不过气来,定能克敌制胜。"

朱元璋却有他的见解:"先生之言不无道理,可是这样进攻,军士的死伤未免过大。"

"如不连续进攻,那么就要付出更大的代价。"

"设法以较小的牺牲,换得更大的胜利。"

"宁国之战,看来,不作较大付出是不可能了。"

朱元璋经过思考,下了决心:"全军停止攻击,退守营寨。"

李善长问:"主公,有何破城良策?"

朱元璋吩咐:"我要制作八辆盾车。"

"何为盾车?"李善长不解。

"也就是车大的盾牌。"朱元璋传令下去,按他的说法进行制作。

很快,八辆盾车在大营前现身。双轮的木车上,立起一扇磨盘大的木板,又蒙上了两层棉被,再浇透了凉水。每车后面安排十名军士,携有满满两木筒火药。攻击开始,朱元璋亲自拿起鼓槌擂鼓助威,八辆盾车由兵士推着飞速向前。元军的炮、箭、灰瓶对盾车都无可奈何,盾车很快接近了城门,点燃炸药,巨响之后,城门支离破碎。红巾军齐声呐喊,潮水般涌入城内。

元将别不花急急率兵前来堵截,可是怎禁得住红巾军破城的势头?徐达一马当先,将别不花挑落马下,立时被乱兵踏为肉酱。朱亮祖被胡大海生擒,杨仲英见状,只得率众投降。这一战,朱元璋不仅占有了宁国,而且还收降了二十万降卒,使他的实力大增。

又是一个万里无云的艳阳天,宁国城又恢复了商贾重镇的喧嚣。朱元璋严格的军令,使兵士们都循规蹈矩,使得宁国城呈现出生意兴隆的繁荣景象。白昼无人欺市,路不拾遗,夜不闭户,鲜见盗贼。朱元璋一身便装,也走在人流熙攘的大街上,他对宁国被治理得如此兴盛感到欣慰。

徐达急匆匆跑来,拉住他的衣袖:"主公,双喜临门了。"

朱元璋觉得糊涂:"何来双喜?"

"打下宁国收得二十万人马,这难道不是一喜?"

"二喜何来?"

"主公,青龙寺内那个美人给送来了。"

"啊!"这些日子,朱元璋忙于战事,把这场艳遇淡忘了,闻听此言,还未敢相信,"当真?"

"怎敢欺骗主公。"徐达拉着他就走,"新人已在府中等候,她父母亦来,今夜良宵,便可成亲也。"

朱元璋自是如飞赶回府内,马秀英、郭惠儿与新人的父母胡泉与夫人,正唠得亲近。他们彼此见礼后,朱元璋的目光并未紧盯艳若天仙的胡玉婵,而是对下首端坐的一位青年格外注目。这个人相貌清奇,飘飘然一派仙风道骨,仿佛是吕洞宾降临人间。他止不住询问:"这位尊客他是何人?却为何无人与我引见?"

胡泉一听恍然大悟:"看我们,只顾自家高兴了,却忘了这位刘先生。他是我们路上结识,获悉我等来朱平章处,他便结伴同来。"

"请问先生大名?"朱元璋甚是客气。

"鄙人刘基刘伯温,素闻平章大名,特来投奔,以期共图伟业,剪灭元酋,重整河山。"

朱元璋对刘基肃然起敬:"先生远道来投,怕是朱某无德无能令你失望。"

"在下也非无有见识,不敢以汉之子房相比,天下大势也尽在胸中。对朱平章亦观察已久,庸碌之辈岂能投靠?"

朱元璋便将刘基延入密室,与其促膝交谈。相晤甚欢,相见恨晚。朱元璋虚心求教:"刘先生,我军下一步当如何行动?"

"其实主公对此早有定算,何需我再赘言?"

"不然,我的一孔之见,怎及先生高瞻远瞩? 务请赐教。"

"如此,在下就斗胆直言了。"刘基一语惊人,"主公下一个强硬的对手是陈友谅。"

这倒出乎朱元璋意料之外:"怎么会是他? 按理说当是徐寿辉呀。"

"徐寿辉自命为天完国的皇帝,其实他是个平庸无能之人,倒是他手下的兵马大元帅陈友谅,为人豪侠勇武,又善于结交笼络人才,日后徐寿辉的领地和人马,必为陈友谅所有。"

"可眼下看不出啊。"

"这只是迟早的事。"刘基指出,"因而主公须及早设想对付陈友谅的方略,这就叫未雨绸缪。"

"先生果然远见卓识,非常人可比。"朱元璋再问,"下一步我军的行动方向,还望先生指点。"

"池州为应天的屏障,此城势在必得。占有池州,方保应天无虞。"

"那么,池州之后呢?"

"当取安庆。"刘基言道:"此城有敌重兵把守,是徐寿辉的生死线,打下安庆,日后陈友谅取徐寿辉而代之,我军也可从容应对陈友谅了。"

李善长未经允许走进房来:"主公。"

朱元璋有些不悦:"没有将令,擅自入内,此行不当。"

"在下唐突,"其实,李善长见他二人长谈不散,心中妒忌,"主公,快到二更天了,您忘记了新人在洞房望穿秋水。"

"啊,我没有忘记。"朱元璋挥挥手,"你回去吧,胡玉婵是我的女人,也飞不了,明日又有何妨。而听先生一席话,胜读十年书,这才是等不了的,今夜我要同刘先生彻夜长谈。"

李善长不好再说,同为谋士,见主人对刘基如此器重,李善长心里酸溜溜的,他无言地退出。

汉阳城而今是徐寿辉天完国的都城,自有一番繁华景象。华丽的宫殿、深宅大院密布于城中,尤以宰相倪文俊的相府最为气势磅礴,几乎可以同皇宫比肩。在相府的小客厅内,倪文俊正在接待一名重要的客人。他是陈友谅的弟弟陈友仁,倪文俊以盛宴款待。

陈友仁掏出礼单递过："请相爷过目。"

倪文俊打开从头看下，计有：珍珠一百斗，黄金一万两，白金五万两，美女一百名……他手捻短须露出微笑："副帅，我与令兄同朝为官，同殿为臣，我主文，他主武，何须如此客气？"

"相爷一人之下，万人之上，家兄岂能与您相提并论？且万岁懦弱，国事全赖相爷，家兄领兵在外，诸事还要仰仗相爷关照。"陈友仁反客为主，给对方斟上酒，"相爷请。"

"陈元帅派副元帅您来，下如此厚礼，怕不只为所谓不疼不痒的关照吧？"倪文俊打算把话题引向深入，"副帅有话尽管直言。"

陈友仁与倪文俊打交道频繁，彼此了解，也就把话说下去："相爷，当今万岁无雄才大略，其实是个扶不起的阿斗。"

"这倒也是，陈元帅保他确实有些屈才。"

"相爷，我们辛辛苦苦打下这天完国的江山实非容易，就徐寿辉的才能，我们真担心日后没有进取，甚至被别人吃掉。"

"这个情况是可能的。"

"故而，家兄有意推举相爷取徐寿辉而代之。"陈友仁站起来，"也好一统山河，平定天下。"

"这，"倪文俊有意试探，"本相舞文弄墨尚可，没有武功，不能征战，陈元帅为主方能据有天下。"

"不，不。"陈友仁急忙再次表明态度，"我弟兄情愿辅佐相爷做皇帝，也好腰金衣紫共享荣华。"

"令兄的盛情，我当铭刻五内。此事权为初议，容日后徐缓图之。"倪文俊实际是应允了，"还请副帅从后面离去，以免为徐寿辉得知而起疑心。"

陈友仁达到了目的，也就辞行离开。他心中暗笑，心说倪文俊，且先借你的手除掉徐寿辉，然后再除掉你还不易如反掌。

倪文俊前脚送走陈友仁，后脚又到另一小客厅，会见又一名高贵的客人。倪文俊走进客厅，不住连声道歉："让将军久等了，实在是抽不出身，万望见谅。"

这位客人是元朝的察罕帖木儿,他是奉元帝之命前来劝降倪文俊的:"宰相大人肯来见我,就说明你有诚意。"

倪文俊是脚踏两只船,他有意抬高身价:"适才是陈友谅派来重要使者,他说拥护我为九五之尊。"

"哼!"察罕帖木儿是不屑的口吻,"就凭徐寿辉和陈友谅之流,还能成大事?那只是痴人说梦。倪大人,这对你可是个千载难逢的大好机会,为我主效劳,少不了你的高官厚禄和荣华富贵。"

"但不知元主将如何待我?"

"你自己看。"察罕帖木儿递过元帝的诏书。

倪文俊接过来,只见是任命他为湖广行省平章,也就是一个大省的最高长官。虽说不是位极人臣,也是封疆大吏地位显赫。他决心先应承下来:"皇上的器重令我万分感激,愿为万岁效劳。"

"就请倪大人尽快设法除去徐寿辉,将他这天完国的人马钱粮全都接收过来,为我大元朝所用。"察罕帖木儿下达了指令。

"请大将军转奏万岁,下官定当尽快实施。"倪文俊已是打定了主意,他的眼中闪射出贪婪的凶光。

第十一章　巧施反间计

太湖石的假山奇特突兀,盈盈碧水环绕着湖心小岛,黄瓦朱檐的宫殿也透出皇家的威严。尽管徐寿辉这个天完国的皇帝所辖的地盘很小,但他也要尽享皇家的尊荣与奢华。身边有数十名美女环绕,身后有十数个带刀的护卫保驾,徐寿辉的心情也和这万里晴空一样。他没有想何时能一统天下,他想的只是如何尽情享受这眼前的幸福。

御前太监匆匆走上:"万岁爷,梅香来了。"

"噢,"徐寿辉一惊,这个梅香本是他的宠妃,半年前被他赐予倪文俊为妾,为的是安个眼线,二人约定,非有重大事情,梅香不会冒着暴露的危险相见,这是发生了何等大事?他即刻传旨,"快宣她觐见。"

梅香行色匆匆,气喘吁吁:"万岁,臣妾有大事奏闻。"

"不需多礼,只管奏来。"

"倪文俊先后在家与陈友仁,还有元朝的大将察罕帖木儿在密室中密谋,可以断定他已有二心。"

"是这样?"徐寿辉犯了思忖。

"万岁,"梅香接着奏报,"据悉,倪文俊要以赏花为名,请万岁过府赴宴,常言道宴无好宴,万岁切不可前往,以免为他所害。"

"好个梅香,不枉朕疼爱你一场,赏你黄金千两,速速回去,以免倪文俊生疑。继续留心他的举动,如有异常,速报朕知。"

梅香匆匆而来又匆匆而去,徐寿辉皱起眉头,思考着对策。一刻钟后,宰相府的管家拿着名帖来到,御前太监将他引来,站在一旁侍立。

管家递上名帖:"万岁,我家相爷新近得到一百盆极品兰花,都是难得一见。特来请圣驾前往观赏,并在相府用膳。以示我家相爷的忠心,也可让万岁在操劳国事中少许放松一下。"

"好,倪丞相是朕的股肱之臣,一向忠心耿耿,回复他,朕少许准备一下,即前去赏花赴宴。"

"遵旨。"管家满心欢喜地离去。

御前太监疑惑地问:"万岁爷,适才梅香再三叮嘱于您,千万不可赴宴。您却为何应承了?"

徐寿辉冷笑一声:"朕这是稳兵之计,叫他倪相先高高兴兴地等着吧。公公,你立即调集一千名御林军,由内卫大将军统率,立即包围宰相府,将倪文俊绑来见朕。"

御前太监眼珠一转:"奴才遵旨。"

徐寿辉暗暗得意,我让你倪文俊设毒计害我!岂料我在你身边安下卧底,不仅你的阴谋走漏风声,还断送了你的性命。

御前太监离开了徐寿辉,在去传旨之前,急忙写了一个纸条,叫过自己的亲信小太监,命他骑马从后门送给倪文俊。原来,这个御前太监早已被倪文俊买通,每个月要拿一百两银子的好处。俗话说花人钱财替人消灾,再者说为他自己安全计,也要知会倪文俊逃跑,不然落到徐寿辉之手,一旦咬出他来,不是连带也得丢命吗?

小太监飞马到了倪府后门,按约定打门。家人开了后门,见是宫里的人不敢怠慢:"公公何事?"

"将相爷唤出,我这儿有给他的重要信件。"

"小人就去通禀。"家人匆匆去了。

倪文俊正在布置刀斧手埋伏事宜,闻报快步来到后门,认出是御前太监的亲信,客气地问:"公公有信给我。"

"相爷请看。"小太监催促,"看过奴才还要将原信带回。"

倪文俊接过看罢,不由得倒吸了一口凉气:"这……"

小太监伸手夺过纸条:"相爷快作打算吧,奴才还要回去交差。"他上马加鞭离去。

倪文俊这个恨啊,没想到梅香竟是徐寿辉的眼线!要不是自己早有防范,全家人的性命休矣。此刻也顾不得多想,他返回内宅,径入梅香卧房,手提龙泉宝剑满脸杀气。

梅香有些胆怯地问:"相爷为何怒气不息?"

"小贱人,你还有脸问,竟然向徐寿辉告密,且不论我们全家生死,我且先把你送进地狱。"

"相爷饶命!"梅香情知自己已是暴露。

倪文俊情急,哪还顾得多说,挺剑便刺,直插入梅香的胸膛,"噗"的一声鲜血喷出,死尸怦然倒地。

倪文俊急将全家老小送上三辆马车,匆匆带些金银,直向北门而去。夫人问他:"老爷,是去投奔元帝吗?"

"混话,"倪文俊明白,"我现在一无所有,既没除去徐寿辉,也没有将天完国的军马钱粮带给元帝,孑然一身落荒而逃,对元帝无一分价值,若去投奔,连臭狗屎都不如啊。"

"那,你这向北,不是去元大都吗?"

"这只不过是障眼法而已。"倪文俊告知,"我们马上就拐向东方,前往陈友谅处,也许他能收留我们。"

"他的弟弟不是刚刚给你送过礼吗,肯定错不了。"

"妇人之见,"倪文俊叹口气,"此一时彼一时也,我身为宰相,他有利用之处,而今我是逃犯,他的态度就难说了。不过我们也无处投奔,只能到他那里碰碰运气了。"

御前太监磨蹭良久,才找到内卫大将军,待点齐人马,到了相府,倪文俊全家已离府半个时辰了。出城门向北方追了一阵,自然是一无所获,空手而归。徐寿辉得知扑空,而且梅香已经身死,万分懊恼,但也无可奈何。他虽然对御前太监有所怀疑,但毕竟没有真凭实据,也只能是暗中留意详加观察。而太监自会小心谨慎,一时间此事不了了之。

倪文俊吃尽千辛万苦,总算到了陈友谅的驻地黄州。陈友谅闻听倪文俊来投,半晌没有吭声。陈友信见状试探着说:"大哥,倪文俊而今已是丧家之犬,手下无兵无粮,收下他就会开罪徐寿辉,干脆拒之门外。"

"这样做不妥,"陈友谅想得更深一层,"我们同徐寿辉决裂只是早晚的事,要想取而代之,就要广交各方,广结善缘。现在我们对倪文俊冷淡,就会堵住别人的投奔之路。还当以礼相待,等日后人不知鬼不觉再徐缓图之。"

"大哥想得还是比我远。"陈友信也知恭维。

"二弟,代我出迎。"

倪文俊一家千恩万谢地在黄州住下了,陈友谅优厚拨给倪文俊日常用度,使得倪文俊感激涕零。

夜深了,倪文俊辗转反侧不能入睡,夫人有些烦了:"你放着觉不睡,这是折腾个啥呀?"

"你倒是心大,看你呼噜打得像牛一样。"倪文俊狠狠地说,"也不怕睡梦中把你的脑袋割下来。"

"难道徐寿辉还能派刺客到这黄州来?"

"干吗徐寿辉?陈友谅杀你还不是轻而易举的事。"

"他,对咱不是挺好吗?你不必杞人忧天。"

"你就是个老娘们儿,头发长见识短。咱们在这儿白吃白喝,人家把你当祖宗一样供着,你说犯得上吗?啥时不痛快,还不是说杀你就杀你。"倪文俊还有担忧,"再说,说不定哪天,徐寿辉给陈友谅下道圣旨,或者是给他重金许以高官为条件,让他杀了咱全家,人家还不是举手之劳的事。"

这一番话,把夫人吓得不敢睡觉了:"老爷,那咱可怎么办哪?要不然明天咱换换地方吧,省得在这儿担惊受怕的。"

"换地方,咱们已是走投无路。"倪文俊长叹一声,"就和丧家犬一样。"

"那就听天由命等死吧。"

"我倪文俊好歹也是一国的宰相,岂有坐以待毙之理?"倪文俊来了精神,"我要自己掌握一支军队,有了兵便谁也不怕了。"

"说梦话,你现在是仰人鼻息,不然连饭都没得吃,还要执掌军队,太阳是不会从西边出来的。"

"你懂什么?"倪文俊自有算计,"我在汉阳时,已经将一半的军队控制在手,只因我走得匆忙,对他们未及通知,我派家人回去暗中联络,不愁不能把他们拉来。那时我五万大军在手,对陈友谅又何惧哉!"

"那,陈友谅会同意?"

"明修栈道,暗度陈仓。就说为他收拢旧部,陈友谅自然高兴,等人马到齐后,就由不得他了。"

"你这算盘是打得挺精,但愿不要弄巧成拙,偷鸡不成蚀把米,反而惹来杀身之祸。"

"只能这样主动掌握自己的命运,不然就是任人宰割。"倪文俊信心十足,"明天我就向陈友谅提起此事。"

次日,倪文俊主动去拜会陈友谅:"大元帅,我一家人已来多日,承蒙照顾,心中颇感不安。"

"这就是相爷的家,何须如此过谦,若有招待不周之处,尽管提出,陈某定当改正。"

"元帅这样说,更让我无地自容了。"倪文俊转入正题,"我想总要为元帅做点有益的事,汉阳那边还有我的旧部,派出人去,估计还能招回几万人马,统归元帅调遣,我也算没有白吃干饭。"

"如此甚好,我出马匹钱粮,相爷招回多少算多少,不要太当真。"陈友谅还宽慰他。

倪文俊走后,陈友信提出质疑:"大哥,你这样做失策了,倘若他真的招回几万人马,我们这黄州还不成了他的天下,只怕就难以控制了。"

陈友谅微微一笑:"这一点我何曾没有想到?只是这几万人马也是很大的本钱哪,这也是个绝好的机会。至于他有了兵马想要自行其是,那就看我们是如何对付了,到时我自有办法。"

倪文俊还真的仍有号召力,不过月余,便相继有五万人马前来投奔,使得他兴高采烈欢喜异常。

这一日他设下了酒宴,将十数员为首的大将召集到自己的房中,为每人斟上一杯酒:"各位,这酒是黄州有名的黄阳酒,窖藏五十年以上,大家要开怀畅饮,一醉方休。"

"是啊,我们好不容易又重新相聚,有相爷统领,就有了方向,也就有了远大的前程。"

"以往我是寄人篱下,那个滋味可真是不好受啊。要看人脸色行事,和讨饭吃无异。这下好了,我们有了自己的人马,再也不受窝囊气了,可以扬眉吐气了。"倪文俊举起杯,"弟兄们,干!"

十数人同时饮下杯中美酒,也就是转眼的工夫,他们无不腹内如同刀绞。倪文俊先说:"不好,这酒内怕是有毒。"

"哈哈哈",伴随着一阵冷笑,陈友谅、陈友信兄弟走进房中。陈友谅阴沉地奸笑着,"看来相爷并不糊涂,还明白酒中有毒。不错,是我事先在酒内放进了砒霜,你们已是生存无望了。"

陈友信加了一句:"也别想和我大哥分庭抗礼了,你们的人马,我大哥全都收下了,放心地走吧。"

"陈友谅,你,你好狠心,你比徐寿辉还要狠毒。"倪文俊手按肚腹,已是出言无力,"要我性命也就是了,为何将我部下这些无辜全都加害?"

"这可就怨不得我了,不是你召他们前来,他们怎会来黄州送死?"陈友谅又是奸笑几声,"我又怎能添上五万人马?"

倪文俊等人说话间相继倒地身亡,陈友信问:"大哥,倪文俊的家小如何处置,是否也打发了?"

"有了这些陪死的,就不要学徐寿辉斩草除根了,"陈友谅吩咐,"把他们全都轰出城去,死活听天由命。"

就这样,倪文俊的家小被逐出了黄州,流落在外,不知所终。

徐寿辉获悉倪文俊被陈友谅所除,特地颁旨嘉勉,在天下兵马大元帅衔上又加宰相职。这倒成了亘古未有的奇事,一个人位兼将相,可称是文武大权集于一身。其实,这也是徐寿辉无奈之举,因为在天完国,他的地位已仅仅是象征性的了,陈友谅的实力坐大,而今只有安庆的赵普胜元帅可以同他制衡。

朱元璋密切关注着徐寿辉的动向,见他们内部发生纷争,实力大为削弱,便按刘基的战略,向池州发起进攻。常遇春本是勇将,以往池州受到攻击,汉阳都会派兵增援,对进攻者两面夹击,天完军便可获胜。眼下一半兵力去了黄州,徐寿辉无兵可调,致使池州被常遇春轻易攻破。在此基础上,朱元璋又加派两万大军,由徐达统领,与常遇春合兵,摆出了到汉阳用兵的态势。徐寿辉极度紧张,连发三道圣旨,要求陈友谅发兵救驾。朱元璋的人马已经在池州出动,徐寿辉又发出了第四道圣旨。

陈友谅手捧圣旨,对着弟弟只是微微冷笑。陈友信问:"大哥,是否眼下就与徐寿辉分道扬镳?"

"不,还不到时候。"

"那你就得做做样子,派出一支救援人马。"陈友信提醒,"若不然就是抗旨不遵。"

"他就是连发十二道金牌,我也不会给他一兵一卒。"

"大哥的葫芦里到底卖的什么药啊?"

"二弟就要辛苦一遭了。"

"让我去汉阳?"

"正是。"

"你不是说不派援兵吗?我去你给几万兵马?"

"你单人独骑。"

"怎么,让我去送死呀?"

"你去汉阳亲自把徐寿辉接来,以示我们的诚意。"

"他肯来吗?这不明摆着,在汉阳他是皇帝,来到这儿他是逃亡。再说,他的嫔妃和金银财宝怎么办?"

"他一定会来。"陈友谅笃定,"如不来,他就得等着做俘虏,哪头轻哪头重他还是分得清的。"

"何苦还去救他?让朱元璋收拾了他,我们就宣布称帝,那有多省事!"

"不,现在他还有利用价值。"陈友谅启发弟弟,"后汉三国时的曹操把个汉献帝养在身边,不也有用吗?"

"大哥是说挟天子以令诸侯?"

"对了,别忘了在天完国中,我们还有个劲敌赵普胜。"陈友谅面授机宜,"只有把徐寿辉逼到黄州,我们才能玩弄这个皇帝于股掌之中。否则,他是不会听我们摆布的。"

"明白了,"陈友信由衷地赞佩,"还是大哥深谋远虑。"

"好吧,即刻启程,快去快回。"

陈友信到了汉阳,徐寿辉大失所望,盼了半个多月,只盼来一个人。他舍不得汉阳的宫殿,深知寄人篱下的凄凉。陈友信见他迟迟不下决心,就使出了最后一招:"万岁不肯移驾,臣也不敢勉强。我就快马返回黄州报信去了,请万岁快些安排人马守城,准备抵抗徐达、常遇春二将的进攻。"

徐寿辉一听就慌了:"二元帅你不能丢下我,这汉阳城内兵微将寡,谁能抵挡徐达和常遇春啊!"

"我可不愿被俘做阶下囚,要跟我走那就抓紧。"

万般无奈之下,徐寿辉连嫔妃带金银财宝装了一百辆大车,跟着陈友信迁都到了黄州。陈友谅亲自出城迎接,并恭恭敬敬跟在徐寿辉的驷马高车后面,进入了大元帅府。

陈友谅当殿跪倒,声泪俱下:"万岁,是微臣无能,致使陛下颠沛流离,臣罪该万死。"

徐寿辉反倒难为情了:"元帅切莫如此自责,都是倪文俊与元贼勾结,致使朱元璋乘虚而入。"

"万岁,黄州不比汉阳,没有皇宫御苑,臣将这元帅府腾出,望万岁暂且安身。待有了足够的金银,臣再为万岁盖一处胜过当年长安城的皇宫,让万岁逍遥自在安享太平。"

"占了元帅的府邸,倒叫朕心不安。"

"万岁不嫌局促,便是臣的造化。"陈友谅又施一礼,"臣还有一事奏闻。"

"大元帅尽请直言。"

"万岁撤离汉阳半日之后,徐达便带人马兵不血刃占领了国都。臣想,汉阳乃龙兴之地,不能让敌人轻易据有。安庆大元帅赵普胜兵多粮足,能征善战,当派他出兵将汉阳夺回,也给朱元璋一点颜色看看,我天完国也不是好欺负的!"

"陈元帅是说,赵普胜能够战胜徐达?"

"那是自然。"

"好,就依元帅所奏。"

在陈友谅的把持下,徐寿辉给赵普胜发去了攻打汉阳的圣旨。赵普胜不敢抗旨,便点齐部下十万人马,向汉阳进发。兵到汉阳之后,赵普胜并不急于进攻,而是按兵不动,这令徐达好生费解。赵普胜可称是天完国的开国功臣,论资历要比陈友谅高得多。在他任元帅时,陈友谅不过是个统领。而且赵普胜曾打败过胡大海、花云,与常遇春战成平手。对这样一个敌人,徐达也不敢轻视,并未出城迎敌,而是加强防守,日夜不敢懈怠。

镇守池州的常遇春获悉赵普胜十万大军围攻汉阳,留下副将守城,自带两万人马前往救援。二更时分,常遇春的部队到达了汉阳城下,他要给徐达一个惊喜,带领人马向敌人营寨悄悄靠近,他要偷营劫寨。但见敌营灯笼高悬,梆子声声。常遇春断定敌人都在梦中,发一声喊,一马当先冲杀过去。可是,敌营竟是一座空寨。待徐达闻信赶到会合,他们大为诧异,这赵普胜大军去了何处呢?

二人正在疑惑间,镇守池州的副将盔甲凌乱全身是血地跑来:"大帅,大事不好,池州失守了。"

"怎么,难道是赵普胜偷袭池州?"

"正是他,十万大军,末将实在是敌他不过呀。"副将悲声连连,"我拼死冲杀,才勉强逃得性命。"

徐达安慰他说:"好了,池州失守非你之过,是我大意让赵普胜钻了空子。"又转脸说道,"常元帅,你来镇守汉阳,待我回兵收复池州。"

徐达的数万大军向池州进发,大约一半路程时,到达一个狭长的地段名曰兔子沟,这里两山耸立,山谷悠长,地势险要。徐达并未在意,催军继续前行。待到进入沟中,赵普胜的伏兵尽起,好在徐达兵马平时训练有素,双方在硝烟炮火中,展开了短兵相接的激战。徐达毕竟是中了埋伏,好一阵冲杀,他才领得半数人马杀出了重围。这一战,又让赵普胜得胜。

消息传到应天,朱元璋半晌无言。良久,他对刘基说:"我军一向每战必胜,已滋生了骄傲之心,吃几场败仗也是好事,使将士们的头脑清醒一些,敌人并非全是豆腐渣。"

"赵普胜能征善战,对这样的敌人还当用计,不能与其硬拼,可以保存我军的实力。"刘基提议。

快马前来报信:"平章,赵普胜率军攻占了汉阳,常遇春大元帅中箭受伤,现已从池州退兵,与徐达大元帅合兵。"

朱元璋连声叹息:"果然是个厉害的对手。"

朱元璋已有主张:"我决定亲自带兵增援,会会这个天完国的大元帅,看他是不是有三头六臂!"

"要两条战线同时进行。"刘基言道,"我这里派人去他的安庆老巢,从他的内部下手做做文章。"

"军师要用反间计不成?"

"且试上一试。"

次日清晨,朱元璋率三万人马前往汉阳增援。部队出发之时,天边尚有一钩残月并几点疏星。朱元璋在马上,望着欲曙的天色,不觉来了诗兴,他在马上吟道:

忙着征衣快着鞭,
回头月挂柳梢边。
两三点露不为雨,
七八个星尚在天。
茅店鸡鸣人过语,
竹篱犬吠客惊眠。
等闲拥出扶桑日,
社稷山河在眼前。

一旁的刘基不禁赞道:"我主不但马上能征善战,而且诗文亦佳,诚乃文武双全之真主也。"

"先生过奖,胡诌而已,见笑。"朱元璋问:"安庆已然派人了?"

"去了,想来数日后便会有消息。"刘基倒是蛮有信心。

安庆的元帅府人来人往进进出出,迎门右侧一家茶楼里,刘基的侍从刘永眼盯着大门,终于发现了要找的人。这人三十多岁,是赵府的管家,名叫刘成,与刘永是个远亲。他快步奔出,迎住刘成:"三哥一向可好?"

"是你?"刘成认出来,"五弟,何时来到安庆?"

"三哥,小弟是今日刚到。"

"敢问找我可是有事?"

"特为寻找三哥,"刘永四外看看,"请借一步到茶楼里叙话。"

"也好。"刘成跟随刘永进了茶楼。

二人在一处雅间落座,泡了一壶香片,刘永斟上茶:"三哥,我是为您的前程而来。"

"我,现在不是很好吗?"

"三哥,徐寿辉胸无点墨目光短浅,跟着他不会有好结果。小弟劝你另择贤能之主侍之,日后也好图个锦绣前程。"

"五弟之意,何人能成大事?"

"朱元璋。"

刘成沉吟片刻:"这人我也有耳闻,近来确是声名鹊起,徐寿辉难望其项背,只是我一个小小管家,不过是个下人,便投靠朱元璋,又能有何前程?还不是侍候人的活。"

"不然,"刘永耐心相劝,"常言道宰相家人七品官,你如今改换门庭,为朱元璋出力,他日朱元璋成就大事,定会封你个官职。"

"但不知要我做何事?"

"去黄州给徐寿辉送信。"

"但不知是何信件?"

刘永打开随身携带的包裹,里面不只有一封信,还有黄澄澄亮闪闪的金锭:"三哥,这是五百两黄金,是朱平章送给你的。事成之后,还有重谢。"

刘成这时已是急着问:"这信如何送法?"

"你只要这样做便可以了。"刘永详细教导一番,"事情办妥,还有五百两黄金相赠。朱平章还答应,以后地盘大了,给你个四品知府做。"

刘成眼睛都圆了:"真的?"

"决无戏言。"刘永告诉他,"咱们的本家大哥已给朱平章当了军师,往后这好事少不了咱们的。"

"好,我即刻去办。"刘成已是急不可耐。

黄州的元帅府,而今已是徐寿辉的皇宫。大权在握的陈友谅对徐寿辉极其恭敬,每日晨昏必去问安,平常不断地送猪送羊送水果。而且仅仅半个多月,就进献了十名绝色美女。哄得徐寿辉喜得合不拢嘴,一再称赞陈友谅是本朝的大忠臣,并加封他平南王。

这一日,徐寿辉正在花园中同几位嫔妃乘船游水。陈友谅匆匆来到,跪拜之后奏道:"万岁,今有赵普胜元帅府的管家刘成,他特地从安庆赶来,称有机密事奏闻。"

"机密事?"徐寿辉不免犯了嘀咕。

"万岁,据刘成讲,此事关乎江山社稷和陛下的性命。"

"有这样严重?宣他觐见。"

刘成近前,行三拜九叩之礼:"万岁万万岁!"

"你有机密事要奏报,讲。"

"万岁,请屏退左右。"

"你这是故弄玄虚。"

"万岁,委实事关重大,只能陈元帅一人在场。"

徐寿辉挥手:"你们退下。"

"说吧。"陈友谅催促。

"万岁,赵普胜投朱元璋了。"

"什么?"徐寿辉大惊,他不相信,"你敢离间朕同赵元帅的君臣关系?说,受了何人指使?得了多少好处?"

"万岁不信,这儿有朱元璋的亲笔信为证。"刘成递上一封书信。

徐寿辉接过从头看过,然后无言地递到陈友谅手中。陈友谅看过,抖抖手中书信:"万岁,赵普胜通敌铁证如山。"

徐寿辉叹息着:"朕原以为赵元帅是天完国的柱石之臣,他打败了徐达、常遇春两员大将,想不到竟是他们假败装样子的。"

陈友谅把赵普胜看成自己篡夺天完国政权的最大障碍,所以对于赵普胜投敌,他是宁可信其有,而且正可借此机会除去这个心腹大患,便说:"万岁,对于这种败类决不能手软,若不是刘成报信,你我君臣二人都要遭他的毒手。"

刘成见陈友谅帮他说话,越发努力要把事情坐实:"万岁,朱元璋信中说,等赵普胜假意活捉他之后,请您到安庆庆功时把万岁和陈元帅一网打尽,他这也太歹毒了。"

"万岁,常言道先下手为强,传旨调赵普胜到黄州。"

"他,若是抗旨不遵呢?"

"那就连下十二道金牌,也要把他调回来。"陈友谅说,"谅他也不敢有违圣命。"

刘成也说:"朱元璋的信被我献给万岁,赵普胜并不知情,想来他也不会生疑,当会奉旨来朝。"

陈友谅已有些不耐烦了:"万岁,你管他会不会听旨,只管派人传旨就是,何须如此犹豫不决?"

"就依平南王。"徐寿辉不是在他的汉阳,如今身在陈友谅的地盘,还得看其眼色行事。

在汉阳前线连战连捷的赵普胜,接到徐寿辉的圣旨,不禁连连跺脚:"前功尽弃了!"

副帅问他:"元帅何出此言?"

"你看看圣旨便知。"

副帅看过大声疾呼:"我们不能撤军,好不容易有了这大好局面。"

"抗旨不遵,是要祸及九族的。"赵普胜尽管不愿意,也只能撤军回了黄州。

踏上"皇宫"的金殿,赵普胜就觉得气氛不对。不等他说话叩拜,徐寿辉便传旨:"将反贼赵普胜绑了!"

武士们早已做好准备,不由分说将赵普胜上了绑绳。赵普胜高呼:"万岁,臣冤枉!"

陈友谅不等徐寿辉表态即发布命令:"这个内奸,丧心病狂,竟然要谋害本王,推出去砍了。"

"万岁,臣冤枉啊。"赵普胜疾呼。

殿上武士将他推出,不一刻将其人头呈上,交陈友谅验看。

宝座上的徐寿辉显得甚为难堪,忍不住说:"平南王,这赵元帅说杀就杀呀?"

"卖主求荣之人,不杀还留他做甚!"

"即便当杀,也该朕降旨才是。"

"你还想传旨?"陈友谅冷笑几声。

陈友信接话道:"徐寿辉,你也活到头了。"

徐寿辉大吃一惊:"这……"

陈友信拔出剑来,向徐寿辉当胸便刺:"回老家去吧。"

可怜徐寿辉这个皇帝,一句话未能说出便被刺穿心房,鲜血涌出,倒地身亡。

第十二章　火烧陈友谅

倾盆大雨犹如银河倒泄,电闪雷鸣夹杂着黄豆般的冰雹,整个采石矶笼罩在漫天风雨中。滔天的巨浪,拍打着岸边的礁石,激起翻卷的水花。滚滚长江,在狂风暴雨中一泻千里。

陈友谅的心情极其亢奋,从朱元璋手中夺得了战略要地采石矶,是他自认为最大的胜利。这说明他已拥有了一统天下的实力,就连兵强将广的朱元璋也被他打败,还有谁不能战胜呢?因此,他决定即皇帝位。而且不听任何人的劝说,就在这风雨交加的时刻,就在这非州非府的采石矶,宣布自己为皇帝,国号为大"汉"。群僚百官自然也都受到封赏,以邹普胜为太师,陈必先为丞相,年号"大义",时为公元1360年。

陈友谅把朱元璋作为头号敌人,认为这是一统天下的最大障碍。于是他率二十万大军,顺流而下直取应天。论军事实力,陈友谅是朱元璋的十倍。特别是水军,陈友谅拥有"混江龙""塞断江""撞倒山""江海鳌"等巨型战舰一百多艘,而中小型战船则是不计其数。

汉军来犯的消息,在应天引起了轩然大波,和战之争在朝堂上相当激烈。无论部下如何争辩,朱元璋丝毫不急不躁。在听过文武臣僚的意见后,他将刘基传到了后堂。

"刘先生,事关应天存亡,你为何一言不发?"

"臣与众人意见相左,不说也罢。"

"何不说给我听听。"

"主公,敌军势大但不足惧。盖因陈友谅气势汹汹,骄狂至极,俗话说骄兵必败,此理古来战事多有印证。"

"先生所言与我不谋而合,我军正可利用敌之期在必胜而求速胜的心理,用计破敌。"

"不知主公计将安出?"

"我部下有一大将康茂才,原系陈友谅部属,可用他行诈降之计。"朱元璋分析,"而今汉军大兵压境,陈友谅以为我军人心惶惶,必不生疑。一旦计成,则强敌可破。"

"此计甚妥,主公定能以弱胜强。"

当夜,陈友谅正在龙船上拥着宠妃酣睡,三弟友仁来报:"万岁,康茂才差人前来下书。"

康茂才原本是陈友谅的爱将,他对康茂才的失陷经常自责,而且从不认可康茂才会真心侍朱。闻听有信,急忙披衣起身召见。来人是个老者,本是康茂才的老门房,与陈友谅也曾多次谋面相熟。陈友谅大有故人相见之意:"是你,老门房,你还活着?"

"多承万岁挂记,我与康将军在那边是度日如年哪!"老门房说着垂泪。

"既如此受气,何不率军归来?"

"康将军说,要等待最佳时机,为万岁立一大功,否则无颜再见万岁。"说着,递上了康茂才的亲笔信。

陈友谅看罢深信不疑:"朕领大军到此,应天城中是何情景?"

"已是惊慌失措,多数文臣武将认为无力抵抗,不如早降,以免玉石俱焚。"老门房言道,"因此康将军顺应潮流而归降,正其时也。"

"归去回禀康茂才,就按他信中所说,明日三更在江东桥相会,他为内应,一举攻占应天。"

"老奴谨遵圣命。"

"届时就以老康为暗号,朕连呼三声老康,你方应答即可。"

"老奴记下了。"

老门房回到应天,向朱元璋禀报了过程。朱元璋甚为欣慰,重赏了老门房,并立即作了军事部署。他命令李善长连夜将江东木桥拆掉,改建成石桥,以阻挡陈友谅的大船再向前进。命令赵德胜在河道转弯处修建虎口城,派兵驻守,截断陈友谅的退路。再命常遇春等三将领兵三万,埋伏于城东北的石灰山,再命徐达率军在雨花台一带陆路设伏,令张德胜率舟师在龙江关外水路设伏。朱元璋则亲率主力,埋伏在城北的卢龙山。一切安排妥当,单等汉军入瓮。

五月初十夜,陈友谅的水军无声东下。大约三更前后,先锋舟到达江东桥边,但低矮的石桥阻住了大船的去路。陈友谅闻报近前观看,连称怪事,明明是木桥,缘何突然间变成了石桥。此刻他也顾不得多想,便连声呼唤:"老康,老康,老康。"

无人应答,陈友谅心下犯疑。正在猜想之际,"嗵"的一声巨响,一个号炮腾空而起,顿时,喊杀声震天动地。石桥对面,火箭火铳流星般射过来,汉军的战船立刻燃起大火。陈友谅明白中了埋伏,高声疾呼:"快,快些掉头,所有战船退出河汉。"

可是,正值江水退潮,大船全都搁浅,一步也动弹不得。较小的战船被塞在其中,也是回转困难。陈友谅见船只越烧越烈,军士们已是焦头烂额,便急忙传令:"将士们上岸,不能在船上等死。"

军卒争相弃船登岸,转眼间已到陆地一万多人。可是,虎口城堵住了汉军的去路。此刻,朱元璋在卢龙山山顶居高临下,擂响战鼓,四处伏兵齐出,同时向汉军冲杀过去。陈友谅的后翼是他弟弟陈友仁统率的一千余艘战船,他急将船队撤回龙湾。常遇春、徐达的人马全都向龙湾合击,张德胜的水军也将陈友谅紧紧包围。

危急时刻,陈友仁驾小船来接应陈友谅逃脱。这一战,汉军被斩杀和淹死的不计其数,被俘的就有两万人。陈友谅上百艘巨舰和几百条战船,尽皆成为朱元璋的战利品,陈友谅的主力被全歼。

陈友谅当然不会认输,他又重整旗鼓,命大将张定边袭取了安庆,再一次摆出了与朱元璋决战的态势。陈友谅死守安庆,朱元璋领兵亲自攻打也久攻不下。就在双方处于胶着状态之际,江北的军情频频告急。红巾军奉为正统的宋朝廷小明王都城安丰,被元军团团围困,已是朝不保夕。大元帅刘福通派人杀开一条血路,来到应天搬取救兵。

案上摆放着刘福通的求救书信,朱元璋召集文臣武将商议。

几乎没有一个人同意出兵救援,刘基更是把话说得透彻:"主公,若出兵必以主力出动,我一动则应天空虚,陈友谅必然乘虚而入,则应天危矣。再者说,救了刘福通,他和小明王就要到我处落脚存身,主公就要受他们的辖制,完全失去了自主的权利。万一失败,主力丧失,没有了实力,就更没有立足的地位,万万不可出兵。"

一向对刘基言听计从的朱元璋,这一次却不听刘基的主张了:"刘先生,你之所论似乎有理,但忘掉了红巾军的核心利益。安丰乃应天的屏障,可称是唇齿相依。安丰丢失,应天门户洞开。再者说,我与刘福通同为红巾军统帅,焉有见死不救之理?小明王是我军的象征,他如败亡或失陷,就等于红巾军失败,为了抗元大局,我必须出兵。"

朱元璋留下胡大海等人镇守应天,亲率徐达、常遇春并十万大军,昼夜兼程赶赴安丰。当他们到达安丰时,元军业已破城,红巾军与敌正在进行巷战。

元将吕珍见朱元璋率军来援,将手中刀高高举起,刀尖滴下血来:"朱元璋,你来晚了,刘福通已做了我的刀下之鬼,你也要跟他一道去走黄泉路。"

朱元璋一声冷笑:"姓吕的,安丰还在巷战,就是尚未失守,小明王尚在,我们就可反败为胜。"

徐达早已飞马冲出,与吕珍厮杀在一处。元军另一员大将左君弼,从侧后向朱元璋发起偷袭,常遇春迎住他展开了殊死搏斗。双方直杀得天昏地暗,元军哪见过这两员勇将,更兼来的是生力军,元军在安丰战中已是消耗许多,完全不是朱元璋红巾军的对手,很快便节节败退。

朱元璋成功地解救了小明王,安丰已是残破不堪难以坚守,加之陈友谅蠢蠢欲动,便带着小明王返回了应天。他又为小明王修建了皇宫,极尽恭谦与忠贞。小明王明白,今后他只能仰仗朱元璋了,便不惜大开空头支票,加封了朱家三代,并封朱元璋为吴国公。

在朱元璋北援安丰时,陈友谅便认为是可乘之机。赶造了巨型战舰数百艘,一律涂上红漆,舰船高有数丈,上下三层,层层设有马道,最下层设有板房,内装几十只大橹,此处全用铁皮包裹。任敌船火炮轰击,战舰照常行驶。他的大舰载人三千,中舰载人两千五百,小舰亦载人两千。他又大量征集壮丁和民夫,总共六十万大军。而且带上家小和百官,堪称是倾巢出动,发誓要一战消灭朱元璋。

公元1363年阴历四月,陈友谅大军浩浩荡荡顺流而下,直逼洪都。

洪都城地处赣江下游,北接鄱阳湖并与长江相通,战略位置极其重要,是朱元璋的地盘里抗击陈友谅汉军的前沿。朱元璋对此极为重视,派他的亲侄子朱文正为统帅,大将军赵德胜、邓愈为副帅,而兵力仅有五万人。

四月二十三日,陈友谅大军到达洪都城下。陈友谅命令部将赵祥将大船靠近,待江水潮起,从船上直接跃上城头,上次汉军就曾用此法攻占洪都。可是这个办法而今行不通了,在收复洪都后,朱元璋即下令将洪都城墙拆掉后移三十丈重建,大船已无法靠近城墙。陈友谅只好下令部众下船登岸进行强攻。于是,一场惨烈的洪都攻防战拉开了序幕。

汉军六十万,但洪都城只一座,他的兵力施展不开,只能用部分兵力进攻,兵力的优势便显现不出。汉军四面包围,连续不断地发起猛攻。船上的大炮,也配合着攻势向城头猛轰。一时间炮火和硝烟将洪都城完全笼罩起来,双方的喊杀声震天动地。

十天过去,洪都城依然坚不可摧。陈友谅甚为恼怒,自己六十万大军竟然打不下一个洪都。这日他亲自上战场指挥,发誓不破洪都不收兵。

战舰上的炮火全部集中起来,对抚州门进行狂轰滥炸。一时间城墙多处坍塌,连起来长短足有三十多丈。汉军如潮水般拥向城墙的缺口,陈友谅亲自擂鼓助威,并且狂呼高喊以壮声势。红巾军在邓愈带领下拼死抵抗,危急时刻,朱文正带两千机动精兵赶到,硬是把突入城内的几百汉军歼灭,并且堵住了缺口。红巾军不畏死伤,在敌人的炮火下连夜修好了城墙,使得陈友谅眼看到手的胜利,又化为乌有。

转眼已是五月中,陈友谅愈加焦躁,他又亲自督战攻打新城门。守将薛显竟然大大出乎汉军的意料,打开城门出战。这突然的举动,令汉军措手不及,汉将刘进昭被斩于马下,而赵祥战马被砍断腿,将他掀翻在地,赵祥为薛显所俘。陈友谅见状,督催上万人向新城门扑来。城门不及关闭,薛显命竖起木栅阻敌。汉军和红巾军就木栅展开了激烈争夺。邓愈及时赶到,薛显撤回城中,城门重新关闭,陈友谅又一次和胜利失之交臂。

洪都保卫战整整进行了八十五天,朱文正以五万兵力,抵挡了陈友谅六十万大军的猛攻,为朱元璋调度兵马赢得了宝贵的时间。1363年七月初六,朱元璋率舟师二十万,并徐达、常遇春等大将,来到了鄱阳湖口。陈友谅原想打下洪都再与朱元璋决战,怎奈仍难攻克,只得于七月十九日撤洪都之围,进入鄱阳湖,与朱元璋大军对垒,于是鄱阳湖大战打响了。

从实力上看,陈友谅的兵力是六十万,而朱元璋只有二十万,汉军是红巾军的三倍。从地理上看,陈友谅位于上游,而朱元璋则居下游,也就是说,陈友谅占有绝对优势。

朱元璋深知形势险峻,他把众将召集到自己乘坐的指挥舰"白海"号上,发表了战前动员讲话:"诸位将军,兵在勇而不在多,而将勇则兵勇。两军相逢勇者胜,各位都要奋勇杀敌,勇往直前。我军的前途,各位的荣辱,全都系于此战,消灭陈友谅在此一举!"

"吴公放心,朱文正将军已为我们做出了榜样,在战场上我们绝不是熊包,一定会以一当十大败汉军。"众将异口同声。

朱元璋将手下战船分为十一队,每队都配有火炮、火铳、火箭、火蒺藜、大小火枪、大小将军筒等,总之是以火器为主。他在"白海"号上居中指挥,用令旗调动一切。

七月二十日,两军在康郎山下的水域接战。红巾军船小,机动灵活就成了它的优势。他们分批向汉军发起冲击。徐达、常遇春、廖永忠等大将无不奋勇当先,驾船杀入敌阵。几十万人的激战,杀得百里之内的湖水都被染红。徐达一杆枪神出鬼没,连挑汉军两员大将,部下也奋起神威,杀敌一千五百余人。徐达纵身跃上敌舰,缴获敌人巨船,使得红巾军军威大振,士气倍增。水军都督俞通海更是勇冠三军,运用火器得心应手,接连焚烧敌舰二十余艘,令汉军见之胆寒。

陈友谅面对战场上纷繁复杂的局面,并不慌乱,他对自己的实力很有自信。他对大元帅张定边说:"擒贼先擒王,一切战场上的小胜均不足看重,你带大队舰船与孤直取朱元璋,不惜一切代价,将他生擒或斩杀。只要朱元璋一死,群龙无首,他的大军必败。"

张定边遵旨率一百多艘大小战船,避开对方的战舰,径直向朱元璋扑去。朱元璋看出敌人的意图,发觉形势不利,急命"白海"号移动。由于舵手慌不择路,竟然闯入了浅水区,"白海"号搁浅了,在湖面上不能动转。张定边率船围攻上来,上百艘战船对朱元璋一只战舰,发起了疯狂的进攻。汉军不顾生死,已有多人登上"白海"号,朱元璋部下的大将程国胜、宋贵、陈兆先等拼死力战。程、宋二将已负重伤,陈兆先则被如蝗的乱箭射中身亡。

眼见得敌人源源拥上"白海"号,形势万分危急,牙将韩成给朱元璋跪下泣求:"主公,古人称杀身取义,今国公有性命之忧,韩成愿以身代死,请主公将衣冠与我交换。"

朱元璋不肯:"这如何使得?我朱元璋也是英雄,焉能让部下替死?"

"主公,你存则红巾军存,韩成死不足惜,唯愿我大军战胜陈友谅,主公救万民于水火。"韩成不由分说,强行扒下朱元璋的衣冠,然后有意站在甲板上亮相,说声"我朱元璋宁死也不能被俘,就此去矣",便投入湖水之中。

汉军看见无不兴高采烈地叫喊:"朱元璋投水自杀了。"

"朱元璋死了!"

他们的攻势也都放缓了。

常遇春也以为朱元璋遇难,驾船赶过来营救,他气愤已极,看准张定边一箭射去,正中其肩窝。张定边仰倒在船上,手下人急将他救起送入舱中,他们这一百多围攻"白海"号的战船也随之撤退。俞通海的大队战船也赶到,浪起潮涌,"白海"号趁机启动。

常遇春高呼:"快,下湖去打捞主公。"

朱元璋身着牙将的服饰出现在船头:"常将军休要惊慌,我这不是好好的毫发无损？"

红巾军齐声欢呼，气势大振，勇猛地向汉军冲杀，双方又复激战。朱元璋的爱将张志雄被敌舰围困，身中十余箭，敌人跳过船来要活捉他，张志雄宁死不做俘虏，横刀自刎。大将丁普郎，被汉军的长枪刺中十数处，更有陈友仁抡起大刀一挥，将其头颅砍落水中，丁普郎依然直立不倒，吓得汉军向他跪拜。激战中，汉军已死伤六万多人，朱元璋一方也逾七千人战死。而且大将徐公辅、徐昶、陈弼等人也都先后牺牲。而陈友谅依仗兵多，死死咬住红巾军，不给朱元璋以喘息之机。

如此硬拼消耗下去，朱元璋难逃失败的厄运。

刘基见状献计："主公，我方兵力有限，与敌拼消耗最后我军拼光了，敌人还有数十万兵力。不能这样打下去了，还得加强火攻。"

朱元璋接受建议，命常遇春调来十条渔船，装满芦苇和火药火油。常遇春亲自乘小船指挥，不顾敌人的炮火和如雨的箭矢，一直冲入汉军船队之中。廖永忠、俞通海也带领二十条火船，杀入了陈友谅的水寨。

正值黄昏风起，汉军的战船和水寨皆冲天火起。他们的船只像没头苍蝇般乱撞，又互相引燃，湖面上几百只战船熊熊燃烧，噼啪响声震耳欲聋，映照得湖水都变成了红色。汉军死伤达十万余人，战将烧死近百，就连陈友谅的弟弟陈友仁、陈友贵也在大火中丧命。陈友谅幸赖部下死战，换乘小船才逃得性命。鄱阳湖火烧陈友谅的大战，是朱元璋登上帝位的关键之战。

陈友谅虽然损失巨大，可他并没有喘息，也不容朱元璋喘息。依仗船大兵力仍占优势的条件，次日一早又向朱元璋发起了攻击。再次激战整整一日，双方互有死伤。刘基向朱元璋建议："主公，明日不能再这样打下去了。"

"为何？"

"不能与他拼消耗。"刘基分析道，"陈友谅兵多，他远道来征，军粮不足，意在速战，而我军则不缺粮。为此，应当将汉军困在他的水寨。我们只要封住两个出口，使他不能出战，待其粮尽，必然恐慌，那时我军再与他决战，则必胜无疑。"

朱元璋采纳了刘基的困敌之计,大军移师湖口,命常遇春和廖永忠分别截住鄱阳湖口。陈友谅几次想要冲出交战,都被红巾军强弓硬弩和火器射回,无奈只能蛰伏在湖中。

转眼十几天过去,汉军已是缺粮,将军们每日两餐,士兵每日仅一餐。而陈友谅和他的家小亲信,依然是花天酒地。这日,左金吾将军饭后在船头眺望朱元璋大营,见对方军士正在饱餐,那成盆的白米饭热气腾腾。他的弟弟偏将走过来对兄长说:"我饿得已是前胸贴了后腔,实在挺不住了,与其饿死不如找条活路,今天夜晚,我带弟兄们摸过去试探一下,如果朱元璋善待我等,大哥你就带部下一万人弃暗投明。"

"千万要小心,不可走漏风声。"

入夜后,偏将领着十名亲信,驾一只小船,悄悄出了水寨,无声地接近了常遇春的水营。巡哨的快船发现了驶来的小船,上前截住问道:"莫非是汉军想要偷营劫寨吗?"

"将军,非也。"偏将回答,"我们是汉军中的士兵,因连日饥饿难忍,特来寻一餐饱饭。"

"好,你们随我来。"巡逻船将他们带给常遇春,又送到了朱元璋处。

偏将看着坐在上面的人,有些不敢相信:"尊驾真的是吴国公?"

"我就是朱元璋。"

"国公就这样平易,没有一丝架子,而且穿着也这么朴素随便,真是令人难以置信。"

"国公也是人,大家一样打仗吃一样的饭,这有什么奇怪。"朱元璋道,"已经为你们准备好了饭菜,你们尽管吃饱。而且回去告知战友,凡饥饿者皆可来我军水营进餐,保证你们的安全。"

偏将有意说:"国公,我们饱餐之后,不想再回去为陈友谅卖命了,想要回武昌家中。"

"可以,我派人送你们上岸,而且每人发给五两白银的路费,估计足够你们回到家中。"

"您所说的是真的?"

"岂有戏言?"朱元璋告知,"你们被俘的汉军有一半加入了我军,还有一半回家和亲人团聚,我们都给发放了路费。"

偏将止不住流下泪来:"国公,你们真是大度又慈善,哪像我们那边,把抓到的战俘全都杀害了。"

"这样做太残忍了。"

"国公,跟您说实话吧。我是汉军左金吾将军的胞弟,今夜前来是为试探你们对我们的态度。"偏将表明心迹,"回去后,我要向家兄说明一切,争取让他率军弃暗投明。"

"请转告令兄,投诚之后,照常让他带兵,仍为大将军,并由我方负责修建府邸。手下的弟兄不愿继续当兵的,可以发放安家费许其离开。"

"国公,这条件太优厚了,我想,家兄定会毅然投奔您。"偏将心满意足地回去了。

左金吾将军当机立断,次日夜间便率军投诚。受他的影响,右金吾将军也率部下万人投奔了朱元璋。事态严重,陈友谅为防骨牌效应,加强了对部下的控制。但无粮是致命的难点,为此他令水陆军都元帅张定边组织五百条战船,前往都昌抢粮。然而却遭到朱文正的顽强拦击,船只大部分被烧毁,只有张定边死战得脱。

陈友谅真的到了山穷水尽的地步,粮食难以为继,只能硬着头皮突围。他亲率百余艘战船,意图抢占南湖嘴,进入长江返回武昌。然而在湖口遭到朱元璋的猛烈阻击,红巾军将汉军的舰船分割包围。朱元璋站在船头不避炮火亲自指挥,敌元帅张定边此时不顾自身危险,站在高处,对准朱元璋射去一箭。在朱元璋身旁的刘基看得真切,急将他推开,那箭带着风声从朱元璋耳边飞过,真是好险。

张定边回头告知陈友谅:"万岁,看我险些要了朱元璋的小命,算他命大,侥幸得免。"

陈友谅应声探出头来:"大元帅,那朱元璋而今何在?"

"缩头乌龟,躲进船舱去了。"

"朕不像他胆小如鼠,也要出舱指挥。"

"万岁,万万不可,须防流矢伤人。"

就在陈友谅与张定边对话之际,红巾军大将郭英看准陈友谅的面门,发出重重的一箭。真是百步穿杨的神箭,陈友谅的头颅被射穿,当场死于非命。主帅一死,军心涣散,将士再也无心恋战。五万多人投降,太子也被俘。张定边用小船载着陈友谅的尸体,还有二儿子陈理,连夜逃走,回到了武昌,不久立陈理为帝。

鄱阳湖大战,历时二十六天,以朱元璋的胜利陈友谅的失败而告终。十月,朱元璋大军围困武昌,拖至次年二月,张定边和陈理粮尽援绝难以支撑,被迫投降。至此,原陈友谅汉国的所有疆土,已尽数归朱元璋。

这一日,李善长来到朱元璋的书房,将手中的一张字条递过去:"主公请看,这是市面流传的一首童谣。"

"噢,"朱元璋认真地从头看下去:

富汉莫起楼,
贫汉莫起屋。
但看羊儿年,
便是吴家国。
及早顶皇冠,
吴主坐江山。

李善长在一旁察言观色:"主公,而今已据有江淮广大地区,为顺应天心民意,早日灭掉元蛮,一统天下,是当称帝了。"

朱元璋笑了笑:"就凭这首童谣?"

"这是天意呀。"

"还不到时候。"朱元璋认真地说,"树大招风,过早称帝容易成为众矢之的,反而不利于今后的发展。"

"称帝乃百官人心所向,如不顺应时势,只怕寒了将士们的心。"李善长敦促,"主公三思。"

"好吧,为不至于令部属失望,我请宋主将我的吴国公改封为吴王。"朱元璋还是留有余地。

公元1364年(小明王龙凤十年)正月,朱元璋在应天称吴王。设置百官,建中书省。以李善长为右相国,徐达为左相国,常遇春、俞通海为平章政事,汪广洋为右司郎中,张昶为左司郎中,立长子朱标为世子。仍然沿用龙凤年号,以吴王令旨名义颁布政令。军队也重新进行了编制,取消了各翼统军元帅府,新设武德、龙骧、豹韬、飞熊、威武、神武、振武、宣武、雄武、羽林等十七卫亲军指挥司。战士一律穿红色战袄战裙,头戴阔檐红皮壮帽,背插猛烈二字小旗。此时朱元璋已拥兵数十万,因此前张士诚已称吴王,所以都称张士诚为东吴,而称朱元璋为西吴。

自从张士诚降元,就一直龟缩在浙西地区。这里向来富庶,是为鱼米之乡。张士诚也不思进取,整日里寻欢作乐,并大兴土木,建造了齐云楼、景云楼、芳惠馆等富丽堂皇的宫殿。国事尽交与其弟士信,而张士信又只信用黄敬大、蔡彦文、叶德新三人。他们贪污无能,嫉贤妒能,疏远忠正,亲近奸佞,朝纲紊乱,国事日非。

明媚的阳光照射进吴王府的书房,朱元璋虽说从小没有上过学,但他酷爱读书,故而只要稍有时间,便埋头在书房里。

刘基轻手轻脚地走进来:"主公,又在用功?"

朱元璋抬起头:"先生是无事不来。"

"主公,看看这个。"刘基也递过一张纸条。

朱元璋铺展在案上,只见又是一首童谣:

丞相做事业,
专用黄蔡叶。
一朝西风起,
东吴都干瘪。

朱元璋笑了:"先生是要我攻取东吴?"

"主公知我心也。"

"先生智谋可比当年之姜尚、孔明,甚有远见。平定陈友谅后,张士诚便首当其冲。除掉张士诚,收并了东吴土地,则江南一统也。"朱元璋佩服刘基的战略眼光,"近日我旦夕都在思考征讨东吴的战事,奈何其地大城多,如老虎吃大象,不知从哪里下口?"

"主公,张士诚好比是一棵大树,想要一口气连根铲除实属不易。何不先剪去枝杈,最后再拔其主干。"

"先生的意思是先打江淮?"

"这是第一步,"刘基显然是肯定了朱元璋的想法,"第二步,集中兵力攻打嘉杭湖。"

"那么,平江城便是张士诚这棵大树的主干,这也就是第三步了。"朱元璋的头脑中条理清晰。

"哎呀,我主吴王千岁真是了不起的军事统帅,对张士诚的战略部署,我刘基从内心里折服。"

"军师赞同,我就要付诸行动了。"

于是,朱元璋运筹已久的对东吴的进攻,便在公元1365年的阴历十月,敲响了战鼓。徐达、常遇春、冯胜统率二十万大军先下泰州,次年三月又攻克高邮,继而占兴化、宿州、邳州,整个淮东已尽为西吴所有。然后,朱元璋发出檄文,公布张士诚八条大罪,说明他代天讨伐的种种理由。

当年八月,朱元璋大军兵临湖州城下。

湖州地理位置重要,守将张天骐是张士诚的心腹爱将。如果湖州失守,等于张士诚失去一足难以站立,也会动摇他对江南的整个统治。因此,他急派谋士李伯升到达湖州协助守城。同时又派大将吕珍会同五太子,领兵六万前往增援。到达后,在湖州东旧馆构筑五寨据守,意在与西吴军作长期较量。不料,徐达用火攻破了五寨,常遇春抢占了姑嫂桥,断了湖州与平江的陆路,汤和堵塞了港河,截断了湖州与外界沟通的水路,使湖州陷于被围之中。城内的张天骐、李伯升是叫天天不应,叫地地不灵。

吴王朱元璋并没有干等湖州的捷报,为了不使张士诚从容增援湖州,他又派李文忠统兵攻打杭州,命华云龙攻打嘉兴。使张士诚顾此失彼,穷于应付。在粮尽援绝的情况下,湖州守将于十一月初六归降。受其影响,杭州、嘉兴、绍兴也相继归降,使朱元璋共得降卒十万。这样一来,张士诚就仅剩下老巢平江一座孤城了。朱元璋几次派人招降未果,遂决定以武力攻占平江。

公元 1366 年阴历十一月二十五日,西吴大军进逼平江城下。战前,朱元璋召集军事会议,商讨平江作战的方略。众人七嘴八舌,莫衷一是,而且争论不休互不服气。

朱元璋看看刘基:"军师,还是你来谈谈高见。"

刘基反问朱元璋:"主公,还有一员大将一直没有开口,您为何给忽略了?"

朱元璋恍然大悟:"您是说左相国徐达?"

"正是,"刘基进一步说,"徐大人是我朝常胜将军,勇谋兼备,攻下城池何止百座,对于如何攻打平江,他是最有发言权了。"

"徐大人,为何不开尊口?"

徐达倒也痛快:"主公,要是我打平江,只需两个字。"

"哪两个字?"

"锁城。"

朱元璋一时难以明白:"徐大人何妨细细讲来。"

"主公,由我率军先到城南鲇鱼口,康茂才带兵到尹山桥,将东吴军在城外的军队悉数赶进城中,然后便实施锁城。由我包围蔚门,常遇春将军围虎丘,郭兴围娄门,华云龙围胥门,汤和围阊门,王弼围盘门,张温围西门,康茂才围北门,耿炳文围东北方,仇成围西南方,何文辉围西北方,四面筑起长墙困之。并架起与城中佛塔一样高的木塔,可以瞰看城中全貌。再筑敌楼三层,每层备有火铳弓箭,架起襄阳大炮,以备随时轰击。"徐达缓缓道来,"这样不出三个月,张士诚便会粮尽生变,胜过强攻,也可减少我军将士伤亡。"

刘基首先表态:"果然左相国深思熟虑,这是一条绝妙的攻城方略,可收事半功倍之效。"

朱元璋也大为称赞:"既是左相国已将各将安派妥当,就依左相之见,以上诸将各带本部人马,按时进入阵地。"

众将齐声应答:"遵千岁军令。"

朱元璋对张士诚的最后一战,经过了精心准备,即将以这锁城的方式打响。

第十三章　杖毙张士诚

　　清晨的旭日，像一个橘红的火球，从东方天际冉冉升起。大地沐浴着万道霞光，吴王府的殿宇层楼在朝辉中翘起甍檐飞拱。一队队手执斧钺的礼仪武士，身上系着红绸，在议事的正殿崇德殿前肃立。时为1367年七月三十日，是为东吴王张士诚的四十七岁大寿，故而吴王府上上下下都在为祝寿而忙碌。尽管今年的祝寿很是不合时宜，平江城已处于西吴兵马的重重围困之中，但东吴王坚持要庆寿，哪个又敢不遵王旨呢？

　　在王府后宫，张士诚穿上新制的王服，顶戴崭新的王冠。在铜镜前照了又照，特意问身边的王后："怎样，看我是否像个皇帝？"

　　"王爷，都什么时候了，你还在做皇帝梦？"王后眼中含泪，"只要保得住性命，就是天大的造化了。"

　　张士诚一个巴掌抡过去："妈的，老子的大寿，你抹眼泪，这不是成心败我的兴！"

　　王后手捂火辣辣的脸："王爷，说不定朱元璋大军随时都会攻城，就别再硬撑着庆寿了。"

　　"你还敢犟嘴，"张士诚强压怒火，"正是因为朱元璋兵临城下，孤才非要庆寿不可。我来到这世上四十七年了，若不好好庆祝一番，只怕就不会再有机会这么风光地祝寿了。"

　　"王爷，现在想的应该是退路。"

　　"什么退路？"张士诚怒目圆睁，"你让我向朱和尚屈膝？我姓张的就是死也不会。"

"王爷,那城破之后如何?"

"好办,"张士诚仰望长空,"孤早已想好归宿,只要城破,便一把火烧了王宫,我们一同化为灰烬。"

王后全身一抖:"王爷,你我人过中年,便死也无妨。可是几十个世子郡主,他们豆蔻年华,有的还不谙世事,你我不在,何人照管他们?还不知朱元璋能否放过他们?"

"你以为孤会让朱元璋拿我的子女说事吗?孤不会让自己的子女丢丑。"张士诚显然已下决心,"孤要他们和我一道同升天国。"

"啊!"王后大吃一惊,"王爷,不能啊,孩子们还小,无论如何也要保他们的性命。"

"少在我面前絮絮叨叨,孤上朝去了。"张士诚说完拂袖便走,把王后给闪在了身后。

隆重的庆寿大典在银安殿前的广场举行,张士诚居中端坐,文武大臣排列两班。看得出,人们都忧心忡忡,如同丢魂失魄一样,全都心不在焉。一队武士手执刀盾舞将上来,他们边舞边唱:

> 东吴大地国泰民昌,
> 山河锦绣人间天堂。
> 五谷丰登鱼米之乡,
> 安居乐业赖我吴王。
> 猛将如云兵强马壮,
> 敌人来犯定把命丧。

传旨太监近前禀奏:"大王,我国旧臣谏议大夫李伯升求见。"

张士诚挥手令武士们退下:"他不是降了朱元璋吗?还敢回来见我?"

"大王,他是奉朱元璋之命,前来下书。"

"宣。"

李伯升上前见了旧主纳头便拜:"大王千岁千千岁。"

"而今你已是西吴臣子,为何对孤还这等大礼参拜?"

"这是我尽旧臣的一片情意。"李伯升躬身递上书信,"这是西吴王的亲笔信,请大王过目。"

张士诚接过随手丢在案上:"孤没兴趣看他朱元璋的破信,你直说吧,他意欲何为?"

"大王,眼下平江已被围十多个月,城内粮尽,城外援绝,我主体上天好生之德,不忍攻城而致百姓祸于战火。大王若能献城归顺,仍不失王侯富贵,而城可存民可安。"

"你还有脸在这儿奢谈招降,一个背叛主人的宵小,只配做食槽上的蠢猪。"张士诚传令,"来人,把他打入大牢。"

李伯升在被带走时,还回头再三呼吁:"大王,不可放过这求和求生的机会,平江难以自保啊!"

张士诚扫了一眼文武臣僚:"你们心里想什么,孤很清楚,但人要站着死,而不能跪着生。我张士诚决不能臣服于那个讨饭的和尚,胜利和失败都决定于顷刻之间。孤决定,祝寿庆典结束,组织精兵突围。"

人们事先毫无准备,张士诚随机选调了五万人马,由大将军唐杰、周仁统领,分南北两路实施突围。半个时辰后,唐、周二将在折损了一万人马,并多处带伤的情况下,败回了城中。张士诚本身对这次突围也没抱希望,他对臣子们说:"强敌兵锋难挫,突围之念只能作罢,我国兵将臣僚,必作坚守打算,我东吴,我平江,宁可战至一兵一卒,也决不投降。"

张士诚定了调子,属下也只能照办。在此后的两个月中,西吴军的多次试探性进攻,均难以奏效。这使得张士诚认为,朱元璋的攻击能力有限,平江防御固若金汤。其实,朱元璋一直没有对平江发起真正的攻势。

这期间,朱元璋派部将分别攻取太仓、昆山、崇明、嘉定、松江等地后,感到平江城内已到了无粮的境地,守军的抵御能力大为降低,遂于1367年的九月初八,从四面八方同时向平江发起了决定性的攻击。

唐杰、周仁、潘元绍等大将难以支持,纷纷投降,西吴军进展神速。但张士诚依然坚持抵抗。在城门失守后,他带精锐的王宫卫士与西吴军巷战。在看到身边人死伤殆尽时,才黯然神伤地返回了他的王宫。

王后忐忑不安地迎上来:"王爷,外面战事如何?"

"还用问,我张士诚是彻底败了。"他神色忧郁,"我们的大限到了。"

"王爷,该如何走法?"

"我们全家举火自焚。"

"王爷,留下世子和郡主们吧,"王后求情,"朱元璋如何待他们,就听天由命了。"

"孤决不能留下子孙取辱。"张士诚把一家大小总共三十余口,统统赶到了景云楼上。下面架起桌椅,浇上火油,亲手点燃。霎时,冲天火起。在一片哭喊声中,景云楼轰然倒塌。

神情恍惚的张士诚,来到另间宫室,搭上白绫,引颈自缢。牢中的李伯升被人救出,见张士诚上吊,急将他救下。幸好时间尚短,挽回了张士诚的性命。

作为俘虏,张士诚被押送到应天。朱元璋吩咐带到大殿上,和颜悦色地问:"张士诚,兵围平江,本来胜负已定,为何仍负隅顽抗?致使将士死伤,黎民涂炭,城市半毁,罪莫大焉?"

张士诚闭上双眼,一言不发。

朱元璋换了话题:"士诚,你我同起于民间,念你一代英雄,只要对我一拜,必赐你府邸,给你逐日用度,足以安度余年。"

张士诚置若罔闻。

李善长在一旁看不下去了:"张士诚,你而今是我主阶下之囚。见了我主非但不跪,面对我主问话,竟然不置一词,实该万死。"

一直缄口不语的张士诚突然开口了:"你也配在我吴王面前卖弄?算个什么东西?不过是沿街乞讨的臭和尚,不过是扫地点点油灯而已,怎如我贩卖私盐仗义疏财勇斗官府?"

"够了!"朱元璋怎能听不出这就是指桑骂槐对着他,"张士诚,你是不可救药,本王也就成全了你。来呀,拖到竺桥,乱棍打死。"

张士诚被武士架到了竺桥之上,十数根棍棒齐下,将他敲成了一堆烂肉。他三十三岁起兵,至四十七岁身死,仅仅十四年。

铲除张士诚,朱元璋在他迈向皇帝龙位的道路上,又前进了一大步。为此,他论功行赏,封李善长为宣国公,徐达为信国公,常遇春为鄂国公,其他有功将士也均有封赏。

张士诚覆亡的消息,受震动最大的是他的左丞相方国珍。事情是明摆着的,与东吴山水相连的江浙行省,眼下便是朱元璋的嘴边肉。他自然不甘坐以待毙,忙召集得力大臣商议对策。

"众卿,朱元璋差人送来通篇指责的书信,意即如不投降将发大军征讨,当如何应对?"

郎中张本仁首先出班:"主公经营浙东多年,岂能拱手让人?再说通观古往今来,降国之君哪儿有好下场。不消说,与朱元璋刀兵相见,兵来将挡,水来土掩,胜负尚未可知。"

左丞刘庸亦主战:"朱元璋江右之兵多为步骑,而我地皆为海滨,海船我方为绝对优势,届时,应力求海战。"

谋士邱楠却有不同见解:"我地虽说靠海,然城池皆在陆地,西吴军来必攻城,岂会同你拉至海中决战?一厢情愿耳。"

方国珍觉得有道理,无奈之下派人去向福建行省平章政事陈友定求援,但陈友定因双方以往有隙不肯发兵。而此时,朱元璋已派参政朱亮祖率马步舟师向方国珍辖地出兵。一路之上,势如破竹,降天台,达台州。

台州守将是方国珍的胞弟方国瑛,武艺谋略在方国珍一方均属上乘,官职也最高,为江浙行省平章政事。西吴兵到,他出城迎战,开山斧斩杀朱亮祖手下大将都指挥严德。及至与朱亮祖交手,大战一百多个回合后,方国瑛终于不敌,败回了城中。

至此,方国瑛不再出战,只是坚守,一时间,朱亮祖也没奈何。他见攻城无果,遂改用心理攻势。朱亮祖派人向城内射入大批箭书,声称十万援军即将到达,城破之后,将把全部俘获的军卒坑杀。识时务者,速速逃命。这一来城内守军人心惶惶,陆续有人逃走,先是十数人,后来上百人,以至于达到几百人集体逃离。方国瑛一见局面已难控制,兵将已走大半,情知台州已不可能再守,便于深夜将家小细软载上巨舰,从海上逃往黄岩。

朱亮祖得台州后即紧追到黄岩,方国瑛再战又失利后登上巨舰遁入远海,黄岩守将哈尔鲁则出城献降。

为了加快对方国珍的打击,朱元璋在朱亮祖捷报频传的情况下,又派左御史大夫汤和为征南将军,率军直取方国珍的老巢庆元。他和副将军吴桢渡曹娥江直逼余姚,它也是庆元的门户。

温州,是方国珍的侄儿方明善会同员外郎刘本镇守,此城亦是庆元的门户,现在西吴军便对庆元形成了南北夹击的态势。方明善不堪一击,温州即被攻克。而余姚知州李枢开门出降。方国珍知大势已去,率众上船逃往大海。汤和兵不血刃占领庆元。

随后,朱元璋派出舟师赴海上穷追方国珍。在连续不断地追击下,方国瑛及徐元帅、大将明善等纷纷投降。方国珍心灰意冷,遂遣郎中承广向汤和乞降。朱元璋为了给日后的招降留下榜样,没有斩杀方国珍,而是封其为广西行省左丞相,留住应天,优加供养,几年后,方国珍抑郁病死。

十二月的天气,凛冽的寒风刮过,朱元璋的王宫里也燃起了炭火盆,他在书房中踱步凝思,在考虑一个重大的问题。良久,他的眉头一扬,心里已作出了决定,提笔在纸上写了些什么,之后,传来廖永忠。这是一员水军大将,可以说是屡立战功。廖永忠跪拜后:"王爷千岁,唤末将有何差遣?"

朱元璋将纸张推给他:"看看这个。"

廖永忠看了几遍,一时间没有言语。

"可明白了?"

廖永忠醒过神来:"这是王爷对末将最大的信任,定当不负千岁的厚望,保证做得天衣无缝。"

"好,孤专候佳音。"

几日之后,廖永忠回到应天交旨,在大殿之上,文武群臣俱在,廖永忠悲恸道:"禀千岁,末将死罪。"

"何罪之有?"

"末将奉命去接小明王万岁,怎奈船行长江之中遭遇特大风浪,小明王所乘龙船不幸沉没。末将派人打捞未果,致使小明王万岁死难,恳请王爷责罚。"

"怎会发生这等事?尔罪莫大焉!"

"末将甘愿以死谢罪。"

刘基早已看出其中的端倪:"禀王爷,廖将军固然失职,但事出自然灾变,情有所原,万望宽恕。"

李善长等也纷纷求情,朱元璋长叹一声:"咳,小明王万岁实在是无福,原本想将万岁接到应天,好好起造一座皇宫,谁料万岁他竟仙去。"

刘基言道:"此乃天命,非人力所能挽回。"

于是,小明王这个象征天子,就彻底消亡了。朱元璋将公元1367年改元为大吴元年。

八闽大地的福建,自然是朱元璋平定江南的下一个目标。他挟击败张士诚、方国珍的余威,意在不战而取福建。派一谋士为使者,带他的亲笔信到达福建行省府城延平。

陈友定闻报,召属下文武齐集堂上,然后宣使者相见。他开言便是不屑的口吻:"是朱元璋派你来的?"

"在下是吴王使者,有吴王亲笔信呈上。"

陈友定冷笑几声:"亲笔信,一个讨饭的和尚他会写字吗?"

使者料到形势不妙:"你身为一省之督,怎可如此亵渎吴王千岁?战和与否,礼数总是要讲的。"

"哼,跟朱和尚还有何礼数可讲?只能是刀兵相见!"陈友定传令,"将他与我绑了。"

使者疾呼:"我是吴王使者,你不能对我无礼。"

"何谈无礼?"陈友定恶狠狠地,"我要杀了你。"

使者全身一抖:"你不能杀我,常言道两国交兵不斩来使。"

"今天我就要破破这个例,"陈友定吩咐,"将他斩首示众。"

使者被砍头了,陈友定命将人头上滴下的鲜血,倒入一坛"女儿红"中,给在座的文武官员每人一杯,他带头举杯饮下:"干!"

"干!"众人齐声应答。

陈友定站起:"我等治闽达二十余载,深受百姓拥戴,而今朱元璋得陇望蜀,觊觎我八闽大地,有我辈在,定不使朱和尚的阴谋得逞。有人胆敢不全力抗敌,身同此杯。"他猛地将酒杯狠摔在地,酒杯粉碎。

众人无不噤若寒蝉。

朱元璋获悉使者被杀,陈友定的气焰十分嚣张,明白不用武力不能解决问题,遂于十月二十一日,任中书平章政事胡美为征南将军,江西行省左丞何文辉为副将军,率军取道江西征讨陈友定。

西吴大军十一月渡杉关,随后攻下光泽,直逼邵武。守将李宗茂不战而降,之后建阳也被攻克。西吴后续部队广信卫指挥沐英攻破分水关,兵锋直逼崇安。朱元璋又命汤和、廖永忠率舟师从明州出发,取海路进逼福州。同时,还派朱文忠进攻重兵防守的建宁。至此,西吴大军对陈友定已形成四面合围之势。

陈友定也作出相应部署,令大将赖正孙、谢英辅领兵增援福州,自己亲率精锐镇守延平,准备与西吴军决一死战。

汤和的舟师在海上航行了十二天,抵达福州五福门。数万大军驻扎南台河口,但他并未立即攻城,而是派使者入城招降。

福州平章曲出端坐在大堂之上,傲慢地对使者说:"汝为汤和的来使,可知朱元璋的使者为我行省政事陈大人所杀,尔又来步其后尘。"

使者立刻冒汗了:"愚以为曲大人是明理之人,不会做非礼之事,且大兵压境,势如累卵,当留后路。"

曲出发出冷笑:"本平章今天就是要断了后路,以你之头来激励将士为守城而死战。"

"别,别,"使者慌了,"降与不降任凭大人,我只不过奉命传话而已,万望大人饶我性命。"

参政袁仁见状插言:"大人,两国交兵,不可坏来使性命,这样不致令对方怀恨。万一城破,家小或可保全。"

"大胆!"曲出怒气冲冲,"两军未战,先言城破,是为长敌志气灭己威风,似尔这般,焉能忠心卫闽?实为祸患,不如及早铲除。"

大将赖正孙平素与袁仁交厚,不等曲出发令,赶紧为之求情:"大人息怒,两国交战在即,岂可自伤手足?"

大将谢英辅也为之说情:"袁大人之言虽然不当,却也情有可原,大人还当宽恕才是。"

"看在两位将军金面,饶他这次,暂且寄下他的项上人头。如再稍有不忠,定杀不赦。"

袁仁只得叩拜:"谢大人不杀之恩。"

曲出命令:"将西吴使者推出去斩首。"

使者连呼:"不能啊,不能,大人饶命,大人饶命。"

不论他如何求饶,还是被砍下了头颅。

曲出发话:"将使者的人头挂上城楼,昭示给西吴军,让他们闻风丧胆。赖、谢二位将军随我出战。"

使者的人头挂上了南门,随之是闽军的挑战。汤和闻报大怒,领军与敌厮杀,赖正孙交战不过十合,被汤和刺中左臂败退下来。谢英辅接战,也被汤和的银枪刺杀坐下马,幸赖部下齐出,把他抢回捡条性命。曲出败回城中,坚守不出。

当天夜里,袁仁的管家来到西门。这里的守将是袁仁的妻弟,二人耳语一番,用箩筐将管家放下城去,到了汤和的大营。汤和闻报当即在大帐相见,管家递上袁仁的亲笔信:"大将军,我家主人愿弃暗投明。"

汤和看罢来信:"如此甚好,袁大人的官职可保高升。就依信中所约,四更时分献城。"

"老奴即刻回报主人。"管家匆匆离开。

四更梆声响起,西门悄悄打开,汤和大军一拥而入。黉夜之间,守军从梦中惊醒,大将邓益领兵拦挡。汤和一马冲来,顺势一枪,便将邓益挑落马下。赖正孙和谢英辅情知自己不是汤和的对手,哪里还敢迎战?拍马匆匆逃出城去。

气焰甚高的曲出,此刻也完全没了平章的威风,率领家小从北门仓皇逃命。只有元帝派来的金院柏帖木儿尽忠报国,他和妻妾并二女自焚。福州城遂落入汤和之手,陈友定的海滨屏障已失。

汤和决定分兵,派遣袁仁会同员外郎余善去招抚兴化,再派兵攻取福宁,而他自己则领大军向延平挺进。公元1368年正月,胡廷瑞领兵攻克了建宁,使得延平成为一座孤城。汤和兵临城下,派廖永忠领兵出战。陈友定出兵迎战,结果是七战七败,无奈只得闭门坚守。

平章府内,陈友定以酒浇愁,他已喝得半醉,儿子陈海同萧院判,还有大将刘守仁共同来见。

陈海上前劝道:"父亲,不要再喝了,醉了对身体有害。"

萧院判也劝道:"大人,我们闭门不出,这也不是长久之计,久而久之,城中粮缺,会不战自乱。"

刘守仁更是直截了当:"请大人允我带本部人马今夜出城偷袭,定叫汤和大营溃散。"

"你们,都是一派胡言。"陈友定斥责声声,"七次出击七次战败,不坚守又能如何?"

"父亲,这样只守不攻,敌军何时能退?我们这不是坐以待毙吗?"陈海建议出战,"刘将军出城夜袭,实属出敌意外,或许能够取胜,望父亲许他一战。"

萧院判又有新计:"大人,让属下带五千人马化装成吴兵,也于今夜出城,会同刘将军破敌。"

陈友定以怀疑的目光注视刘、萧二人:"你二人一再要带兵出城,我看是心存异志,想要投敌。"

"大人,这是从何说起?"刘守仁嗫嚅地说,"不让出战不出便了,何苦诬我们有二心?"

萧院判可是动怒了:"大人,末将一片赤胆忠心,却被你当成了驴肝肺,照你这样,本不想投敌的,也要被你逼得投敌。"

"哼哼哼哼!"陈友定冷笑几声,"看起来本平章没有说错,是把你的心思说中了。"

萧院判上来了倔劲:"你说投敌便投敌。"

"怎么,和本平章叫号?"陈友定传下军令,"把萧院判、刘守仁给我推出去斩首。"

萧院判不相信会真的杀他,气昂昂挺胸抬头被推了下去。而刘守仁则连声叫冤:"大人饶命,末将决无投敌之心。"

陈海急忙说情:"父亲,萧刘二将求战并无过错,眼下大战之中,用人之际,怎能自损大将?"

"照你所说,留着他们投敌,坏我延平城的防守大事?"陈友定铁了心,"杀了他们除去后患!"

陈海跪下哭求:"父亲,如此轻易杀人,会寒了将士们的心,谁还会为你卖命征战?"

陈友定颇为不耐烦:"看你絮絮叨叨,给你一个面子,将萧院判斩首,刘守仁重打八十军棍。"

少时,武士将萧院判的人头呈上,被打得下肢鲜血淋漓的刘守仁,耷拉着脑袋也被拖上来。

陈友定召来全场文武下属训道:"看看,这就是不忠的下场,谁要敢存有二心,只能是死路一条。刘守仁,你要放明白了,你的人头暂且留下,再敢有异动,便杀你满门。"

刘守仁叩头:"谢大人不杀之恩,末将决不敢有丝毫二心。"

陈海看看无言的文武官员,觉得这种高压的办法不是上策,他的心在收紧,一种不祥的预感陡然袭来。

当夜,刘守仁下属的偏将齐聚床头,看望他们被责打的主将。众人无不义愤填膺,纷纷发泄不满。偏将胡安说:"刘将军,像陈友定这样的人不值得再保了,萧院判说杀便杀,现在是人人自危。"

"咳!"刘守仁长叹一声,"我而今是命悬一线,自己丢命倒无所谓,只怕是弄不好连累你们。"

"我们何不先下手为强?"胡安已然有了打算。

"不可出此想法。"刘守仁劝阻,"城内毕竟陈友定的亲信居多,贸然行事会引火烧身。"

"那我们就等死不成?"

"现在倒是有个办法,但也需要有人担点风险。"刘守仁看着胡安,"不知贤弟可愿承担?"

"将军只管吩咐。"

"今夜你悄悄出城,找到吴军营寨,要见到汤将军,就说我们愿为内应,献出城池。"

胡安激动得差点跳起来:"将军,这样做就对了,我们献城也是陈友定逼的,只能如此。"

众人齐声叫好,无不摩拳擦掌。

刘守仁叮嘱:"一定要小心谨慎,不可被陈友定的眼线知晓,一旦走漏风声,我们全都性命休矣。"

"将军放心,南门还在我们手中,不会有任何差池。"胡安满怀信心,"就在今夜三更,末将便出城联络。"

胡安等人回到南门防地,不觉大吃一惊,只见陈友定的侄儿陈平坐在房中。他劈头便问:"你们几个偏将都不在防地,擅自离岗,该当何罪?"

胡安迟疑片刻还是说:"陈将军息怒,我们哥儿几个相约去往刘将军府中,看看他的伤势。"

"大胆,莫不是对平章大人不满?"

"不敢,毕竟是我们的上司,略尽情分而已。"

"擅离职守,敌人攻城岂不是无人指挥了?"

"故而我等是即去即回,没敢耽搁。"

陈平盯着他们看了好一阵,突然冒出一句话:"不对,你们是名为探伤,实为商议谋反。"

胡安吓得手心里冒汗:"小的们不敢,实无此事,这可是杀头的事,我们对平章大人忠心耿耿啊。"

"我谅你们也不敢,"陈平阴阳怪气地笑起来,"我伯父对尔等不放心,派我来看着你们。记住,没有我的许可,谁也不许再到刘守仁处走动。"

"末将等遵命。"

"都出去巡城,谁也不许偷懒睡觉。"言罢,陈平躺在了床上。

胡安等人到城头,大家你看我我看你,都问胡安:"这该如何是好,刘将军分派的事就泡汤不成？"

胡安想了一会儿："我看，陈友定已然对我们产生怀疑，事已至此，干脆一不做二不休，杀了陈平这个狗娘养的。"

"对，干掉他。看他那个嚣张样子，我们不下手，早晚得让他要了我们的命。"众人无不赞同。

胡安和三员偏将刀剑在手，一同步入房中。陈平被脚步声惊醒："大胆，你们不在城头巡查，没我的命令，竟敢任意返回。"

胡安等人也不言语，提着刀剑逼近陈平。直到这时，陈平才发觉情况不对，他翻身坐起："你们，你们要怎样？"

"要你的命！"胡安手中刀直插过去。同时另三把刀剑也刺向陈平的肚腹，也没容他叫唤出声，便已气绝丧命。

当夜，胡安顺利安全出城，见到了汤和，双方约定了献城的方法。五更时分，汤和大军在刘守仁接应下，进入延平城。就这样，尚有十万大军驻守的省城，转眼之间陷落。

陈友定惊闻吴军入城，情知大势已去无可挽回，便手提宝剑到了后堂，面对妻子幼子幼女和孙儿孙女狠狠心说："敌军入城，我必死无疑，也不能让你们落入敌手，受尽屈辱，莫怪我心狠，要让你们与我同上天堂。"

妻子跪地哭求："老爷，孩子们都小，他们不该这样死去，要杀你只杀妾身一人罢了。"

陈友定举剑几次也下不了手，跺跺脚扔了宝剑，走出后堂，径直到了前厅。往房架上搭好白绫，登上椅子，将头套进，然后踹倒椅子，身子便悬空打起转来。胡安领着汤和冲进前厅，见陈友定上吊，叫军士将他解下来，抬到户外。时值阴雨，不久大雨如注。陈友定吊起时间不长，被大雨一浇，渐渐苏醒过来。汤和一见，便命人将他与陈海一同押送应天。

朱元璋见了陈友定，想起使者被杀的情景，犹自怒气难平："陈友定，孤好心好意派使者招降，降与不降全在其次，你怎能对使者大开杀戒，其意是在羞辱于孤，实实难以饶恕。"

"胜王败寇，而今说什么都没用了，要杀要剐，悉听尊便。"陈友定是一副视死如归的神态。

朱元璋又问陈海:"尔父子在闽横行多年,鱼肉百姓,草菅人命,处死你们,屈也不屈?"

陈海报以冷笑:"既为阶下囚,还何论功过,焉知你百年之后不会有人对你大加挞伐?"

"孤的百年之后,你们是看不见了,而现在孤要看你们丧命。"

"朱和尚,落入你手反正有死足矣。还这么嚼舌,爷爷岂是怕死之辈。"陈友定图痛快,骂出了朱元璋最讨厌的"和尚"二字。

朱元璋可是恼上加恨:"死和死不一样,孤要为使者讨个公道,将你父子腰斩弃市。"

陈友定依旧是大骂不止,直到行刑地口中也不停。腰斩之后,尸身曝晒数天,方被装殓下葬。陈友定死后八个月,福建其他地区也逐一平定,纳入了朱元璋的辖地。紧接着,朱元璋又派兵攻取了两广,使中国南方基本已控制在自己的掌中。

第十四章　元亡大明兴

元至正二十七（公元1367）年阴历十月二十一日，是个难得的晴好天气，碧空万里无云，暖阳高悬当顶，和风徐徐吹来。应天城北门外的七里山，树木葱茏，野花争艳，满目悦人的景象。朱元璋在文武大臣的簇拥下，健步登上用圆木搭成的拜坛上。他的面前供奉着三牲祭品，明烛高烧，亲手点燃三炷香后，捧起了太史令刘基撰写的《谕中原檄》，朗声当众宣读起来。

群臣齐声称颂："吴王千岁，一统中华，驱逐元虏，光复北方。旗开得胜，马到成功。"

刘基高声唱道："拜将仪开始。"

朱元璋呼唤："徐达听令。"

"末将在。"徐达出列躬身。

"本王授你平元征北大将军之职。"朱元璋取过架上的金印，"徐大将军接过将军印。"

徐达上前接过金印，然后，跪倒叩谢："臣定当不负大王厚望，平定江北，早传捷音。"

"本王再加封常遇春为副将军，虎贲左卫副使张兴为先锋，统领大军二十五万，克日进军，首取山东。"

"臣谨遵王令。"

当日，平北大军浩荡出征。十月二十四日，大军抵达淮安，与先锋张兴会师。三人在营中计议，北上山东的门户即为沂州，沂州守将为王宣、王信父子。

徐达问道:"常将军,沂州之战当如何为之?"

常遇春本是能征善战之将:"我方兵锋正锐,自当直逼沂州,一鼓作气,战而胜之。"

张兴却说:"王宣父子谋勇兼备,不可轻敌。"

常遇春很是不以为然:"他便是三头六臂,我常遇春即为千手观音,管叫他束手就擒。"

徐达却是虚心向张兴讨教:"请张先锋细说其详。"

"王宣本是扬州人,因镇压芝麻李红巾军有功,被元廷擢升为都元帅。其子王信在攻夺徐州及沂州之战中,都立下显赫战功。这二人不只善战,且有智谋,决不可小视。"

说话间,小校送来朱元璋的一封书信。徐达不敢怠慢,立刻拆开来看。之后抖抖手中信说:"吴王千岁提醒我们,王宣父子习性反复无常,要我们不要轻信他二人的许诺。"

常遇春可是得理了:"对这种人,就是刀枪说话,把他们一刀一个杀死了事。干脆,大举进攻。"

徐达思忖一下:"这是攻打山东的第一仗,若能兵不血刃,开个好的先例,对以后的战事大有益处。何况吴王信中言道,王宣在年前曾致信给他,有降顺之意,后来又没了下文。而今我大军压境,先以书信晓以利害。这就叫先礼而后兵,如他执迷不悟,再动刀兵也不迟。"

主帅作了决定,自然就得听从。徐达写了劝降信,送到了王宣面前。王宣接信,当即派人奉表投降。信中对朱元璋极尽赞颂之意,比之尧、舜、禹、汤。朱元璋见信后,决定接受王宣父子归降,并授予王宣江淮行省平章政事,王信荣禄大夫之职,其余官将仍领旧职。遂派徐唐臣前往沂州宣布王命,同时派李侍仪密谕徐达,移兵沂州附近,提防王宣有变。

十一月初八,徐唐臣抵沂州,当面宣谕吴王令旨:"王宣、王信听令后,即将军马交付征虏大将军徐达调遣,不得有误。"

王宣接过令旨,设宴为徐唐臣接风,只字不提交兵之事。只见他举起杯来:"徐大人一路辛苦,鞍马劳顿,满饮此杯,洗去风尘。"

徐唐臣却不动箸:"王大人,令郎王信大人何以不见其面,属下军马何时移交,吴王令旨不得有违。"

"徐大人有所不知,犬子已去往莒、密二州整顿兵马,待齐集后也好向大将军交割。"王宣随之呼唤一声,"员外郎王仲刚何在?"

王仲刚应声走上:"末将听候差遣。"

"王将军,徐大将军兵马距北门不过十里之遥,今命你带猪牛羊各一百头前往犒军。并转告大将军,我方兵马一待齐备,当即出城交割。"

王仲刚应道:"末将遵令。"

王宣重新举杯:"徐大人,这该放心了。请饮这兰陵美酒吧。"

徐唐臣心中悬疑,闷闷不乐地饮酒,不觉喝得八分醉意。时已入夜,侍者扶他到后堂休息。

由于饮酒些许过量,徐唐臣躺下不久便欲呕吐。他起身到了茅厕之中,未及吐出,就见几个人到他居住的房外,堆上柴草,倒上火油,举火点燃。霎时,火势熊熊燃烧起来。转眼间,房子便已落架。

徐唐臣这一惊非同小可,酒也吓醒了。王宣假意呼人救火,整个府中乱成一团。徐唐臣趁乱逃出,幸好城门尚未关闭,他混出城去,直奔徐达大营。

徐达见徐唐臣一副狼狈样,只身一人仓皇来到,疑惑地发问:"徐大人,这是为何?"

"咳,一言难尽。"徐唐臣便将经过讲述一番,"大将军,看来王宣声称投降有诈。"

徐达听罢,觉得难怪吴王称其反复无常,看来尚需加大压力,便将军马开至沂州城下,于北门驻扎。

常遇春感到他有了用武之地:"大将军,我愿领兵攻城,誓将王宣生擒活捉,解至应天。"

但徐达摇头:"吴王行前言道,战之目的非必掠地攻城,要在削平祸乱以安生民。而今兵临城下,可以逼王宣投降。"

常遇春不以为然:"大将军,只恐是徒劳耳。"

"且做到仁至义尽。"徐达传令,"镇抚梁栋大人。"

"末将在。"

"你以现身说法,前去招抚王宣。"

"遵令。"梁栋来到北门下,对城上镇守将领常大明高呼,"请王宣大人前来说话。"

常大明报告王宣,王宣放下手中茶杯,眼珠转了转:"常将军,可请梁镇抚进城相见。"

梁栋进城来与王宣相见。王宣甚是谦恭有礼,一再让梁栋上坐,吩咐上茶,极尽殷勤。

梁栋将茶杯推至一旁:"王大人,今我大军压境,城破只在旦夕。大将军不忍黎民涂炭,派某涉险入城劝降,实为你之前程着想。"

"梁将军,想我多年追随元逆,也曾有意归顺吴王,后又反悔,如今降顺,担心吴王念及旧恶,怕我没有好下场。"

"王大人此言差矣,你这纯属多虑。"梁栋恳切地说,"在下原为张士诚义子,与吴王堪称是对头冤家,可自我归降后,吴王待我绝无二心,给我显赫官职。王大人尽可放心,吴王是胸襟如海的人。"

"听梁将军之言,使我茅塞顿开。即请将军回复大将军,王某明日当整军乞降献城以归。"

"好,那就一言为定。"梁栋追问,"明日什么时辰?"

王宣想了一下:"就以午时为限。"

梁栋出城向徐达交令:"单等明日午时进城受降便了。"

张兴看不出高兴:"但愿到时王宣不要再变卦。"

常遇春胸有成竹:"他若耍滑,到时打他个龟儿子便是。"

徐达依然抱有期盼:"如能兵不血刃,实为上策。"

第二天午时,说到就到了。可是沂州城内毫无动静,梁栋可是坐不住了,他打马上前,对城上大喊:"王宣王大人,午时已到,为何不开城门投降?"

常大明在城头答道:"梁将军再请稍候,王大人的公子王信将军去密州尚未归来,估计今晚可以抵达。"

常遇春在一旁极力主战:"大将军,王宣这分明是在拖延时间,他是在等王信搬取救兵。"

徐达也看出了这一步棋,而且对王宣的出尔反尔也已失去耐心:"好,常将军,张先锋,各率两万大军,同时攻打南北两门。"

常遇春早就憋着一股劲了,与张兴一起立即发起了猛攻。王宣部下哪里见过这种阵势,稍一接触,便露出败象。儿子的救兵迟迟不来,王宣料定抵抗只是死路一条,赶忙跑上城头,亲自挥舞白旗,高声疾呼:"徐大将军,我王宣情愿缴械投降。"

王宣在被逼无奈的情况下,只得向吴军投降。徐达召见王宣,严加训斥后指出:"令郎王信分明是去莒、密二州搬兵,而今你们大势已去,不可再冥顽不化,立即修书给王信,要他率军归顺,仍可给予官职。"

王宣不敢反对,立即遵照徐达之意给儿子修书。但他与王信事先有个约定,在信的背面画了一个圈,这是暗示不要投降的暗记。徐达接过书信,交与梁栋:"梁将军,劝降王信的差事,还是交给你办。王宣在我们手中,谅王信也不敢将你怎样。若王信归降,这山东首战,你便是大功一件。"

"末将遵令。"梁栋带着书信乘马向密州驰骋。

不料,他刚行出十里路程,便与王信的大军相遇。

王信业已搬来五万大军,听说父亲已然归降,深恨自己来迟。见了梁栋,他是一副居高临下的样子:"你来做甚?"

"王将军,现有令尊的亲笔信。他已归顺吴王,你也要识时务,即刻率军投降,仍不失荣华富贵。"

王信接信看过,再翻转来,见到背面的黑圈,立时冷笑一声:"姓梁的,你这是牛羊走入屠户家,自己前来寻死路,逼迫家父为阶下囚,我岂能容你?来呀,与我拿下。"

梁栋毫不胆怯,郑重警告道:"王信,你不要胡来,须知你的父亲王宣在吴军手中。"

"在便怎样?这也救不了你的命。"王信传令,"杀了这厮,将他的人头号令三军。"

徐达获悉梁栋被杀,不禁勃然大怒,吩咐一声:"将王宣绑来见我。"

被五花大绑的王宣,脖子梗梗着透出不服气:"大将军,我乃降将,本有功之人,为何绑我?"

"你与逆子串通,毁我大将性命。休说绑你,我还要你给梁将军偿命。"

"大将军,说我与儿串通,有何凭证?"

"你在信中做了手脚,逆子王信杀我信使,你本人也三番两次朝秦暮楚,反复无常,杀你还是便宜的。"徐达发话,"将王宣拉出帐外,乱棒杖杀。"

行刑军士哪管王宣喊叫,一顿棒下,王宣顷刻毙命。常遇春率大军直击王信五万元军,一个交手,王信即溃不成军,身边剩下不足一千人马,和弟弟一起逃往山西去了。

沂州一战得胜,吴军士气大振,元军守将皆成惊弓之鸟,大多望风而降,少数几个抵抗的,也是非死即俘。数月之间,山东全省尽归吴王所有。

铜炉内炭火红红,宫室里热气熏熏,香茶在楠木案上升腾着袅袅雾气,捷报堆满了面前的锦匣,还有数十道劝进的表章。朱元璋顾不得口渴饮茶,他被这一个个接连不断的胜利消息所陶醉,也为臣下们劝他当皇帝的真情所打动。地盘不断地扩大,大半个中国已属他吴王,统一中华君临天下已是指日可待。他也感到作为吴王已不能适应这飞速发展的局面了,和刘邦一样面南称帝的时机已成熟了。

刘基轻手轻脚地进来,小心翼翼地走到案前:"吴王千岁,臣奉召来见,不知有何旨意?"

朱元璋对刘基一向是看重的,对他天文地理数算的学问尤为佩服,开口便问:"刘爱卿,近日的天气如何?"

刘基一怔,摸不清主人的心思,但他如实回奏:"禀千岁,今日是初一,据微臣测算,直到初五,皆为晴好天气。"

"没有阴天和风雪?"

"应该是没有。"

"好,"朱元璋叮嘱一句,"不要再和任何人提起。"

刘基不明就里,但他赶紧应承:"臣记下了。"

正月初一是大朝,文武百官齐聚朝堂。以丞相李善长为首,十几名大臣同时启奏,要求朱元璋顺应天心民意,去吴王号称帝。

在听过约二十名大臣的劝进后,朱元璋终于开口了:"众卿既上表章又行殿奏,要孤称帝。孤若坚辞恐冷了百官之心,唯帝赐英贤为臣之辅,遂堪定群雄,息民于田野,今地周回二万里广。诸臣下皆曰生民无主,必欲推遵帝号,孤不敢辞,亦不敢不告上帝皇天,当于正月初四日于钟山之阳,设坛备仪,昭告天地,如孤可为生民主,则告祭之日,天朗气清。如孤不可,则当日烈风异景,伏唯天命。"

朱元璋这番话,把他是否做皇帝,完全归于天意。其实他对刘基是深信不疑的,是怀着极大的把握作出这样承诺的。

正如刘基所料,初四当日,天气晴和,万里无云,连个风丝都没有。也就是说,上天是佑护朱元璋做皇帝的。登基大典隆重举行,朱元璋这个放牛娃,曾经乞讨的僧人,而今接受群臣的朝拜,在三呼万岁声中做了皇帝。他与刘基早已议好,立国号为大明,改元洪武,1368年即为洪武元年;马氏秀英为皇后,世子朱标为太子;仍以李善长、徐达为左右丞相,刘基为御史中丞太史令;登基的大殿称奉天殿;其他文武臣僚均有封赏。

在即位当日,朱元璋便向徐达发出圣旨,决定加派汤和领五万大军自湖北向河南推进,配合徐达决战河南,然后直捣大都,早日消灭元虏政权。

缠绵的雨丝,像扯不断的愁丝无尽无休,元顺帝在大都的皇宫里,眼望着檐前滴水,心中像是倒海翻江。宫外传来的消息,几乎件件令他忧烦。大明的军队在他的辖区如入无人之境,眼看着山东全部落入了明军之手。本来他是有实力抵御明军的,一个月前他就传下圣旨,要太傅、中书左丞相扩廓贴木儿率所部十万精兵,前往山东东昌阻击明军。可是,这个他寄予厚望的扩廓贴木儿,竟然按兵不动,致使常遇春顺利攻下东昌,山东全境落入吴军之手。

元顺帝气得肺都要炸了,然而正当用人之际,他也不好发作;而且明军就要兵犯河南,顺帝明白河南不能再丢了,地处中原的河南如果失守,大都便没了屏障。为此他忍气吞声,对他的左丞相丝毫没有责备,又发了一道圣旨,要扩廓贴木儿带兵急赴开封,保住河南不被明军占领。

可是半个月过去了,依然没有扩廓贴木儿大军到达开封的消息。为此,元顺帝今晨派太子爱遒识里达去了解情况,现在已是下午了,太子还没有回报,他显得异常烦躁不安。

太子总算返回皇宫了,他已被雨淋得像只落汤鸡,进得宫门顾不得擦去脸上的雨水,捶胸顿足地哭诉:"父皇,扩廓贴木儿仍然是按兵不动啊!"

"他,他竟然这样不听调遣,这又与反叛何异?"元顺帝万万没想到,手下的大臣会如此藐视他的权威。

"父皇,你不能再无动于衷了。"

"咳,朕不想放过他又能如何?他重兵在握,朕也奈何不得他呀。"

"父皇,您可以撤他的职,让他成为一个白丁。"

"而今朕的圣旨,还不是一纸空文?你撤职他也不听,还不是照常统领他的十万大军?"

"那也不能便宜他。"

"如今是用人之际,明军来势汹汹,山东业已落入敌手,河南如果不保,朕的皇位危矣。"

"越是危急之时,越要维系皇权,若是群臣纷纷效仿,父皇的话全当耳旁风,那还不大厦倾覆在即。"

"这样吧,"元顺帝无奈之下作出选择,"朕传旨免去扩廓贴木儿太傅左丞相的职务,只保留他河南王的封爵,而由我儿总制天下兵马。"

"谢父皇重用。"太子有几分得意,"其实早该如此,打仗亲兄弟,上阵父子兵嘛。"

"但愿那些统兵将帅能够听从你的调遣。"元顺帝忧心忡忡。

太子立即对兵马重新做了分派,扩廓贴木儿的前军改由他的弟弟脱因贴木儿统领,后军由白索珠统领,左军由中书平章李克彝统领,右军由和尔齐统领,这样扩廓贴木儿仅剩中军五万人马,实力大为削弱。他遂领五万人马,退守山西泽州以求自保。

明军徐达、常遇春据有山东后,便移师杀奔河南。太子调兵无力,元顺帝亲自颁诏,要陕西行省左丞相图鲁总统军马,李思齐、张良弼等为副,出兵河南抵御明军,但李思齐等拥兵自保,均不奉命。

眼看河南形势危在旦夕,太常使陈祖仁等上书元顺帝,请求重新起用扩廓贴木儿。顺帝无奈,降旨加封扩廓贴木儿为都元帅,归还原领人马,并将关保五万人马归他节制。而太子对此大为不满,他担心一旦扩廓贴木儿兵权在手,会对自己进行报复,便密召关保,要其在合兵时偷袭扩廓贴木儿,然后十五万大军统由他指挥。

关保受命之后,自有他的打算。他趁扩廓贴木儿受职都元帅后,其守地泽州空虚,带兵攻进泽州,并顺势打下潞州,使得扩廓贴木儿失去了老巢。扩廓贴木儿闻报大怒,在太原城大开杀戒,将朝廷封下的所有官吏残杀殆尽,据有太原后,根本不向河南出兵。

朱元璋抓住元军内讧的大好时机,加紧调度兵力。命康茂才北上,会同大将邓愈进攻南阳,与徐达形成南北合击之势。同时派汤和的舟师自郓城溯黄河而上,直趋汴梁东北的门户陈桥,水陆同时对陈桥摆出了进攻的态势。

陈桥守将左君弼见明军大兵压境,哪里还有抵抗的勇气,接到徐达的劝降书信,立即开城投降。而远在汴梁的中书平章政事李克彝,则将城中金银装满一百辆大车,早早退往府城洛阳,将汴梁拱手让于明军。

徐达兵不血刃占领汴梁,交部将陈德守城,自带大军追击李克彝,经由虎牢关直逼洛阳。元军毕竟还有忠勇之将,元将詹同和脱因贴木儿,在塔儿弯列开阵势,五万大军在洛水之北十五里分为三层阻击明军。双方对阵之后,詹同发二十骑持槊向明营冲杀过来,意图在声势上压倒明军。

徐达见状,也欲以二十骑对战。常遇春摘下弓箭:"大将军何需许多人马,看我单人独骑胜他。"一箭射出,元军首骑先锋应声倒地。常遇春大吼一声,执枪冲杀过去,在元军阵中左冲右突,但见三四骑敌人先后落马。

徐达乘着常遇春得势,将令旗一挥,一万精骑呼啸跟进。时值南风骤发,烟尘蔽空,明军呼声震天动地,恰似惊雷滚过。元军阵脚大乱,脱因贴木儿哪里还能节制部下,被席卷着败下阵去。路上收拾残兵不足一万人马,逃往陕州去了,而李克彝慌张之下则窜至陕西行省。

徐达驱兵抵达洛阳城北,对洛阳形成了进攻的态势。慑于明军的气势,元河南行省平章梁王阿鲁温亲自打开城门,向徐达投降。在他的带动下,嵩州元将李知院,孟县守将参政李成,以及福昌、钧州、许州、汝州、郏县等相继归降。徐达并不满足已有的胜利,遣同知冯胜会同康茂才两路大军进攻陕州。脱因贴木儿闻风而逃,冯胜紧追不舍进逼潼关。

元军守将李思奇守着天险却不敢接战,弃城而逃,冯胜遂于四月二十七日占领潼关。

朱元璋接到捷报,欣喜异常。传旨下去,要亲临前线指挥对元朝廷的最后战斗。他在路上行走二十七天,于五月二十二日到达汴梁。当即改其名称为开封,并以阳宪为省督,何文辉为河南指挥使,同时召开军事会议,商讨如何攻取元顺帝的老巢大都。

他先问徐达:"大将军,今取大都,计将安出?"

徐达早有成竹在胸:"万岁,臣自平齐鲁下河南,即已着眼对大都的攻占。今潼关已在我手,李思奇西窜,元将只有王保保尚有实力与我军对垒,然亦不足为虑,臣想下大都只在两月之间。"

"卿所言极是,但亦不可轻敌。大都城外平旷利于骑战,而元军素以马军为主,不可无备。应以精兵为先锋,大将军督师于其后,由邺趋赵,转临清而北,多备山东米粟,围大都三门而放其一,彼外援断绝,城中缺粮,元帝内溃自生,必弃城出逃,则大局定矣。"

"万岁,留一门促元帝出逃,然其遁入大漠,则如鱼之入水,当留下无穷后患,臣意派一支精骑穷追不舍,务将其生擒或击毙,以绝后患。"

"元帝以马军为胜,其战力颇强。有道是穷寇莫追,如穷追则彼必死战,即便我胜也要付出较大代价。其窜至漠北,已属残余,不足为虑。下大都后,当攻云中、太原及关陇,全力扫平内地,而元帝只需防其扰边塞矣。"

"臣谨遵圣命。"徐达这才明了皇上的部署,难怪他要亲临前线。

朱元璋在开封，为取得攻元的最后胜利，传旨令浙江、江西及苏州等九府赶运粮食三百石到开封，以确保北攻大都的粮食供应。一切部署完毕，圣驾即将回返南京。徐达也将要发兵，七月二十四日，朱元璋回南京前夕，再次召见徐达，殷殷告诫："大将军，元运将终，君有罪民无辜，当严饬部下，破城时万毋妄加杀戮焚掠。必使市不易肆，民安其生，上答天心，下慰人望。有违者，罪无赦。"

"臣遵旨。"徐达与皇帝拜别。

七月三十日，北伐元都的战役正式开始。徐达逐一发布将令，命右丞薛显，参政傅友德，左丞赵庸，平章曹良臣、俞通源、都督副使顾时，右丞梅思祖各领兵马一万准备北渡黄河。同时传令都督同知张兴祖、平章韩政、指挥使高显等，统领所辖益都、徐州、济宁的部队，也即时北上，与大军在临清会师。明军渡河后，接连攻占卫辉、彰德、磁州、邯郸、广平，真个是所向披靡势如破竹，各路军马会聚于临清。徐达又与常遇春在德州会师。

至此，已有三十万大军，对元大都形成了进攻的态势。

处于风雨飘摇中的元朝廷，依然是政令不通指挥不灵。将领们虽说是表面上还奉元顺帝为君，但没有一个人听从元顺帝的旨意。败走凤翔的李思奇与关保等合兵，拥甲十万之众，仍然打着元顺帝的旗号，征讨晋宁的扩廓贴木儿，意欲将他的兵马吞并过来，扩大自己的实力。岂料扩廓贴木儿避实就虚，不与关保正面交手，而是乘夜偷袭其大本营，关保兵败被擒，李思奇也只有退兵。扩廓贴木儿上表元顺帝，指责关保擅自动兵意在谋叛，请求严厉惩处关保。元顺帝现下已无所依靠，借机恢复了扩廓贴木儿的官职，并准其将关保斩杀，但降旨要他带兵护驾，移兵至通州抵御明军。

扩廓贴木儿将关保依旨斩首，但他并不肯为元顺帝卖命，在山西晋宁按兵不动，以观胜败。同样，李思奇也不愿以自己仅有的实力去与明军硬碰，也在凤翔按兵不动。这样一来，就给徐达一个有利的局面。明军二十日进取长芦，继而兵趋清州，再向直沽，元丞相伊苏望风而逃，元朝上下大为震动。明军进逼河西务，一举击败守城元军，生擒将校三百余人。又乘胜追击,于七月二十五日兵临大都外围重镇通州,在城下安营扎寨。

元顺帝已然慌神,急忙升殿召开御前会议。文武大臣七嘴八舌莫衷一是,有人要降有人主战。知枢密院布延帖木儿挺身而出:"万岁不必惊慌,明军也非铁打,也是人生父母养,待微臣领十万精兵,前往通州迎敌,定将明军打败。"

"爱卿忠勇可嘉,朕先赏黄金千两,胜后还会厚加封赏。"元顺帝为保皇位已是不惜一切。

"万岁,臣料能够阻止明军的进攻势头,但要想击退明军,还需万岁再调遣几支人马。"

"京城之内,所有人马随卿调动。"

"万岁,速派得力大臣,分别前往扩廓帖木儿和李思奇处,要他们两支军马急速赴京救援。到时对明军形成三面夹击之势,何愁明军不败。"

元顺帝对于调兵没有底气:"好吧,卿且去前线迎敌,朕即派重臣为钦差,催促两路人马驰援。"

布延帖木儿在京城点齐十万人马,怀忠勇之心杀往通州前线。明军大将郭英亲率两万人马与之交战。双方大战一个时辰,明军不敌,向南溃逃。

布延帖木儿大喜,将令旗一挥:"明军大败,我军士气正盛,全力追击,扩大战果。"

元军首尝胜果,紧咬着明军猛追下去。追出约五里路远近,突然道路两侧连天炮响,百十面旗帜竖起,东侧汤和,西侧常遇春,各引五万伏兵齐出。而败逃的郭英则会合了徐达的五万大军,调转头来痛击元军。遭遇埋伏的元军,顿时阵脚大乱,哪里还能抵抗,纷纷抱头鼠窜,落荒而逃。明军肆意追杀,直杀得尸横遍野,甲仗辎重兵器到处遗弃,死伤有数万人。布延帖木儿逃回大都,收拢的败兵仅有一万多人,余下尽已逃散。

布延帖木儿败得这样快,败得这样惨,是元顺帝与满朝文武始料不及的。整个朝野大为震动,人们完全失去了信心。当夜,元顺帝在清宁殿召集御前会议,商讨局势和对策。绝大多数臣僚已是吓破胆,主张向明军投降。

元顺帝不肯:"想我大元建朝已历百年,疆土广大,受命于天,岂能向一放牛小子称臣,这是万万不可的。"

左丞相失烈门见状言道:"万岁所论极是,堂堂大元,岂能降为阶下囚?想我大都,城高池深,且城内粮草颇丰,足可坚持数月。待各路勤王兵到,明军粮草难以为继,其必败无疑。"

知枢密院事黑厮也是主战派:"我军虽败,然城内尚有人马十数万,足可守城,以待援兵。"

布延帖木儿依然反对投降:"万岁,微臣轻敌中伏致遭败绩,然臣愿统兵守城,可保三月内城池不失。二钦差已是出京,料援军月内可至。届时内外夹击明军,我军定可转败为胜。"

元顺帝长叹一声:"说什么援军月内可至,扩廓贴木儿与李思奇若早听朕的旨意,怎会有今日的糟糕局面?朕料他二人十之有九不会奉旨,只是自保而已。朕不能留在城中,坐等当徐达的俘虏。后宫更不能受明军之辱,朕要及早离开大都,保住大元这面旗帜,也好东山再起。"

"万岁,不能啊。"失烈门以头触地,啼血劝谏,"万岁坚守,大元犹存,万岁逃离,人心即失,大都不能丢呀!"

"是啊,大都不能轻易为明军所占。"元顺帝降旨,"着淮王帖木儿不花监国,庆同为左丞相,同守京师大都。"言罢,再也不听群臣的奏谏,万分留恋地看看清宁殿,掩面下殿去了。

夜半时分,元顺帝将后宫主要的嫔妃,及贵重金宝等装上百余车,拉上百余人,连夜出宫出城,离大都直趋漠北。淮王等人目送御驾去远,一个个无不摇头叹息,都明白前程就像这无边的黑夜一样,看不出路在何方。而有的人,在天明之前即已提前逃走。眼看离城的人越来越多,淮王不得不下令关闭大都所有城门。

八月初二,徐达大军兵临大都城下。当即派人送进劝降信,淮王自料大都尚可坚守数月,将送信的明军脊杖二十打出城去。徐达见招降无望,便于次日向大都的齐化门发起了攻击。

宽宽的护城河,首先是攻城的最大障碍。明军人众,徐达下令,每人背一袋沙土,倾入护城河中,两个时辰之后,护城河即被填满。明军呼叫着扑向城墙,竖起几百架云梯,争先恐后向城上爬去。

元军早无斗志,不待明军接近城头,即已弃城而逃。淮王与庆同都在城头督战,但二人管不了偌大的战线。眼前的兵士死战,远处的早已逃生。明军源源攻上城头,常遇春跳上来挺枪刺向淮王,只听噗的一声响,淮王被扎个透心凉。而那边汤和手起刀落,庆同的人头也已滚落在地。主帅一死,士卒们顿作鸟兽散,大都转眼之间落于明军之手。

徐达率先进入宫中,俘获大元王子六人,还缴获了玉玺、金印、图籍、宝物无数。徐达下令将宫女赶入大殿中集中看管,并将所有府库加封,又部署对大都的防御,以免元军残余反扑。安排好一切,具表派快马去南京向洪武帝报捷。

至此,盛极一时的元帝国,宣告寿终正寝。一代新的大明王朝,在放牛郎出身的朱元璋手中,于中华大地上崛起。

第十五章　封侯颁铁券

公元1370年(明洪武三年)阴历十一月十一日,阳光明媚,和风轻吹,应天城像是一个小阳春的天气。奉天殿显得格外肃穆庄严,文武大臣恭列在两厢。朱元璋在皇子与众亲王的陪伴下,兴致盎然地登上金殿。他满面春风面南端坐。在场者齐刷刷跪倒,同声高呼:"吾皇万岁万岁万万岁!"

朱元璋微微欠欠上身:"众卿平身。"

"谢万岁。"

朱元璋用亲切的目光环视全场,朗朗说道:"众位爱卿,我大明立朝业已三年,眼下全国基本平定,朕要仿效先古帝王的礼典,对功臣进行封赏。朕与各位出生入死,无论是文臣还是武将,俱皆立下了数不清的汗马功劳。每个人身上有几处刀枪之伤,朕都一清二楚。故今日的封赏,是朕经过深思熟虑的。文官之功,首推李善长,他好比朕之萧何,供给军队粮草,留守根据地,朕甫一起兵,即与朕形影不离,虽未直接上阵冲杀,然功劳当属第一,故朕封他韩国公、中书左丞相、银青荣禄大夫,岁禄四千石,众卿可有不服者?"

文武群臣谁敢说皇上有错?同声唱和:"万岁英明,臣等折服。"

李善长感激涕零:"臣叩谢天恩。"

"莫急。"朱元璋和颜悦色,"还有一件重要的东西,这关系到功臣的生死,至为重要。"

群臣无不注目而视,看看皇上有何新鲜物件。少时,太监已将一部铁券递给朱元璋。这部铁册书本大小,半寸薄厚,类似瓦片。上面篆刻着功臣的姓名、功劳以及免死的次数。除谋逆不赦外,其他罪过本人可免死两次,其子可免死一次。分为七等,王一等,公二等,侯三等,伯四等,其子孙世世代代承袭。

朱元璋笑容满面:"李爱卿,接过这铁券吧。当年宋朝皇帝曾颁发过丹书铁券,可他是名不副实,不起作用。朕这铁券可是实打实,交你一册,朕内府留一册为质,日后如犯死罪可免。"

李善长极为虔诚地接过,顶在头上:"万岁隆恩,天高地厚,微臣肝脑涂地,也不能报圣恩于万一。"

"李爱卿请起。"朱元璋的目光,又停留在徐达身上,"若论满朝武将,功劳当属徐达第一。"

徐达赶紧跪倒:"臣不敢当。"

"徐爱卿的丰功伟绩,朕不细说想来也是尽人皆知,朕封徐达魏国公,领右丞相,岁禄三千石,授免死铁券。"

"臣谢主隆恩。"徐达将铁券顶在冠上。

"朕再封李文忠为曹国公,邓愈为卫国公,冯胜为宋国公。"朱元璋停顿一下,"勇冠三军屡立奇功的常遇春已然仙去,但他的功劳不能埋没,朕加封他的儿子常茂为郑国公,众卿以为如何?"

"万岁圣明!"

朱元璋把目光停留在汤和身上,意味深长地叫了一声:"汤将军,朕的同村老乡少时一同玩耍的伙伴。"

"万岁,过去之事不提也罢。"

"过去的事更不能忘。"

"难得圣上有情有义。"汤和想,这第七个国公应该是他了,若论功劳,他虽不及徐达、常遇春,但比起邓愈、李文忠是毫不逊色。

朱元璋的话,令汤和大吃一惊:"汤和,你可知罪?"

汤和一下子如坠五里雾中,这大封功臣的日子,皇上怎么说起这话:"万岁,臣愚钝不知。"

"朕说过去的事不能忘,怎么你就真的忘了。"朱元璋脸色严肃起来,"你不是声称,你镇守常州就像坐在屋脊顶上,想往左边倒就往左边倒,想往右边倒就往右边倒,谁能把你怎样?你可说过此话,朕可是凭空编造?"

汤和一下子蒙了,那是因为时值端午佳节,汤和要求朱元璋准许他的部队解除禁酒令,过节了让全军开怀畅饮一场。可朱元璋认为战事在即,说不定敌军会来进攻,不许全军饮酒,而特许他一人饮酒一斤。汤和认为是朱元璋不给面子,心中闷闷不乐,自己喝了三斤,直喝得酩酊大醉。在酒醉后才说出这番话来。事后他也惊出了一身冷汗,很怕朱元璋治罪,因而勇猛作战,攻占无锡、江阴,朱元璋对他进行了嘉奖。他以为这事早已过去,没想到事过许多年,今日在大封功臣时旧事重提,他张口结舌,不知该如何回答。

朱元璋厉声追问:"朕在问你,可说过此话?"

汤和嗫嚅地:"臣,是曾讲过。"

"那么朕来问你,是向左边倒,还是向右边倒?"

"臣,那是酒后失言。"汤和赶紧叩头,"臣罪该万死。"

"你确实当死。"朱元璋声色俱厉,"对待违犯禁酒令之人,朕是如何对付的,你该有所耳闻。"

"其实,喝点酒并不影响打胜仗。"汤和说出了他的心里话。

"大胆汤和,你至今仍不悔悟,还在坚持错误,难道就真的不怕死吗?"朱元璋怒了,"想一想胡大海之子胡三舍的下场。"

这句话可把汤和吓得失魂落魄,在场的文武大臣都认为汤和的命保不住了。因为这件事人们的印象太深刻了,体现了朱元璋治军是何等严厉——

那是大将胡大海领兵围攻绍兴时,他的儿子胡三舍正在攻打金华。朱元璋刚刚在军中下达了禁酒令,而胡三舍等三人却在阵前违禁饮酒。三人被押解到朱元璋面前,朱元璋毫不犹豫下令斩首。身旁的都事王恺劝他,胡大海统领重兵正在绍兴前线作战,杀他的儿子须防生变。可朱元璋却说:"宁可胡大海反了,也不能坏我的号令。"可是他再三下令,却谁也不肯执行,都担心激出变故。朱元璋见状急了,抽出刀来,亲手将这三人逐一杀死。这件事震动了全军,以后再无人敢犯酒禁。

今日朱元璋提起这个话头,不禁让人们对汤和的性命担忧。

汤和当然不甘丧命,他低声但却理直气壮地辩解:"臣并未违犯禁酒令,是万岁特许的。"

"朕许你不假,但许你喝一斤,你却喝了三斤,直喝得烂醉如泥。"朱元璋怒问,"难道这不是抗旨吗?"

"臣有罪,万岁治罪臣死而无怨。"汤和又辩解道,"臣那番无状之言,乃臣酒后失性,乞请万岁饶恕。"

"朕若是怪罪你,你还能活到今天?"朱元璋的口气缓和了,"朕念及乡情,看在你有功的份儿上,也不相信你会背朕反叛,故而才留下你的性命。"

"臣谢万岁不杀之恩。"

"朕不封你国公可有怨恨?"

"臣不敢讨封,万岁不杀已是皇恩浩荡。"

"朕向来赏罚分明,不封你为公,还要封你为侯。"朱元璋郑重宣布,"汤和功勋卓著,因其嗜酒好杀不由法度,封其为中山侯。并有金书铁券,本人免死一次,岁禄两千石。"

汤和连连叩头:"臣谢万岁隆恩。"

"汤和之例,说明朕对群臣功过在心。再如廖永忠,其功不在汤和之下。鄱阳大战时,奋勇忘躯,与敌舟相拒,乃朕亲眼所见。然其使属下儒士窥朕意向,以邀封爵,乃投机钻营者,朕不予封公,只予封侯。赵庸亦有大功,然私蓄奴婢,废坏国法。郭兴建有殊勋,但其不奉将令,不守军纪。此二人均不得封公,当为日后诸臣所戒。"

"万岁圣明,臣等谨记。"众文武百官明白,这次的封赏是由皇上一人一手所定,而皇上是把多少年的功过皆烂熟于心。作为臣子,必须时刻留心,不能稍有放纵和违规。

接着,朱元璋宣布了封侯的名单。除汤和外,他们是:延安侯唐胜宗,吉安侯陆仲亨,江夏侯周德兴,淮安侯毕云龙,济宁侯顾时,长兴侯耿炳文,临江侯陈德,巩昌侯郭兴,六安侯王志,荥阳侯郑遇春,平凉侯费聚,江陵侯吴良,靖海侯吴祯,南雄侯赵庸,德庆侯廖永忠,南安侯俞通海,广德侯华高,营阳侯杨景,蕲春侯康铎,永嘉侯朱亮祖,颍川侯傅友德,豫章侯胡美,东平侯韩政,宜春侯黄彬,宜宁侯曹永臣,汝南侯梅思祖,河南侯陆聚。

名单念罢,所有人都感到明显遗漏了一个人。这是无论如何都该封侯的人,甚至可以封公,那就是太史令刘基。他对于朱元璋,好比是汉之张良,其功无人可比,堪称朱元璋的膀臂。大家互相交换了一下眼神,虽未明言,但都明白彼此的含意和心情。

朱元璋开口了:"众卿,看尔等诧异的神情,朕已明白是有人当封未封。你们想到的是刘基。"

文武百官齐声:"万岁圣明。"

"刘基刘先生,为了大明殚精竭虑,功高盖世,朕怎能忘记呢?但朕已深知刘先生的心,他是不愿做高官的,朕即使不加封,他也决不会怪罪。但朕又不愿让他离去,还要他享受国家的俸禄。故而,朕封他为诚意伯,岁禄二百四十石,亦颁给金书铁券。"

刘基跪倒叩头:"臣谢主隆恩。"

朱元璋故意问道:"刘爱卿,你未能封公侯,该不会对朕心存怨恨吧?"

"万岁对臣有知遇之恩,臣得以常侍万岁左右,即为天大的福分。得以封伯,此生足矣。"

"朕自信对先生知之甚明,看来并非虚妄。"朱元璋问,"朕之加封,可还有不平之处?"

"万岁,臣有一事奏闻。"李善长出班。

"李大人有话只管奏来。"

"万岁大封功臣,还有一人多年来勤劳王事,兢兢业业,累积有功,亦当加封官职。"

朱元璋颇感兴趣地问:"噢,是哪位臣子?可不要埋没了有功之人。"

"太常寺卿胡惟庸。"

"朕想起来了。"朱元璋和颜悦色,"胡大人是早年即跟随朕的淮西同乡,为人精明干练,确是难得的人才。李大人,意欲擢升他何职?"

"臣意可令他出任参知政事。"

朱元璋想了想,扭头征询刘基的意见:"刘先生看人最为精准,依你看韩国公意见如何?"

刘基如若反对,便是开罪了两个人,但他又不是顺情说好话的人,便斟酌着言道:"万岁,臣对胡大人所知甚少,不便置评。而韩国公乃当朝宰辅,自有识人之见,想来所荐不差。只是日后万岁用人,或国公荐人,还当以才德为是,莫要论及同乡与否。"

"刘先生之言切中要害,完全是以国家为念。朕与韩国公俱应引以为戒,要任人唯贤。"

"臣记下了。"李善长赶紧应声。

"那就升胡惟庸参知政事一职。"

胡惟庸出班跪倒:"臣叩谢万岁,万万岁!"

朝散了,应该得到封赏的如愿以偿,自然也有不满和失望的人。今天最为风光得意的当属李善长。他回到府中,妻子儿女围在身前身后,大家免不了议论一番。

他的儿子李祺掩饰不住喜悦之情:"父亲,这一下我们李家可真是一人之下,万人之上了。"

李善长瞪他一眼:"切莫得意忘形,须知福兮祸所伏,祸兮福所倚,伴君如伴虎,福祸本无常。"

"父亲,您这是过于小心了。"李祺完全不以为然,"想想在朝堂上,刘基与父亲同为谋臣,您封公他只封伯,差了整整两等。再说岁禄,您是四千石,他才二百四十石,这真是天壤之别。"

李善长总是小心谨慎:"皇上对刘基的态度,让为父也参详不透。如你所说,这样对待刘基,实属是过于压低了。"

"父亲无须多虑,皇上就是器重您,而明显是要疏远他。"李祺是兴奋难抑,"今后我们李家自然是风光无限,就连儿都有一次免死,我们还有什么不能称心如意的?"

"不可造次胡来，"李善长警告儿子，"免死不免死，还不是皇上一句话，对那个铁牌不要太认真。"

管家进来禀报："相爷，胡惟庸大人前来拜访。"

李善长今天提拔他升了官，料到胡惟庸会来致谢，便传话说："让他客厅等候，我这就去相见。"

客厅内，胡惟庸倒背着手在房中打转，看到墙上李善长的一幅字，这是工整的楷书，录的是一首七言诗——

马渡沙头苜蓿香，
片云片雨过潇湘。
东风吹醒英雄梦，
不是咸阳是洛阳。

胡惟庸立刻明白了，这是朱元璋的诗。李善长特意把皇上的诗抄录在墙，其用心可想而知。这个人真是老奸巨猾，时时处处想方设法向皇上讨好，自己还真得学着点。

李善长缓步进入："胡大人，让你久等了，很是对不起，老夫是更衣来见，方显对客人的尊重。"

"相爷如此说，惟庸实不敢当。"胡惟庸深深一躬，几乎到地，"胡某能有今日，全赖相爷提携，因而特来致谢。"

"老夫不过是说几句话而已，不算什么。还是你在万岁心目中早有良好的印象。"

"不然，今日若非相爷举荐，惟庸如何能做上参知政事？"胡惟庸将桌上的锦袋打开，露出里面黄澄澄亮闪闪的金元宝，"相爷，这是三百两黄金，实在不成敬意，还请笑纳。"

"这如何使得，如此厚礼，如若收下，老夫不就是受贿吗？"李善长将金袋推回去。

"相爷，这是下官的一片心，是给您买些人参之类的补品保养身体的。"胡惟庸再将金袋推到李善长面前，"您年事已高，辅佐皇上，日理万机,确需保重身体,这大明朝不能没有您哪。"

"胡大人说的也是,这每天的事情委实太多了,令我应接不暇。"李善长没有再将金袋推回,"不过这下好了,有你在我身边,帮助处理一些琐事,老夫就轻闲多了。"

"下官情愿效劳。"胡惟庸极其虔诚地说,"惟庸初任新职,一切还望相爷多加教诲。"

"这倒也是,"李善长看看他,"你可知晓老夫举荐你的良苦用心?"

"务请相爷明教。"

"你我同为淮西人,我们要抱成一团,对付以刘基为首的那伙浙东人,决不能让他们在朝中得势。"

"这,刘基不是已经败在了相爷手下,您是韩国公,他不过是个诚意伯,已经不足相提并论。"

"不然,刘基此人万万不可小视。"李善长告诫,"这人是相当难缠的,一旦有权在手,就会令我们难堪。"

"刘基竟如此目中无相爷,敢一意孤行?"

"老夫为你讲一事例,你便可知他的为人。"李善长说起来依然气愤难抑。

徐达攻占河南后,朱元璋大喜,亲自前往汴梁部署北征灭元。他离开应天时,诏令李善长、刘基二人监国。中书省都事李彬是李善长的侄子,因为叔父大权在握,李彬行事便肆无忌惮。盐商沈万五家有一吴道子的名画,李彬意欲低价买来孝敬李善长,但沈万五财大气粗,便万金也不肯相让。李彬便用权势诬良为盗,将沈万五下狱,在其家中抄走了名画。沈万五家人告到应天府衙,案情报到刘基处,他坚持秉公断案。李善长为救侄儿,亲身前往刘基家求情,但刘基坚持禀报朱元璋。这种诬良为盗的恶行,朱元璋大为恼怒,下令将李彬问斩。为此,李善长心中对刘基结下一个大大的死结。

听罢李善长的讲述,胡惟庸咬牙切齿地发誓:"这种不识抬举的人,下官早晚会寻到他的罪状,为相爷出这口恶气。"

"只要你与我同心,凡事同我一致,老夫就不枉提拔你一场。"李善长对胡惟庸还不完全放心。

走出相府大门,胡惟庸的心里就急速盘算起来。自己虽说靠上了李善长这棵大树,但也不能指望他一人。万一这棵树倒了,自己不也就跟着倒霉?看皇上对刘基的态度,和刘基的为人,此人还是得罪不得。何不同他套套近乎,以免他在皇上面前说自己的坏话。打定主意,便拐到了刘基府邸,通报之后,进府拜见。

刘基将胡惟庸让到客厅,上茶后询问:"胡大人,你我素无来往,今日光临寒舍,不知有何见教?"

"特来登门致谢。"

"这就怪了,下官与胡大人无任何好处,这'谢'字又从何提起呢?"

"在金殿上,刘大人回答万岁的问话,有利于下官,胡某方能得以升任新职。理当致谢。"

"此说实不敢当,"刘基解释说,"那是下官对胡大人没有了解,不敢轻言否认,而又相信韩国公之故。胡大人何言'谢'字?"

"谢也非口头而已,"胡惟庸将一锦盒置于案头,"刘大人,这是夜明珠一颗,聊表寸心,务请笑纳。"

"不可,"刘基一口回绝,"下官从不收受礼物,更何况贵如夜明宝珠,还请收回。"

"下官的心意刘大人还望领受,今后同朝为官,少不得还要相互关照,彼此交个朋友。"

"胡大人若说此话,恕刘基直言,为官之道讲的是忠心报国勤政为民,最要不得的便是拉帮结伙。"刘基倒是正直,"胡大人若不收回此珠,休怪我明日上朝时交与万岁。"

话说到这个份儿上,胡惟庸也只得悻悻地收起宝珠:"刘大人清廉,令胡某钦佩,此后遇到胡某有事,还请大人多多美言。"

"哼,"刘基冷笑一声,"还真不知胡大人是投机钻营之人,早知如此,万岁问起我就该反对你升职。"

"这,大人取笑了。"胡惟庸显得有些尴尬。

"我这说的是真话,岂有取笑之意。"刘基进一步阐明,"日后万岁如再问起关于你的品行,我会如实向万岁禀明,你是怎样的一个人。"

胡惟庸讪笑一下:"刘大人还是会口下留情的,毕竟我来贵府登门致谢。"

"你这种人我是不欢迎的,请你即刻离开我的家。"刘基下达了逐客令。

"刘大人,真就这样不留情面?"胡惟庸还意欲挽回,"下官是从内心里敬佩大人的。"

"好了,休再多言,"刘基站起身,"送客。"

胡惟庸只得告辞:"刘大人的批评使胡某茅塞顿开,我当铭记在心,洗心革面,去掉身上的坏毛病。"

"但愿你能做个正直的人。"刘基到客厅门前止步。

胡惟庸表现谦恭地出了刘基府门之后,心中恨得咬碎钢牙。他回头对刘府大门唾了一口,心里暗暗发誓,刘基你不用假正经,不报此仇誓不为人!

他步出巷口,看到路边恰是徐达的府邸,心中又动了一个念头。心想这徐达也封了国公,还兼右丞相,是武将中的首领,与李善长同为皇上的左膀右臂。这个人不能不交,若能取得他的好感,自己在朝中定可飞黄腾达。他打定主意,立刻登上了徐府的台阶。到了门前,他躬身一揖:"门上,烦请通报相爷,下官胡惟庸特来拜望。"

守门人福寿不敢怠慢,到正厅里禀报徐达。徐达看了看面前的福寿说道:"这个人是李善长新近举荐的,我不想和他交往,你且去应付一下,就说我偶感风寒,不便见客。"

福寿回到大门,与之见礼之后言道:"胡大人,真是不巧,相爷身染小恙,不能见客。"

胡惟庸想了想:"相爷不能见客,可否请大管家借一步说话。"

"小人只是个看门的,可不是管家。"福寿不知对方是何用意,便应承了:"就依胡大人。"

"有道是宰相家人七品官,大管家何需过谦。"二人到了墙角无人处,胡惟庸怀里掏出夜明珠:"这颗宝珠是下官对相爷的一片心意,烦请转交徐大人。"

福寿推辞道:"这可使不得,相爷从不收受礼品,小人本是个奴才,断然不敢自行做主。"

胡惟庸强行塞到福寿手中:"你无论如何也要代下官表达对相爷的敬重,万望辛苦。"他又取出一锭银子。

福寿略加思忖:"胡大人如此真诚,待小人即去禀告相爷,看相爷是否收留,小人去去就来。"

徐达正在书房读书,听了福寿的报告,沉吟片时:"福寿,看来此人是个钻营大家,越是这样的小人越不能得罪,需严加防范。你对他就说本相从不收礼,胡大人的心意领下,日后如用着本相,自会出言出力。倘若他将宝珠与你,你就略作推辞后收下,以使他不对我等生恨。"

福寿很快回到墙角处:"胡大人,相爷不肯破例,但相爷说了,心意已领,日后如有要相爷说话之处,定会美言尽力。"

胡惟庸深深一躬:"多谢管家玉成。"

"这个就完璧归赵吧。"福寿递还宝珠。

"岂有送人礼物再收回之理?"胡惟庸大度地说,"那就送与大管家吧。"

福寿做出感激的样子:"多谢胡大人厚赠,以后用着小人时,定当赴汤蹈火两肋插刀。"

"言重了。"胡惟庸心满意足地离去。

散朝后,朱元璋信步走到充妃的寝宫。自从在寺庙艳遇,朱元璋对这个充妃一向是宠爱有加。只是因他嫔妃众多,已有月余未与充妃见面了。以往都是夜间掌灯后,皇上决定去何处过夜,由执事太监通报该处宫院,该宫的妃子才沐浴梳洗迎接圣驾。没想到今日朱元璋一反常态,竟在太阳尚未落山之际,自己步行到了充妃的吉庆宫。

当值太监看见皇上走来,大吃一惊,转身向宫内便跑。

朱元璋呼唤一声:"站住,哪里去?"

太监脸上是哭笑不得的表情:"奴才我,去给娘娘报个信,也好让娘娘整妆出门接驾。"

"不必了。"朱元璋吩咐,"你还在门前当值吧,朕自己入内便行了。"

"这,娘娘毫无准备,"太监还想移步,"若是懒散随意,在万岁面前失礼,那该如何是好?"

"不妨,朕不怪罪她就是。"朱元璋径直进入院中,向宫门走去。

太监猛惊,还是招呼了一声:"万岁驾到,娘娘接驾啊!"

朱元璋已到门前,就听房内有嬉笑之声。太监这一喊,嬉笑声戛然而止,朱元璋便有些生疑。急步走入房中,只见充妃和一宫女在内,二人俱有些手足无措。惊愕少许,二人跪倒接驾:"万岁万万岁!"

"平身。"朱元璋表情严肃。

宫女起身后慌慌张张退出,朱元璋扫了一眼,觉得这宫女身材有些臃肿。充妃有意讨好,挨近朱元璋:"难得皇上想着妾妃。"

朱元璋还没有顺过气来:"身为皇妃,同何人高声嬉笑,岂不有失仪德,成何体统?"

"万岁,妾妃闲来无事,就是同宫女说笑,她讲了一个惹人忍俊不禁的笑话,故而有些放纵,万岁宽谅。"

"以后不可,主人奴才的身份不可混淆。"朱元璋口气和缓了,也把充妃揽入了怀中。

充妃暗暗松了一口气,也主动送上了樱唇。朱元璋紧紧抱住充妃婀娜的腰肢,放情地亲热起来……

成坛的绍兴花雕已去了泥封,黄酒的香气在厅中弥漫,桌上的冷荤热菜业已摆满,整尾的长江鲟鱼更显得宴席档次之高。

御史台中丞杨宪抱起酒坛子,把桌上的酒碗逐一斟满,之后将在座的检校凌说、高见贤、夏煜轮,还有监察御史韩宜都巡视一遍,表情严峻语气庄重地说:"四位大人,我等今日喝的是结义之酒。酒后我们便要义结金兰,也就是坐在了一条船上,有福同享,有难同当。而这福祸是难以预料的,弄不好也许会身败名裂,严重时也可能祸及家小。先要把坏事想在前面,哪一位若是反悔还来得及,现在抽身离席也不迟。"

韩宜率先将酒碗端起:"杨大人,也太小看我们了,谁也不是三岁孩童,为了大明江山永固,是福是祸,我们都认了。"

凌说等三人也举碗站起:"与杨大人同舟共济,生死与共,便刀山火海,也此心不变。"

五个酒碗相撞,五人同干。众人落座,还是杨宪先行开言:"各位大人,想我等浙东同乡有一最得力的同事刘基,然他不肯加入我们的行列,使我们倒李的计划大打折扣。"

韩宜接话:"刘大人虽然不肯入盟,但他内心还是支持我们的,万岁面前,还是会为我们说话的。"

凌说提议:"从现在起,我们就开始行动,用我们的坐牢或者砍头,来唤醒当今万岁。"

高见贤表态:"让我来充当这出头鸟,我来开这第一炮。"

"不,"韩宜抢话道,"我是监察御史,是我职责范围之内,还是我来打头阵合适。"

夏煜轮插话:"万岁曾经透露,有意用杨大人为相,只要我们扳倒李善长和胡惟庸,杨宪大人如愿以偿,那么我们大家就都有个好前程了。"

"杨某若能得居相位,定然不会忘记各位大人的鼎力相助,也一定会给各位谋一个好官职。"杨宪已然在许愿。

五个人说得情绪激昂,无不摩拳擦掌,发誓要将李胡集团拉下马。

随着时间的推移,李善长年事渐高,在他的举荐下,胡惟庸又晋升了右丞,成为了右丞相汪广洋的助手。第二年正月,李善长因病致仕,徐达又以大将军身份去往北边驻防。汪广洋则因在任上没有建树,被贬去广东任行省参政,朱元璋在李善长的提议下,迁升胡惟庸为右丞相,李善长仍然兼领左丞相。这样一来,淮西的李胡集团就完全把持了朝纲。胡惟庸也开始放开手脚任用亲信,网罗同党,收受贿赂,为所欲为。

时值八月中秋,朱元璋在宫中大宴群臣,众人开怀畅饮,宴席上气氛极佳。李善长为人低调,言语不多也不张扬。而胡惟庸则不然,显得特别活跃。他的两名亲信御史大夫陈宁和御史中丞涂节,更是吆五喝六,轮番敬酒,旁若无人。监察御史韩宜实在看不下去了,想起同杨宪的约定,却总也没有合适的机会,而今也顾不得许多了,离席起身奏道:"万岁,臣有本章奏闻。"

朱元璋正在兴致大好之际,倒是和颜悦色相问:"有何急事大事,非要在这中秋宴会上启奏?"

"万岁,此事关系到国家兴亡。"

"噢,这等重大,卿且讲来。"

"万岁,请治胡惟庸、陈宁、涂节结党营私之罪。"韩宜没有将李善长牵连在内,因为此时李善长的儿子已迎娶了临安公主,李善长和皇上是儿女亲家了,轻易是扳不倒的。

胡惟庸等三人全都如惊雷在头顶炸响,一时间无不呆呆无言。在座的文武大臣也都大吃一惊,万万想不到在这喜庆的节日里,韩宜奏出这样弹劾当朝丞相的本章,简直是不可思议。

朱元璋的脸色阴沉起来,许久没有开言,谁也不知他在想什么,上奏本的人和被弹劾的人,吉凶祸福如何,实在难以预料。

第十六章　弄权害忠良

细碎的雨丝无声地飘落下来。大殿内的宴会处于停顿状态,静得可以听见人们的呼吸声。韩宜似乎无所畏惧地昂然而立,他的目光斜视着微微发抖的胡惟庸三人。

人们屏住呼吸,在等待着一场风暴的到来。

朱元璋终于开口了,令人意想不到的是,他根本没有询问韩宜,弹劾胡惟庸三人结党营私有何凭证,而是张口便加斥责:"大胆韩宜,竟敢诽谤当朝宰相,分明是存心不良,另有所谋。如此御史,无事生非,令朝堂不宁,要尔何用?锦衣卫,与朕拿下。"

锦衣卫随时侍立在旁,听到旨意,哪管三七二十一,上前扭住韩宜,推起他便走。韩宜竭力挣扎:"万岁,臣不服,为何不问青红皂白,陛下是有偏心。胡惟庸结党尽人皆知,他依仗韩国公李善长做后台,在朝中为所欲为卖官鬻爵,对万岁的朝纲已是大威胁。万岁,不可不防啊!"

看来,韩宜已是无所顾忌,连李善长也咬上了。但朱元璋似乎不为所动,而是将手一挥,不耐烦地催促:"快些押走,打入天牢,听候发落。"

杨宪等人思忖再三,没敢站出来求情。

宴席不欢而散,人们无声地退出。刘基瞥了杨宪等人一眼,这是杨宪等人策划的,他心知肚明。不料,皇上开口了:"刘先生,请留步。"

朱元璋对他讲话总是这么客气,使得刘基分外不安:"万岁,叫微臣有何驱使,尽请吩咐。"

"朕有话问你,"待到人们走光,朱元璋开门见山,"刘先生,今日朝堂之上,韩宜弹劾胡惟庸这事,卿是如何看待?"

"万岁,微臣也不明就里。"

"刘基,这可不是你为人的本分。"朱元璋鼓励,"朕留下你,就是想听你说说真话,如何想的,但说无妨。"

"万岁,臣想,韩宜作为御史,不会无的放矢。"刘基的性格使他不会耍滑,"陛下不问究竟,便拿下韩宜,是有些欠妥。"

"韩宜他是不合时宜,朕正在兴头上,他偏偏来扫兴。这入狱被关,也是他自找的。"朱元璋又问,"刘先生,胡惟庸是否有结党之嫌呢?"

"万岁,胡惟庸为人陛下心里清楚,他现在是万岁一人之下,百官万民之上,权力炙手可热,去他门下钻营之人甚多。长此下去,百官只知有胡丞相,而把万岁忘记了。"

这句话说到了朱元璋的心上,一段时期以来,他已明显感到,相权与皇权矛盾,中书省权力过重,影响到他对朝政的控制。他想了想又说:"刘先生,韩国公年事已高,朕有意让他颐养天年,他这左丞相的位置,就由你来接替如何?"

刘基何等聪明,朝政了如指掌。他清楚皇上并未真心用他,便真的起用他也干不长,他觉得丞相之位而今是个险位,只怕不要很久李善长和胡惟庸都要与皇上摊牌,自己还是不要蹚这浑水。他笑了笑:"万岁,臣做太史令已是小材大用,焉敢再望高枝?"

"刘先生不为名利官爵所动,诚正人君子。"朱元璋又问,"胡惟庸、李善长辈把持朝纲,朕早晚废之,只是这为相之人当德才俱为上乘,你觉得杨宪这个人可是相才?"

"杨宪才气高于胡、李二人,如若为相也强过二人,"刘基明白皇上早有此心,"不过杨大人肚量尚嫌狭窄,常言道宰相肚里能撑船,他还算不得最佳人选。"

朱元璋禁不住说:"先生,杨宪与你俱为浙东人,你理当为他美言才是。"

"万岁问臣是为相之人,并未要臣举荐同乡。"刘基直言,"臣曾要万岁不要只用淮西人,等同此理。"

"好,"朱元璋发自内心地赞许,"朕有先生在朝,如唐之有魏徵。诤臣难得,先生不可离朝。"

"臣为万岁出力自当尽心。"刘基退下了。他边走边想,这个皇帝虽说是放牛娃、和尚出身,但确有过人之处,难怪能削平群雄位登大宝。可是这城府之深权欲之重,也是大臣们的隐患。但愿自己能够躲过劫难,不要对皇上构成威胁。

朱元璋和刘基的谈话,只是二人之间进行,但这风声还是传了出去。胡惟庸重金收买了皇上身边的亲随太监,一点点风声都能及时报他知道。

获悉皇上要用杨宪为相,胡惟庸急忙来找李善长:"相爷,我们不能坐以待毙,要想办法阻止杨宪拜相啊。"

"万岁如若执意要任杨宪,我们也无可奈何。"李善长的口气似乎平静,其实他内心也在为自己的前途担心。

"相爷,你可不能这样掉以轻心,"胡惟庸着急了,"杨宪得志,浙东集团掌权,我们都得完蛋。"

"那又能如何,我们也没有杨宪犯罪的把柄。"

"这罪证可以给他安一个。"胡惟庸附在李善长耳边,喊喊喳喳讲说了一番,"管叫他有口难言。"

"这,要是出了破绽,就是偷鸡不着反蚀一把米。"李善长有些心里没底,"就没有别的办法了?"

"要出拳就得下死手,打蛇不死反为蛇咬,这事我决不干。"胡惟庸狠狠地,"这一招,定要他们的性命。"

"那你就做吧。"李善长有点被人牵着鼻子走的味道。

"相爷,届时你可要助一臂之力。"

"话我可以说,万岁的态度我不好把握,"李善长语意凄凉,"此事也只能听天由命了。"

几天之后,御史中丞涂节在李善长的安排下进宫面圣。朱元璋心存疑虑:"涂爱卿,你声称有要事奏闻,讲吧。"

"万岁,近日可有头痛的感觉?"

朱元璋很是纳闷:"涂爱卿这是何意,朕这几天有时头晕,还伴有干呕,只是不太明显。"

"这就对了。"涂节煞有介事地说,"万岁,龙体这是被人巫蛊了。"

"巫蛊?"朱元璋捉摸不透,"此话怎讲?"

"万岁,就是有人在暗中给您做了手脚,用巫术咒您。"涂节伤感地说,"想不到这人如此阴险。"

"你说是何人?"

"杨宪。"

朱元璋审视地望着涂节:"杨宪如要加害朕,也是在暗中偷偷进行,你怎么便知道是他?"

"万岁,是他的一个小厮无意中透露。"

"你且详细讲来。"

"万岁,事情是这样的。"涂节心想,好厉害的皇上,幸亏事先虑事周密,不然还被他问露馅了,"臣的书童春儿,与杨宪的贴身小厮文儿,本是姑表兄弟。二人时常见面,是文儿对春儿提起,杨宪用木头刻个小人,上面扎了无数钢针,说是夜夜三更起来,对着星月咒念皇上速死。"

"哼!"朱元璋不肯相信,"若是杨宪所为,像这等灭门之罪,他怎会让书童得知?"

"万岁,是文儿半夜被尿憋醒,起夜时撞见的。"

"黑夜之间,杨宪便咒朕,也不会高声喧嚷,你说的文儿,便怎知主人是在深夜咒朕?"

"万岁,是杨宪将木人藏于假山石中,文儿白日偷偷取出观看,始知那木人却是万岁。"

"难道木人之上有朕的名字?"

"万岁,那木人他的外形是……"涂节故作害怕,顿住不言了。

朱元璋气急:"说下去。"

"是个和尚。"

尽人皆知,这是朱元璋最为忌讳的。此时他的脸色已是煞白:"涂节,你可是与杨宪有个人恩怨,故意编造谎言。"

"万岁,臣有几个脑袋,敢开这种玩笑。"涂节这才点到问题的实质,"如若不信,万岁何妨派人去杨府搜上一搜。"

朱元璋没有立即表态,他在思考。

一直没有开口的李善长觉得是他说话的时候了:"万岁,此事非同小可,一是事关万岁龙体安康,甚至性命。二是也关乎杨宪大人的清白,理当派人去杨府查个水落石出。"

"去查。"朱元璋还在深思。

"万岁,"李善长明白计划成败到了关键时刻,"御史大夫陈宁,是专管查案的,派他查办此案。"

朱元璋点点头:"是要查清此事,陈宁也无不妥。"

"那么,臣这就传旨。"

"且慢。"朱元璋不是糊涂人,"这种事罪大欺天,若陈宁一人办案,恐杨宪不服,朕再加派一人协同办案。"

李善长心中立刻忐忑起来,他不知皇上要加派何人,如果是个精明的官吏,与胡惟庸又不睦,那么这个计划就有流产的可能。而且戏演砸了,涂节就会下狱,胡惟庸免不了会被涂节供出,自己也免不了要受牵连。这都是他内心中一瞬间的活动,他表面上还是顺从地恭维:"圣上虑事细密,如此也免得有人做手脚,还请万岁选人。"

"着刑部尚书吴云为本案正审官,陈宁为副审官,即时前往杨府搜查,朕在宫中专候结果。"朱元璋的想法是,你陈宁与涂节同衙为官,二人又交厚,朕派官为尚书吴云在陈宁之上,免得你陈宁做假。

李善长听后暗暗叫苦,吴云明显不是他淮西派的人,平素交往也不多。便将这消息让他在宫中的耳目,一个小太监,火速报与胡惟庸得知。

胡惟庸闻报,也觉有些意外,但他不甘心计划流产。情急之下,也顾不得许多了,亲身来到宫院外门等候。吴云、陈宁领旨出宫正要上轿,胡惟庸闪身出现:"吴大人,请借一步说话。"

吴云大为诧异:"相爷,在此专候下官吗?"

"正是。"胡惟庸靠近些,"吴大人要去杨府搜查,本相要提醒大人,杨宪的官路已尽,皇上是要除掉他,万勿与圣上相悖。"

"这……"吴云从未见过这样率直的忠告,何况对方又是当朝丞相。他还在发傻时,胡惟庸已快步离去。

杨宪在府中无事读书,忽听圣旨下,感到甚为奇怪。他将吴云、陈宁接进府中,吴云宣布要对他家进行搜查,要找所谓的小木人。杨宪真是啼笑皆非:"吴大人,这简直是莫名其妙,我的家中哪有什么木人!"

"杨大人,我也是奉旨行事。"吴云态度还算柔和。

陈宁则不然,他火气十足:"有没有搜查后才能定论,你说没有,万岁为何降旨搜查?满朝文武百官,为何不搜别人家?"

"你们只管搜好了。"杨宪心中有底,"我身正不怕影斜。"

"好了,吴大人,我们开始吧。"陈宁二话不说,径直向后园走去。

杨府后园很小,一座假山,也是太湖石堆砌。吴云跟在陈宁身后,边走边问:"陈大人,为何来到后园啊?"

陈宁回答得干脆:"举报人声称,是在假山中看见的小木人,自然要到这假山中寻找。"

吴云注意着陈宁的一举一动,陈宁早已快步抢先到了假山旁,只见陈宁的右手往左衣袖里一探,随即伸向假山石内,便惊讶地叫了一声:"啊呀!好痛啊,我的手扎了。"

吴云跟过来问:"陈大人,怎么了?"

"吴大人,你伸手摸摸,里面是何物。"陈宁用手向里一指。

吴云将手探进去,随手抓出一件东西,阳光之下,是一个五寸多高的小木人,是光头和尚模样,身上刺满了十多根钢针:"这,这真有小木人呀!"

一旁的杨宪惊呆了,旋即声嘶力竭地叫起来:"这是怎么回事?这不可能,这不是我家的!"

吴云手拿小木人,心中犯起嘀咕。自己眼见得陈宁右手伸进了左手的衣袖,十有八九是陈宁做了手脚。但他想起行前胡惟庸的叮嘱,感到自己不能当面说破,一是说破没有证据,陈宁死不认账,自己也无可奈何。而且那样做,就是得罪了胡惟庸,这个当朝宰相红得发紫,皇上对他言听计从,开罪这个大红人,自己还不是自找苦吃。他打定主意,要顺着陈宁的话说:"杨大人,说不是你的,但是从假山石中取出,这是千真万确的。"

"这是有人栽赃陷害。"杨宪捶胸顿足,"吴大人,你可要为我做主啊,我没有木人呀!"

"有也罢,无也罢,你且到万岁面前分辩去罢。"陈宁阴沉着脸,"杨大人,请吧。"

杨宪被带到朱元璋面前,听了奏报之后,他手拿着小木人,脸都气白了:"杨宪,你好大的胆子!"

"万岁,这不是微臣家的,是有人加害微臣,万望万岁明鉴。"杨宪急切地表白,"陛下,臣冤枉啊。"

朱元璋如隼的目光,直盯着吴云:"吴大人,你在搜查杨府时,是如何发现这个小木人的?"

吴云将经过回禀一番:"就是这样,臣亲手从假山石中搜出。"

朱元璋恨恨地:"杨宪,你还有何话说?"

"万岁,这是有人栽赃。"

"会是何人?"

"这,"杨宪目光像锥子一样射向陈宁,"十有八九就是陈宁所为。"

"他为何要加害于你,总得有个理由吧。"

"他与胡惟庸结党营私,想要把持朝纲,就要排挤打压我们浙东的大臣,正如韩宜大人弹劾他们一样。"

"万岁,他这是无稽之谈。"陈宁反驳,"小木人是吴大人当众取出,他是抵赖不掉的。"

"万岁,就是他将小木人放入假山中,然后故意喊吴大人取出,制造这一假象,他实在太狠毒了。"

朱元璋已有八成认定杨宪,但还没有百分之百的把握。传旨下去:"将杨宪收监,听候发落。"

事后,陈宁、涂节、胡惟庸齐聚李善长府中,陈宁以功臣自居:"这下杨宪是玩完了。"

胡惟庸提醒:"只要杨宪还没死,就不能掉以轻心。"

"铁案铸成,他还能如何?"涂节认为已是板上钉钉。

李善长不禁叹息一声:"你们哪,都高兴得太早了,依老夫看来,大家的祸事不远了。"

"相爷,此言何意?"大家异口同声发问。

"难道你没看出。"李善长对陈宁说,"万岁只说听候发落,他没有处死杨宪,说明还在心中存疑。说不定还会让哪个大臣审理这个案子。若一旦指派刘基,就是我等的丧钟。"

"事情会这样严重?"胡惟庸已是头上冒汗。

李善长深入下去:"当今万岁是个精明的圣主,凡是我们想到的问题他都会想到。涂节提到他的小厮春儿和杨宪的书童文儿,皇上都会差人审讯,小孩子哪经过阵势,一经严厉审问,不出漏洞才怪呢。你们哪,就等着戴着镣铐身穿罪衣蹲班房去吧。"

胡惟庸半晌无言,涂节和陈宁也都傻了,一时间束手无策。片刻,胡惟庸问陈宁:"陈大人,那杨宪的书童,可在你的府上?"

"在呀,"陈宁不知用意,"相爷不是说,为防杨家再哄他说出实话,一定将其留在我家吗?"

"好,交你办一件事,"胡惟庸吩咐,"把他们两个弄死,尸首沉到长江,要绑上巨石,不得浮出。"

"这,"陈宁有点为难,"十几岁的孩子,有些难以下手。"

"顾不了许多了。"胡惟庸警告,"他们两个不死,我们的命就难保了。心善不得,必须下手。"

陈宁想想也是:"也只好这样了。"

"这就叫无毒不丈夫。"胡惟庸脸上满是杀气。

陈宁问:"若万岁问起,这两个孩子的下落,该如何对答。"

胡惟庸冷笑一声:"那自然是杨宪杀人灭口了。"

"好。"李善长表态了。

陈宁回到府中,儿子孟麟上前问候:"父亲脸色有些不好,是皇上交办的差事办得不顺。"

"并非如此,而是有急事要办。"陈宁吩咐儿子,"将春儿和文儿给我叫来,我有话说。"

"父亲,莫不是要叮嘱他们案情的事。"陈孟麟对两个少年更多怜悯之心,"两个孩子,是天真烂漫的玩耍时代,不要让他们背负过多的恐惧,小孩是无辜的。"

"唤他二人前来就是,"陈宁知晓儿子的性情,不对他讲真话,"为父叮嘱他们几句,就没有他们的事了。"

"他们就可以解脱了?"

"是的,永远解脱了。"

"当真?"

"孟麟,为父骗你做甚?"

"好。"陈孟麟欢天喜地地去了。

很快,两个孩子被领来。陈宁走下座位:"孟麟,你且去后面厨房,安排一下为父的晚饭。"

"父亲,你要对两个孩子说些什么?"

"这不关你的事,去厨房吧。"

"这。"陈孟麟迟疑着不肯走。

"怎么,为父的话还不好使了,不想做孝子,要行忤逆吗?"陈宁的脸色严峻起来。

"儿不敢。"陈孟麟无奈出了房门。

室内,陈宁走向文儿,二话不说,将双手扼住他的喉咙,用尽力气狠狠掐个不住。文儿喊不出,双腿直蹬。一旁的春儿看着不好,上前来又踢又打又是喊叫:"你干啥,放了文儿,你不要把他弄死。"

门外,不放心的陈孟麟又返回来,听到春儿的喊叫声,他用力猛打门:"父亲,开门。"

房中,文儿业已断气,陈宁罪恶的双手又伸向春儿。小小年纪怎是他的对手,春儿渐次也被陈宁扼杀。陈孟麟还在不停地打门。

陈宁气呼呼地将房门打开,陈孟麟一闪身跌进房来,未能收住脚,扑通跌倒在地。陈宁回手关上房门:"你喊什么?也想找死啊。"

陈孟麟看看地上躺着的两个孩子,叫叫这个喊喊那个,二人皆不言语,待他试过鼻息,始知俱已死亡。他站起身:"父亲,是你害死了两个孩子。"

"便是,又能怎样?"

"父亲,你这是丧天良啊。两个活蹦乱跳的孩子,一朵花还没开,转眼死在你的手下,这是要遭报应的。"

"你懂个屁!"陈宁没好气,"我若不要他们的命,他们便会要我的命,为父如若没了命,哪还有你的命?"

"儿我不懂你这番拗口的话,只是觉得你不该这样残忍。"陈孟麟擦去眼泪,"官府如若问起,儿子不会撒谎,便要如实讲出这一切。"

"什么?你要将你亲爹供出去?"

"儿要说实话,一是一二是二。"

"好儿子,那你不是要了你亲爹的命吗?"

"是否要你的命,那是官府的事,我只能实话实说。"

"孟麟,你真就认准这个死理了?"

"这是母亲自小教导的,请恕孩儿不能讲假话。"

"好你个逆子,看我不要了你的命。"陈宁胸中怒火升腾,两眼也冒火了,他到墙角抄起了一根木棒。

陈孟麟完全不为所动:"父亲,只要儿还有一口气,就要把你的罪行如实诉之官府。"

俗话说知子莫若父,陈宁清楚儿子的秉性,明白只要是儿子认准的事,便九头牛也拉不回,想到这里,他不由得高高举起木棒:"你这个大逆不道的逆子,干脆送你回老家。"狠狠一棒,当头砸下。

陈孟麟非但不躲,反倒迎上去。他心中是想,真要自己有口气,就要指证父亲的罪行。良心不能泯灭,而父恩又未报答,与其两难,不如死了省心。那木棒重重砸下,陈孟麟顿时脑浆崩裂,身子一歪,倒地气绝。陈宁气头上不顾一切,及至真的亲手打死儿子,他也是号啕大哭。直到哭得泪眼模糊,直至要背过气去。

胡惟庸不放心陈宁,唯恐他不下手,特地过府来查看。一见陈宁守着三具尸体伤感,便安慰道:"陈大人大义灭亲,其情可嘉可悯,此事你立下大功,必当给你回报。高官厚禄自不必说,本相就要赏你五百两黄金,为令郎好好做一场法事,超度他的亡魂。"

"咳,人都死了,要黄金何用?待到入夜,不要让人看见,把两个孩子的尸体偷偷沉入长江吧。"

"不,本相的主意变了。"

"胡相意欲何为?"

胡惟庸冷笑几声:"今夜三更,我要派人将两具尸体送入杨宪家后园的花窖之中。"

"这是为何?"

"这说明杨宪杀人灭口。"

"倒是个好主意。"

次日上午,李善长和胡惟庸奉召入宫,都在等待朱元璋选派大臣查案,岂料朱元璋竟然传旨:"朕已着锦衣卫去杨宪府中,带他的书童,还有涂节府中的小厮一同上殿,朕要亲自审问案情。"

涂节进宫来奏道:"万岁,臣府的小厮业已失踪,不知去向。臣也在找他,但遍寻不见。"

朱元璋冷笑:"涂大人,你这是心虚,把小厮藏起来了,不过可万万不能杀人灭口啊!"

"万岁,臣不敢。"

"哼,如果没有下落,朕便拿你问罪。"

"万岁,臣冤枉。"

说话间,锦衣卫进宫交旨:"万岁,杨府书童文儿业已身死。"

朱元璋感到意外:"是如何身死的?"

"万岁,奴才们是在杨府后园的花窖中发现文儿和春儿的尸体的。据验,二人皆系被扼身死。"

"什么,还有春儿?"

"万岁,怪不得春儿失踪,原来是被杨府绑架。"涂节抢话说,"这下可脱去了臣的干系。"

"万岁,这分明是杨宪指使家中人杀人灭口。"胡惟庸不失时机,立刻往斜路上引导。

锦衣卫又报:"万岁,奴才还在杨府搜出一样东西。"

"何物?"

"是杨大人同韩宜、凌说、高见贤、夏煜轮他们五人的结义盟书。"锦衣卫当殿呈上,"请万岁过目。"

朱元璋看罢,不觉怒火中烧:"好一个小集团,明明是他们结党,反诬别人结党,这种奸臣,焉能留在朝中?传旨,将杨宪、凌说、高见贤、夏煜轮和韩宜五人一并处死。"

李善长赶紧应承:"遵旨。"

胡惟庸在一旁插话:"万岁,臣有本启奏。"

"讲。"

"万岁,以杨宪为首的浙东集团是朝廷的祸患,然其根不除,只怕祸芽还会萌发。"

"何为祸根?"

"刘基便是浙东集团的后台。"胡惟庸公开指名道姓攻击刘基,这等于是向刘基公开宣战。

"胡大人此言有何凭证?"

"万岁,刘基与杨宪过从甚密,乃尽人皆知,以杨宪为相是他梦寐以求的目标,如若只除杨宪五人,刘基不动,等于斩草不除根,来春会再生。"

"胡爱卿此言差矣。"朱元璋付之一笑,"朕为杨宪出任右相事,曾当面征询刘基意见,但刘基并未同意,而是声言杨宪肚量狭小。像这样公而无私的忠臣,胡爱卿对他是以小人之心度君子之腹了。"

"万岁,刘基这是以退为进之策。"胡惟庸极尽攻击陷害之能事,"刘基貌似忠正,实为奸诈。此人不只与杨宪等结党,而且还有觊觎帝位的野心。"

这句话令朱元璋为之一震,他打下这江山可谓吃尽千辛万苦,而刘基竟然还有野心。若换别人,朱元璋也许并不在意。而刘基的能量他太了解了,这是个可以翻江倒海的人。他不禁厉声说:"胡惟庸,你身为宰相,上奏这样的本章,可不是轻易动本的。这关乎一个人的身家性命,万不能以一己之私,而凭空杜撰。刘基可也是开国功臣哪。"

"万岁,浙闽之间有王气,而气穴在浙闽之结合部。方国珍即在此起兵,据图谶所标,如在谈洋为墓,则后代必可称帝。刘基深谙此中三昧,已令其子在谈洋买下墓穴,意图日后据有大明江山。"

胡惟庸这番话令朱元璋不寒而栗,对于风水之论他是最为在意的。他直瞪瞪地问:"你所言属实?"

"臣句句实言,不敢有半字虚构。"胡惟庸了解朱元璋的性情,"万岁可以派人核实。"

"不要说了,朕自有道理。"朱元璋把这件事置于心头之上。

胡惟庸早已对下边做了部署,谈洋所属的州县,俱已接到了他的指令,谁还敢为刘基说话?而事实也是,刘基的儿子刘琏也确实在谈洋购买了坟茔地。

消息反馈到朱元璋处,他不禁大为犹豫。要换了别人,他早下令全家问斩了,因为他实在不相信刘基有谋反篡逆之心。正在拿不定主意之际,刘基闻讯亲身入朝请罪。他面见朱元璋三叩之后:"万岁,臣死罪,敦请圣上处置。"

"刘基,你身犯何罪?"

"万岁,臣的犬子在谈洋购置墓地,是误听外人传言,轻信风水之论,是臣教子无方。"

"卿有大功于社稷,只封诚意伯而无怨言,足见你并无功利之逐。"朱元璋深情地说,"朕不信你会有谋逆的野心,因而迟迟没有降旨诛杀你全家。"

"臣谢万岁隆恩。"

"朕不怪你,大丈夫难免妻不贤子不孝。"朱元璋依然是亲切的口吻,"不过,既有这样大的过失,朕若不加惩处,于朝野也说不过去。这样吧,罚去你的俸禄。若有难处,朕自会关照你。"

"万岁天恩,刻骨铭心。"

刘基躲过一劫,但他也没敢再回原籍,以免皇上生疑。便滞留在京城中,自此郁闷生病,以至沉湎床榻,以药为餐。这位才高八斗的谋士,也没想到竟因此失去了性命。

第十七章　投毒除刘基

药壶在火炉上"噗噗"冒着热气,空气中弥漫着草药的气息。刘琏用扇子扇火,期待着药尽快熬好。刘基躺在病榻上,神志是清晰的,但体力不支,已经是坐不起来了。

他干咳几声,对儿子说:"琏儿,为父看这药不吃也罢,已是吃了几副,总是不见效果。"

"父亲,药不吃怎能行,还是得吃,或许这一副下去就见效了。"刘琏揭开盖看看药壶,还差点火候。

家人进来禀告:"老爷,胡相爷前来探病。"

刘琏一口回绝:"不见!"

刘基在床上有气无力地:"怎好将人拒之门外?"

"他是黄鼠狼给鸡拜年,没安好心。"刘琏数落起来,"他一向谋害父亲,说什么儿买墓地是为篡夺大明江山,若不是万岁英明,险些要了我们全家的性命,这种人就该骂走。"

"琏儿,冤家宜解不宜结,他来探病总是礼节嘛。也许是他意识到以往错了,以行动来赔不是。"刘基劝道,"你还是出迎吧。"

刘琏不好过于违背父亲的意志,别别扭扭出去接客,大大咧咧一揖:"胡相爷,请了。"

"大公子,令尊还好吧?本相特来探望。"胡惟庸说着往里走,他身后还跟着一个人。

刘琏拦住问:"请问,阁下是……"

胡惟庸代答:"大公子,我还忘记介绍了。这位是太医院的张太医,医术精湛,我特地请他来为令尊把脉。"

"其实,家父的病用不着再诊了。"

胡惟庸进屋来,刘基挣扎坐起:"相爷大驾光临,下官不胜荣幸,不能下地相迎,甚是抱歉。"胡惟庸急趋几步上前:"刘大人染病在床,哪有这多礼数,快请卧床。"

"不,相爷在此,下官焉能高卧交谈?"刘基昐咐儿子,"琏儿,快些给相爷看座。"胡惟庸落座后,亲近地试试刘基额头:"还不觉烫,刘大人,本相早该过府看望,只因冗务缠身,一直延迟至今。"

"相爷身负国家大事,日理万机,还挂念下官小恙,竟至登门看望,令下官万分感激。"

"刘大人,我把张太医请来,让他给您把把脉如何?"

"这,"刘基不好拒绝,"那就有劳张太医了。"

张太医屏神静气为刘基切脉,少许,他劝慰地说:"刘大人无需紧张,在下看,不过是气血淤滞,并无大碍,容我品鉴一下药方。"

刘琏递过药方,张太医看过:"用药也无不妥,大公子,容我看看药壶。这药熬得如何?"

刘琏起身来到药炉边,掀起药壶盖:"太医请过目。"

张太医用壶中的木勺搅了几下,未及开口,胡惟庸那边叫了一声:"刘公子,请过来一下。"

刘琏疑惑地过去,他还不放心地回头看看,待到了床前:"胡相爷,呼唤我所为何事?"

"贤侄,我看令尊坐的时间过长。"胡惟庸拉刘琏,"来,咱们两人扶你父亲躺下休息。"

刘基用手推开刘琏,因为刘琏恰好挡住了他的目光:"傻孩子,怎能抛下张太医一人,快过去陪伴。"

张太医盖上药壶过来了:"刘大人,你久病之人身体虚弱,还是躺下才是。我又不是外人,什么陪不陪的。"

刘琏疑惑地看着张太医:"请问太医大人,我这熬药的方法可对?"

"你这药火还是太急了,"张太医指点,"还是要慢火细细炖,这样药性方能全都发挥出来。"

"多承太医指教。"

胡惟庸站起:"刘大人,张太医看过,我也就放心了。你且慢慢将养,有何需要就让大公子找我。"

胡惟庸走后,刘琏倒出药来,晾了片刻,对刘基说:"父亲,把药喝了,也好早些康复。"

刘基再次坐起,试探着喝了一口,药汁还不觉热,一仰脖便要一口吞下。喝了一半,他又吐回碗中:"哎呀,不好!"

"父亲,怎么了,莫不是烫了?"

"不,"刘基盯着药碗,半晌才说,"为父聪明一世,糊涂一时,怕是被胡惟庸给算计了。"

"父亲此言何意?"

"胡惟庸一来,琏儿你便说,黄鼠狼给鸡拜年不会有好心,我也时刻着意提防。那张太医去看药壶时,胡惟庸突然喊你过来,我也刻意留神那张太医的举动。可你的身子曾挡住我的视线,莫不是那时张太医便做了手脚。"

刘琏一听也急得跺脚:"看,这便如何是好。"

"琏儿,你去街里找一家郎中,验一下这半碗药是否有毒,我们便心中有数了。"刘基把剩下的半碗药汁交与儿子。

可是,刘琏回来,检验的结果却是,药中无毒。这倒叫刘基大惑不解,既是无毒,便又照常将药喝下。一个月过去,刘基就觉得腹中有个硬结,如石头一般,一按便疼痛不止。而且刘基的身体渐渐羸弱下来,已经是不能下床了。刘基长叹一声,对儿子说道:"琏儿,我们还是让胡惟庸算计了,那个张太医下的是慢性毒药,不是当时发作,让为父慢慢中毒。"

"父亲,我们向万岁告发他,不能白吃这哑巴亏。"

"咳!"刘基又复长叹一声,"琏儿,你说胡惟庸投毒,证据何在?没有罪证也是枉然。"

"那,这事就罢了不成?"

"不能，"刘基眼中闪出光芒，"这样的人留在朝堂，还占据高位，于国于民都是个祸患。为父要向皇上点明此人的害处，让这奸佞没有存身之地。"

"可是，父亲您已病重如此，不能进宫面圣，您的意见又如何上达天聪呢？"刘琏感到无望。

"待为父给万岁上道表章，要求与万岁见面。"

"父亲净说傻话。您又不能进宫，万岁还会到家看您不成？"刘琏没有说出口，您是白日做梦吧。

"据为父对皇上的了解，我想万岁是会屈驾前来的。"

刘琏也燃起了希望："那就试试。"

刘基支撑病体，给皇上写了一封信，说自己已不久于人世，有许多话要对万岁当面吐露。信件封好，刘基手拿信件又傻了。他呆坐良久，对儿子说："琏儿，看来这信白写了。"

"父亲，却是为何？"

"朝中大臣，无论谁的本章，要想报奏皇上，都要先经中书省。而筛选权就在胡惟庸手中，你想，他会让我的本章见到皇上吗？"

"是啊。"刘琏觉得不甘心，"难道好不容易写的信就白费力气了？"

"咳，奸相把持言路，已把皇上与大臣隔离开来，如之奈何？"

刘琏忽然一拍大腿："父亲，有办法了，我们何不绕过中书省，把信直接交到皇上手中。"

"傻孩子，那胡惟庸早已把皇上身边的太监买通，你送上的信还不是照常会转到胡惟庸之手？"

"父亲，儿有办法。"刘琏告知，"御膳房的刘太监与儿认过本家，让他设法把信转达万岁。"

"噢，这倒是个可行的途径。"刘基把信交到儿子手里。

几经辗转，朱元璋看到了信。他没有对任何人讲明，便自己去了刘基府邸。刘基一见圣驾到来，想从床上爬起接驾，但是已无法做到。朱元璋上前要他躺好："刘爱卿，你怎就病成这样？"

"圣驾亲临，臣不能跪拜，罪该万死。"

"刘先生,不要如此说。"朱元璋眼中噙泪,"如不是刘太监以送夜宵为名,将你的信转到朕手,朕还不知你已病重。"

"臣只怕已不久于人世。"

"先生,你不能于朕的江山不顾撒手离去,朕早有打算,要你接替胡、李二人为相,帮朕重振朝纲。"

"万岁,臣愧对圣上的眷顾。"刘基喘息着说,"这个宰相臣是做不成了,只能期待来世了。"

"先生,无论如何你不能抛下朕,当初封你诚意伯时,朕内心里就打算日后重用你,再给你该得的补偿。谁料你竟病重到这般地步,难道是上天在惩罚,朕待你不公。"

"万岁,请恕臣直言。这丞相对万岁的治国,是大为不利呀。"

此话与朱元璋的想法不谋而合,他鼓励刘基:"你说下去。"

"万岁,胡惟庸把持中书省,已是堵塞了言路,百官的奏章都要经过他的筛选,有利于己者便报送圣上,不利于己者便压下不报。即如这次臣的奏章,如若不是走刘太监这一特殊路线,只怕也是无法上达天听。"

"卿言甚为有理。"

"再者,"刘基继续说,"胡惟庸在重要岗位上尽数安插自己的亲信,百官只知向胡讨好,而不知有万岁。胡也尽其所能,为他的亲信谋利。长此下去,大明朝便不是万岁的大明朝了,业已是胡惟庸的囊中物。"

"是到了非改不可的时候了。"朱元璋频频点头。

"万岁,胡惟庸这人奸险狡诈,他在朝中已罗织大批亲信,万岁须防他情急之下狗急跳墙。"

"他胆敢铤而走险,朕就灭他九族。"

"万岁,可不要让他先下手为强,有时是防不胜防啊!"刘基这才把话挑明,"臣是何等精明之人,却也被他下毒害得如此。"

"卿且细细讲来。"

刘基便将胡惟庸来探病的过程讲述一番:"万岁,臣还不是中了他的暗算。所以万岁定要时刻留心,他是什么手段都使得出来的歹人哪!"

朱元璋赞许地点头:"朕心中有数了。"

"万岁,请容臣再多言几句。"

"只管奏来。"

"据臣判断,万岁身边的太监俱已被胡惟庸收买,为了万岁的安全,须将他们全部撤换。"

"有理。"朱元璋已是下定决心,"朕回去就办。"

朱元璋回到宫中,立即着手更换了身边的太监。然后在朝堂上发布谕旨,着李文忠同李善长、胡惟庸共议军国大事,等于是往他们中间掺了沙子。还决定,天下臣民有事可直接上书皇帝,不必再经过中书省,这等于是削去了胡惟庸的特权。不久,朱元璋又设立通政使司,作为沟通内廷与外廷的联络机构,胡惟庸想要闭塞皇上的企图已是彻底破产。

这一连串的举措,使胡惟庸预感到末日即将来临。他不甘心失去已得到的一切,加快了篡权夺位的步伐。除原有的死党外,他又拉拢大臣陆仲亨、费聚、李存义等共谋大事,同时,掌握兵权的都督毛骧也被他拉入了反叛的阵营。陈宁是胡惟庸的死党铁杆,为了堵住言官对他胡惟庸的反对,一日在上朝时,他对朱元璋提出擢升陈宁为御史大夫。这也是他对皇帝的一个试探,看看自己在皇帝心目中还有没有位置。

朱元璋笑着问:"胡丞相,你举荐陈宁,他有何长处啊?"

"万岁,陈宁这人最主要的优点便是绝对忠于万岁。为了万岁,他可以肝脑涂地在所不惜。"

"朕听说他亲手杖杀了亲生儿子,这样的人也会对朕忠心吗?"朱元璋有意诘问胡惟庸。

"万岁真乃耳聪目明,大臣的家事也了如指掌。"胡惟庸为之辩解,"陈大人之子忤逆,陈大人将其杖杀是恨其不孝,乃除去祸患。他对父母至孝,对万岁如对父母一般。"

朱元璋有意麻痹胡惟庸:"朕相信丞相,也就相信丞相举荐的人,准奏,即日起陈宁任御史大夫。"

陈宁出班叩头:"臣谢万岁!万万岁!"

"不要谢朕,当谢胡丞相,若不是他举荐,朕怎会想到你做御史大夫。"朱元璋一语双关。

胡惟庸赶紧接话:"万岁之言臣不敢当,所有大臣包括臣在内,荣华富贵皆万岁所赐。"

"也算是吧,"朱元璋依然是一语双关,"朕要是高兴了,想给谁个官做,谁就可以高官厚禄。朕要是不高兴了,一句话就可以让他从公侯将相变成一个不值一钱的白丁。"

"那是自然。"胡惟庸有些如芒在背,他决定实施他的计划,"万岁,臣的家中有一株铁树,昨夜突然奇花怒放,甚是壮观。铁树开花,实为祥瑞,臣请万岁起驾前往一观,以悦圣目。"

"有这等事?铁树开花,亘古少见,这是上天下赐祥瑞,开在宰相之家,更说明胡相乃柱石之臣,朕当然要去看看。"朱元璋爽快地答应,"胡丞相,做好准备,明日午后朕即过府。"

次日一早,胡惟庸即加紧准备。他把那盆铁树置放在正厅中,上面吊好千斤重的磨盘。连接的绳索掩于帐后,而大都督毛骧也藏身其间。只要朱元璋来看花,进入这个范围,毛骧挥刀斩断连接的绳索,千斤磨盘凌空落下,还不把朱元璋拍成一块肉饼?

陈宁急匆匆过府来:"胡相,你这样做是不是神经过敏哪?天下本无事,你是庸人自扰之啊!"

"形势已是万分紧迫,有道是先下手为强。"

"下官觉得没那么严重,"陈宁自有他的看法,"皇上若是不相信你了,为何还同意对我的升职?"

"那不过是障眼法。"胡惟庸自信他最了解朱元璋,"你没听他言来语去阴阳怪气的。"

"胡相,"毛骧也有些胆怯,"若是皇上带多人护卫,我们打虎不成反被咬,岂不反为不美?"

胡惟庸咬牙切齿:"如今是箭在弦上不得不发,他带随从无论多少,都不能让他活着走出我的相府。"

"好吧,那就等吧。"毛骧的心情是矛盾的,既盼朱元璋上当,又怕他真的光临。

胡惟庸也像热锅上的蚂蚁一样,焦急地等待着。直等了两个时辰,还不见朱元璋的踪影。正在不知所以之际,御前刘太监来到相府。从刘基处回宫后,朱元璋已将御膳房的刘太监改任御前太监,使得以往消息灵通的胡惟庸变成了聋子瞎子。

胡惟庸上前迎接刘太监:"公公,万岁可在后面,你是先行到此打前站的?"

刘太监面无表情:"胡相爷,万岁他偶感风寒,身体不适,不能前来赏花,特让奴才通禀。"

"这,"胡惟庸像是皮球泄气,"我这是白忙活了。"

"相爷,奴才告辞。"刘太监也不多说,转身走了。

毛骧有点如释重负地说:"这下好了。"

"哼!"胡惟庸气不打一处来,"我们是让朱元璋给耍了。"

陈宁怯生生地说:"那又能怎样?再找机会吧。"

"朱元璋老奸巨猾,他是不会上当了。"胡惟庸喘着粗气,"这一切都发生在朱元璋去刘基家之后。刘基这个老贼,定是他向皇上进了谗言,才使我们步步走下坡,越来越倒霉。"

"好在刘基业已身亡,相爷可以出口气了。"

"哼,可他的儿子还在。"胡惟庸眼中射出凶光,"我要让刘基断子绝孙,不能让刘琏还活在世上。"

"这,"毛骧觉得没必要再对刘琏下手,"刘基已死,何必再涉及下辈?"

"是啊。"陈宁也有同感,"弄不好露出马脚反为不美。"

"毛骧,今后不要你再对朱元璋下手了。"

"多谢相爷。"毛骧觉得真正解脱了。

"但是,除掉刘琏的任务交给你。"

"啊!"毛骧吃了一惊,"这……"

"办法你自己想,但不许拖延时间,要尽快除掉这个祸害,方消我心头之恨。"胡惟庸的口气不容置疑。

毛骧不敢再讲条件,他明白如若反对,他的性命难保。赶紧应承下来:"下官尽快去办,管叫相爷满意。"

坟墓用青砖砌就,圆形的宝顶已长出萋萋青草。四周栽种的松树也已成活,由于皇上特批了丧葬官银一千两,刘琏还为父亲修建了享殿。他在墓园的墙外搭建了一处茅棚,决意在此守孝三年。每当夜静更深,刘琏就会想起父亲的一生,他用智谋帮助当今皇上取得天下,却含冤死在了奸臣胡惟庸手中。也不知皇上何时方能处置这个奸相,让父亲的冤魂在九泉下能够瞑目。

刘琏在茅棚中手捧一部《史记》正在专心致志阅读,门外闯进来一个头戴草帽的汉子。他的半张脸遮着:"大官人,赶路口渴了,讨碗水喝。"

刘琏的心思全在书上:"对不起,没有茶,只有冷水。"

"冷水最好,败火又凉快。"

"缸里有,你自己用。"

"多谢了。"汉子从缸里舀起半瓢水,转过身去喝。他迅即从怀里取出一个纸包,将白色的药面抖在瓢中。然后将瓢扔到缸里,假意用手背抹抹嘴,"大官人,告辞了。"

刘琏这才想起来人已走,急忙站起相送。到了门口,那汉子已不见了。不由得觉得情理欠缺,颇为自疚地返回。自己也口渴了,舀起凉水咕嘟嘟喝下半瓢。

过了不到一刻钟,刘琏的肚子便痛起来,而且越来越厉害,直到直不起腰,如同肠子被搅动一样,疼得他在地上打滚。

讨水喝的汉子又无声地走进来,其实他是毛骧。看见刘琏的情景,他冷笑几声:"刘公子,和你爹一样,你是中毒了。"

"是……你……你下的……毒。"

"然也。"

"你……是……什么……人?"

"不要问我是谁,我且让你死个明白。我是胡惟庸相爷派来的,你的父亲也是死于他手。"毛骧转身离去,他之所以二次返回,告知实情,是为了求得自己的心灵安慰。

刘琏已是气息奄奄,而且痛彻骨髓。他尽力将自己的食指咬破,在衣襟上写下"胡惟庸害",没容他写完,"害"字只写出一半,刘琏便撒手归西了。

几日后,地保发现刘琏的死尸,报告给官府。地方官逐级上报给朝廷,最后报到了朱元璋的御前。朱元璋手掐那半幅衣襟和残缺不全的血书,虽说不能就此指实说胡惟庸是凶手,但是他心中已认定就是胡惟庸害死了刘基父子。朱元璋决心尽快将胡惟庸除去。

洪武十二年(1379)九月,占城国遣使入明朝贡,而胡惟庸没有向朱元璋禀报。明太祖抓住这一事实,责问中书省犯有欺君之罪。左、右相胡惟庸和汪广洋吓得跪地求饶。但朱元璋决心把事情闹大,下令锦衣卫"尽囚诸臣,穷诘主者"。在严刑拷打之下,御史中丞涂节为了活命,首先熬不住了,他对主审官提出:"我要面见万岁,方能招供。"

朱元璋闻听就要打开缺口,便亲自来审问涂节:"你声称要见朕,有何重大内情要招?"

"万岁,罪臣供出内情,可否饶臣性命?"

朱元璋稍加思索:"只要你如实招出,朕可以免你死罪。"

"那罪臣就全说了。"涂节奏道,"万岁,太史令刘基之死,是胡惟庸投毒所致,他还指使毛骧同样投毒杀死了刘琏。"

"这早在朕的预料之中。"朱元璋问,"还有什么重大隐情?"

"万岁,胡惟庸结党营私蓄谋已久,还有许多高官勋臣参与其中。比如右丞相汪广洋,就是胡惟庸的同谋。"

朱元璋立刻亲自提审汪广洋,身为右丞相的他,死活不肯招认。各种刑罚用遍,依然是铁嘴钢牙。朱元璋大怒,因为没有口供,降旨把汪广洋贬往海南。汪广洋走到半路,朱元璋的圣旨又到,因为在胡惟庸府中搜到了他与胡交往的罪证,下令将他就地处死。

汪广洋的死讯传回京城,他的爱妾陈夫人万念俱灰,便在楼中悬梁自尽。由此朱元璋得知,这个陈夫人本是犯官陈县令之女,理应没入官籍,发到功臣家为奴,可由于其貌美,胡惟庸做主,把他赏给了汪广洋。

朱元璋大怒,亲自审问胡惟庸等人,面对皇帝的威仪,众人先后招供,胡惟庸也一一交代了他的罪行。

第二年的正月初六,朱元璋传旨,将胡惟庸、陈宁、毛骧等人处死;对于涂节,则免于死罪。

廷臣见状奏道:"万岁,涂节当杀,不可赦。"

"为何?"

"他本是胡党重要成员,只因见其败绩,这才被迫自首,实为见风转舵之徒。这种奸臣,留下是大祸患。"

"可朕已当面允他免死。"

"万岁,生杀予夺权在陛下,当杀则杀。如汪广洋圣上贬他海南,后又降旨斩首,有何不可?"

"却也有理,一并诛杀。"朱元璋即下达了死刑圣旨,涂节和胡惟庸等同党尽被送上刑场。

问斩前夕,胡惟庸高声喊冤:"冤枉!不服。"

监斩官徐达问:"胡惟庸,你临刑喊冤,还有何不服?"

"万岁他执法不公。"

"怎见得?"

"罪臣谋反该当死罪,可是我的后台他却不闻不问。"

"你的后台,他是何人?"

"韩国公李善长。"

徐达眉头一皱:"胡惟庸,你不要临死胡攀乱咬,须知这是罪上加罪。"

"罪臣说的是实话,若不是李善长举荐,我又怎能爬上左丞相的高位。这一切谋反活动,韩国公全都知情并参与了。万岁因他是儿女亲家,就对他网开一面,臣至死不服。"

徐达反驳道:"万岁绝不像你所说,对待臣民是公正的,对法律从来都是认真执行。"

"不要说李善长了,皇上他对亲属从来都是护短。就说驸马都尉欧阳伦,因为他是安庆公主的丈夫,所以他动用官府为他贩卖私茶,大把银子流水般装进腰包,谁又敢说个'不'字?"

"胡惟庸,你再敢胡言乱语,就割掉你的舌头。"

"割吧,反正我的命也没了,还要舌头何用?但在死前,这话我非说不可,我要让普天下人都知道,朱元璋不过是个伪君子。他其实比谁都不要脸,不信大伙看着,李善长和欧阳伦,一个是他亲家,一个是他姑爷,犯下滔天大罪,也不会丢一根毫毛。"

"斩,斩!"徐达急切地传令。

刽子手手起刀落,胡惟庸等人的人头落地。但是,胡惟庸在法场上的一番话,却已传到了朱元璋耳中。他深为埋怨徐达,认为不该让胡惟庸把这些话讲出来,这不是让他这个皇帝难堪吗?没有这一番法场陈词,他可以装作不知。而如今不行了,等于是胡惟庸死前同他叫阵了,若不依法处治,他会被天下人耻笑,让百官们背后议论。

朱元璋被逼到了死胡同,他狠下心来,亲自提审欧阳伦。

这一贩茶案的关键证人是河桥巡检司的检守,奉召到京后,安庆公主派人给他送去了一千两黄金,要他为欧阳伦作有利的证词。可是检守没敢隐瞒,把黄金如数上交。朱元璋赞扬他:"你虽是小吏,但所为磊落,朕亲审就是表明要秉公办案,你要如实交代,不得作伪证。"

检守心想,反正是皇帝的姑爷,即使犯罪也不会真的治罪,可恨的是驸马家的家奴周保,对自己非打即骂。本来贩私茶是偷着干的事,而周保偏要大张旗鼓地进行。自己为他掩饰,想等无人时放行,而周保则嫌慢待了,把自己打得鼻青脸肿,至今耳朵还听不清问话。他越想越气,便照直禀奏了:"万岁,驸马爷贩运私茶是实,而且已有数年之久。"

"你身为检守,为何不加制止?"朱元璋怒问,"拿着国家的俸禄,不为国家办事,反而助长歪风邪气的蔓延。你们若是早加制止,欧阳伦他又何至于走到这步田地?"

"万岁有所不知。我们这些小吏,别说在驸马爷的眼里,就是在他家奴的眼中,也是连根小草也还不如。休言制止,有一次运茶的大车不足,家奴周保让小人到民间强征五辆大车。民间的车闻讯早就逃了,小人费尽九牛二虎之力,才征来四辆大车。那周保一见大怒,把小人打得死去活来,险些要了小人的命。"检守越说越气,"万岁,这个家奴可得用国法教训教训。"

"想不到他们竟嚣张到如此程度,若不是朕亲自审问,朕还不会相信。"朱元璋问,"依你看,他们该当何罪?"

"家奴周保,怎么也得打他二十大板,让他长长记性,别再拿我们不当人。"检守思忖一下,"至于驸马爷,万岁当面训斥他几句也就是了,那钱该赚还赚,就是别太张扬才对。"

"狗奴才,你倒是替朕作了判决。"朱元璋站起身,"朕问你,贩卖私盐私茶该当何罪?"

"这,自然当是死罪。"

"好,你且听候朕如何处置他们。"朱元璋回到内宫。

安庆公主和欧阳伦都在忐忑不安中焦急等候,朱元璋亲自审理,他们料到事情闹大了。见到朱元璋回来,安庆公主迎上去:"父皇,您审过了,那个检守是怎样说的?"

"哼!好好的公主驸马你们不做,偏偏去走私,难道你们缺钱吗?要多少银子告诉朕,朕给你,何苦违犯国法!"

"父皇,不要听信他们的谗言,驸马他没有走私,这是无耻刁民的诬陷。"

欧阳伦也辩解说:"父皇,儿臣并不缺钱花,断然不会做违法之事。"

"够了!"朱元璋怒斥,"你们还在巧言狡辩,检守他敢冤枉你们?还行贿千两黄金,亏你们做得出来。"

安庆公主始知事态严重,赶紧跪在地上:"父皇,驸马所为乃一念之差,都是儿臣的主张,万望父皇饶恕。"

欧阳伦也跪在地上:"父皇,儿臣错了,以后再也不敢了。"

"晚了,"朱元璋叹气,"国法难容,驸马犯的是死罪啊!"

"啊!父皇,您不能啊!"安庆公主抱住朱元璋的大腿。

"朕定的国法,朕不能自毁,"朱元璋闭上眼睛,"让他准备后事吧。"

"不,不,儿去找母后。"安庆公主发疯地转身就跑。

马皇后已然来到:"安庆,母后来了,你不要枉费心机了,这是你们自作自受。这不是我们的家事,这是国家大事。你父皇制定的国法,如果他带头毁废,那国家还能存在吗?又何以面对天下臣民?"

朱元璋握住马秀英的手:"皇后,你不怪我?"

"万岁,你这也是无奈呀!"马秀英坚定地说,"万岁,不能让百官和万民在背后戳你的脊梁骨。"

"朕这一生,有你为皇后,方能坐稳这个江山。"朱元璋传旨,"将周保枭首弃市三天。欧阳伦赐死,午门外曝尸一日,以儆效尤。"

安庆公主顿时晕倒,马皇后晃了几晃,朱元璋将她扶住,才不致跌倒。但自此以后,马皇后便一病不起,以致过早地离开了朱元璋,使这个开国皇帝的性格也发生了巨变。

第十八章　灭门叹铁券

　　天气有些炎热，寝宫的门窗洞开，一丝风也没有，闷得让人心情烦躁。朱元璋在御座上已是汗透衣衫，他放下一份奏折，想静静心思，但思绪如潮，怎么也安静不下来。他在想一个问题，自己这样操劳，究竟是为了什么？为了大明江山千秋万代，能够做到吗？秦始皇原想一代又一代传下去，可是二世胡亥即已亡国。千秋永固的江山是不存在的，万岁不死也是办不到的。但辛辛苦苦打下的江山，总要多传留几百年，朕这大明，哪怕像周朝一样存在八百年，也就心满意足了。看来为这江山的久长，自己还得不辞劳苦。他提起笔来，在白纸上留下了他的一行诗句：

　　　　百僚未起朕先起，
　　　　百僚已睡朕未睡。
　　　　不如江南富足翁，
　　　　日高一丈犹拥被。

　　近来，朱元璋的心情一直比较压抑，也就是很不开心。相濡以沫的马皇后弃他而去，安庆公主的丈夫被他赐死，随之更是雪上加霜，太子朱标竟也突然辞世。这是对朱元璋的致命一击，使他的脾气变得相当暴躁，动不动就发无名火。身旁的刘太监见皇上不开心，便试探着说："万岁，天气闷热，莫要一直憋在屋里，到外边走走，心情会好一些。"

　　朱元璋被提醒，遂决定出去散散心："刘公公，你不用跟随，朕自己随便走走,少时回来。"

刘太监不放心:"万岁小心。"

朱元璋信步不知不觉到了吉庆宫,这是充妃的住处。他不免又想起了这位胡贵妃,虽说不是专宠,但对充妃他心里总是放不下。记得一月前到充妃宫中,得知充妃有了身孕,朱元璋为了保胎,特地又去往宁妃处过夜。屈指算来,也有五个月了,朱元璋在吉庆宫外往来踱步,对于进不进去一时拿不定主意。

宫内,充妃正在与人对饮。此刻已有七八分酒意的充妃,举着手中的银盏,两朵桃花爬上面颊,深情地望着对面的宫女,泪眼婆婆:"表哥,明天你就要出宫了,此一别不知我们何年何月再能相见。"

"半年来,能与表妹同床共枕,恍如在神仙洞府无二。"原来那宫女装束者是充妃的表兄,"所幸未被识破,你我二人平安,这是上天赐福,只要彼此有意,总有相见之日。"

"表兄,过个数月半载,你再来同我相会。"

"不,万万不可。"表兄连声反对,"得意不可再往,相聚半年未出差错,已属不易。"

"表兄还以宫女面目留宿宫中,谅来无事。"

"日久天长,纸难包火,上次被皇上撞见,就险些原形毕露,切不可再度涉险。"表兄叹息着道,"现在你已不是当年的胡小姐,你已是皇帝的充贵妃了。"

"表兄,你我原本青梅竹马当成连理,谁料命运捉弄,竟被那朱元璋强行拆散,而今还得这样提心吊胆地偷情。小妹可是不愿做这贵妃,我是多么渴望和你生活在一起。"

"咳,今生今世已不可能,就不要再自寻烦恼了。"

朱元璋已然走到了宫门前,那当值太监跟在身后追着说:"万岁,容奴才进去通报。"

"朕已说过,你老老实实在宫门待着,朕自己进去,无须通禀。"朱元璋大步走进房中。本来上次来此,听见嬉笑之声他便心中存疑,而今他要看看充妃是否背着他有猫腻。

充妃和表兄正在酣饮,突然发现皇上站在了面前,一时间二人全都傻了。朱元璋何等精明,冷笑着问道:"是什么人,敢和贵妃同桌共饮?"

"万岁,是妾妃闲来无事,一人饮闷酒无趣,才硬拉这宫女作陪。"充妃给表兄使个眼色,"还不快些退走。"

表兄不敢言声,抽身要走。

"站住。"朱元璋断喝一声。

表兄不敢再挪动脚步,但他始终垂眉低首。

朱元璋又是怒喝一声:"抬起头来。"

表兄只得将头仰起,便露出了颈部的喉结。

朱元璋一步步逼近:"好一个宫女,演戏演到朕的皇宫内苑来了!"

表哥一见事已败露,急忙跪倒在地:"万岁饶命,都是罪民不好,如此乔装只为看望一下表妹。要杀杀我一人,与表妹无关。"

充妃既不跪地也不求饶:"万岁,既已被你撞见,也就无须再加隐瞒。本来我们兄妹自小相爱,却生生被你给拆散。我们旧情难忘,才有今日之举,你要杀要剐冲我一个人来。"

朱元璋眼睛死盯着充妃隆起的腹部:"说,你肚子里的孩子,可是你二人私会的孽种?"

"是便是,自然是我二人相爱的结果。"充妃完全是一副不在乎的神态。

朱元璋已是气得脸色紫胀,刷地拔出佩戴的宝剑:"你们这对狗男女,真是胆大包天,竟敢给朕戴绿帽子。"手中剑直刺过去,先将充妃扎个透心凉,又复一剑砍去了表兄的人头。

充妃用尽最后的力气,爬到表兄身上,嘴角现出一丝苦笑:"表兄,我们总算死在了一起。"

当值太监这才想起大事不好,转身要跑。朱元璋跟进一步,剑锋插进他的后胸:"你这个奴才,也不是好东西,合伙欺朕,怎能容你!"

太监嘴角咧了几下,鲜血横流,倒在了地上。

一直暗中跟随保护的刘太监问:"万岁,充妃身死,对人该如何交代?"

朱元璋想了想:"就说她身怀有孕,私自堕胎,因而被朕赐死。"

"那,奴才就将他们的后事处理了?"刘太监胆怯地问。

"给充妃起个坟包,日后他的亲人或者她的儿子楚王朱祯问起,也好有个去处。"说着,朱元璋从充妃身上抽下一条白玉链带,交给了刘太监,"这个给楚王留个念想。"

刘太监接过:"奴才记下了。"

朱元璋回到自己的寝宫,望着案上堆得高高的奏章,感到有些力不从心。但是没人帮他处理国事,而且他也不相信别人。又坐回案前,拿起一个奏折打开来,见是御史余敏和丁举二人联名的本章,不觉格外注意起来。两位御史联名上表,说明问题的严重性。他从头看罢,不觉倒抽了一口凉气。国事繁冗,自己怎么把这个人给忘了。想想新立的皇太孙朱允炆,心中越发沉重起来。太子朱标不幸夭亡,朱元璋本想立四子燕王朱棣为太子,但遭到大臣的反对。他也难以违背千百年来的惯例,册立皇长孙允炆为皇太孙。这个允炆,与其父的性情相同,也是仁厚有余,刚武不足。遇事优柔寡断,又过于善良。朱元璋担心允炆日后继位,难以挑起这副治国的重担。眼下这个奏折,倒是个绝好的机会,何不叫他来历练一下,也好令其学学如何做好皇帝。

刘太监奉旨将朱允炆召到,允炆恭恭敬敬地叩拜:"皇祖父,天色已晚,叫孙儿前来有何旨意?"

"你看看这个。"朱元璋把奏折交给他。

朱允炆拿在手中,从头看了两遍:"皇祖父,孙儿看过了。但不知要孙儿看它是何用意?"

"允炆,假如你现在是皇帝,对这一奏章该如何对待?"

朱允炆脑子里急速地过筛子。这份奏折的内容是,天上的星相异常,主大臣谋逆篡位。而韩国公李善长与胡惟庸是至亲,又是胡的后台,胡的升迁,系李善长一手提拔。此人不除,日后对朝廷极为不利,因为李善长能力太大了,朝中门生故旧甚多,可以说能做到一呼百应。二臣建议,及早除去这一隐患。

朱允炆略作思忖,按自己的思路说:"皇祖父,孙儿觉得这道表章是无稽之谈,所谓星相示警,全系无中生有。这样的表章,不必理睬,丢过一边便是。"

朱元璋连声说道:"果然不出朕之所料,你还不是当皇帝的料。要知道,这两位御史是借星相说事。他二人是为你日后坐皇位着想,担心李善长会危及你的皇帝宝座。"

"那也不该无中生有,假借星相害人。"

"孙儿,你还是不懂为政之道,要达到目的,有时就得寻个借口。"朱元璋再问,"话已说明,你看该如何处置?"

"这,李善长身为韩国公,又是皇亲,只能教育训导一下,警告他不得胡来,要谨慎为官。"

"孙儿,你太天真了。天底下岂有与虎谋皮的事例?要想皇帝座位牢固,就得铲除一切对己不利的因素。"

"皇祖父的意思是,要罢了他的官?"

"说得太轻松了,"朱元璋耐心言传身教,"像李善长这种人,即使在野,仍然是百足之虫死而不僵,还能一呼百应,必须彻底根除。"

"听皇祖父的意思,终不然还把他下狱不成?"

"关进大牢也不管用,只要李善长还有一口气,他的同党便有幻想,以为朕的亲家总会出狱的,为乱之心就不会死。"

朱允炆可是糊涂了:"皇祖父,总不能杀了他呀?"

朱元璋的表态令朱允炆大吃一惊:"就是要将他处死,只有这样,才能免去孙儿你继位的后患。"

"皇祖父,您杀不了他。韩国公可是有免死金书铁券的,而且他是免死两次,儿子还有一次。"

朱元璋冷笑几声:"金书铁券是朕发的,朕就有法叫他没用。别忘了朕还有一句话,谋逆者不在赦免之例。"

"可是,他没有谋逆啊!"

"他与胡惟庸合谋害朕,这已是不争的事实,加给他谋逆的罪名,对他一点也不冤枉。"

"皇祖父杀了他,李家会仇恨您的。"

朱元璋冷笑几声:"有道是斩草要除根,所以朕要将李家灭门。"

"灭门!"朱允炆感到毛骨悚然,"他家七十多口全杀?"

"朕活着不怕他们报复,皇爷爷担心的是你呀。"朱元璋无限爱抚道,"你太宽厚仁爱,朕不能让他们从你手中夺走大明的江山。"

朱允炆突然跪下了:"皇祖父,孙儿有一请求,万望应允。"

"什么事,说吧。"

"请皇祖父无论如何饶临安公主姑妈一命。"

"朕的亲生女儿,自然要免死。"朱元璋爽快地同意,"好了,平身吧。"

朱允炆还不肯起身:"皇祖父,孙儿还有话说。"

朱元璋脸绷起来:"你呀,最好不要得寸进尺。"

"皇祖父,你不能让姑妈成为寡妇,也不能让她失去亲生骨肉,望您格外开恩,饶了驸马李祺和两个孩子吧。"

朱元璋沉默许久,才缓缓开言:"按理说,你为他们一家四口求情没错,可你这就是妇人之仁。这不是一个皇帝所应有的性格,朕归天以后,怕这就是你致命的弱点。"

"皇祖父放心,孙儿也不会对敌人仁慈的。"

"好吧,但愿如此。"朱元璋点头了,"就以孙儿所言,免了李祺一家四口人的死罪。"

刘太监携圣旨到了韩国公府,宣读了圣旨,李府上下如闻晴天霹雳。他们无论如何也没想到,贵为国公且与皇上是儿女亲家的李府,竟遭此灭门横祸。

临安公主痛哭失声:"公爹,父皇他一定是听信了谗言,待儿媳进宫去为全家人求情。"

李善长与皇帝相处多年,深知朱元璋的为人:"公主,难得你的一片孝心,你不要进宫了,没有用的。为父的死,只是早晚的事。在十年前我就该与胡惟庸一同上法场,晚死了十年已是不易了。只是我没想到,会连累家小七十多口,谁也不怨,是我自作自受啊!"

行刑之日,天空飘着细雨,像是为李家哭泣。李善长这位七十七岁的老人,他步履蹒跚,艰难地移动着脚步。跪在地上就要被砍头之际,他左右环顾一下那些还不谙世事的孙儿孙女,禁不住老泪纵横,仰天长叹:"天哪,难道这就是我出生入死戎马生活几十年,为子孙后代争来的荣耀吗?尔可免两死,子可免一死,这就是作为国公得到的金书铁券吗?天哪,早知今日,何必当初,我就在乡村做一田舍翁岂不没有这灭门之祸!"但是,一切全都晚了,七十多颗人头落地,刑场一片血腥,令人惨不忍睹。

朱元璋注视着窗外的风雨,计算着行刑的时间。他的面部看不出表情,似乎对这一切都习以为常。可是皇太孙朱允炆却悲悲戚戚地走进来:"皇祖父,他们一家全死了。"

"你应该高兴才是,这样一来,皇爷爷去后,就少了一个夺你皇位的人。"朱元璋在为他的杰作感到欣慰。

"皇祖父,您曾说李善长是您的萧何?"

"是啊,"朱元璋对皇太孙还蛮有耐心,"看来你还是没能变仁慈为刚毅,当大明朝需要萧何时,他李善长就存在。当他威胁到大明朝的存在时,他也就只能成为长乐宫中的韩信。"

"皇祖父,对有大功的开国元勋,还是应该给予优厚的待遇,时时刻刻挂在心头才对。"

"是啊,给他们封公封侯,让他们的后代世袭,赐建府邸,颁给免死金书铁券,这待遇也够丰厚了。"

"皇祖父,有一开国功臣已是病重不起,您一直也没关心,当年如果没有他的英勇善战,大明朝只怕还未能开国呢。"

"哦,孙儿所指何人?"朱元璋心中无数,"是哪位大臣,竟这般重要?"

"皇祖父,是魏国公徐达。"

朱元璋竟至半晌无言,默默而立。

朱允炆胆怯地问:"皇祖父,孙儿是错了不成?"

"啊,没有,你提醒得很好,朕不该把这开国第一功臣忘记。"朱元璋知道这个皇太孙过于仁慈,真话不能对他说了,"朕听你的建议,要去魏国公府探望他的病情。"

"孙儿也去如何?"

朱元璋想了想:"好吧。"

闻听皇上到府探病,卧病在床的徐达不觉惊呆了。他太了解明太祖这个人了,感到是吉凶未卜而且是凶多吉少。赶紧爬下床来跪地接驾:"万岁驾临,臣无限惶恐,真是皇恩浩荡。"

"魏国公请起,"朱元璋扶他上床,"大病在身,何须多礼?快请卧床休息。"

徐达上了床,仍不肯躺下:"万岁在此,微臣怎敢失礼。"

"哎,这话就说远了。"朱元璋显得分外亲切,"你我说是君臣,实则情同手足,甚至比兄弟还亲。"

"臣不敢,微臣对万岁永怀崇敬之心。"

"魏国公哪里有恙,让朕看看。"

徐达俯卧在床:"万岁,臣是背部生了痈疽。"

刘太监上前掀开徐达衣服,只见他的背部有一拳头大的包,已是破头了,尚在流脓淌血。朱元璋眉头皱了几下,刘太监赶紧给盖上了。

朱允炆一旁心疼地说:"魏国公,这一定很痛吧?"

"无妨,也就等于战争中被射中一箭而已,外敷内服同时用药,再有几个月就会好的。"

"魏国公是开国元勋,大明第一功臣,能征善战,百战百胜,大明朝不能没有你。"朱元璋深情地说,"而今北元虽说窜入大漠,但贼心不死,常来扰边,朕还要靠魏国公康复后北征破敌呢。"

"臣只要身体一好,立时奉圣命击败北元,保我大明江山边境安宁。"徐达在病床上表示忠心。

朱元璋站起来:"魏国公好生将养,需要时朕派御医来。"

"臣不敢当。"徐达心说,可千万别来御医,刘基要不是胡惟庸领来御医,也不会死于非命,"臣用的药还很见效,只是在饮食上注意就可以了。"

"啊,饮食当如何注意?"

"此病最忌吃蒸鹅,如吃这种食物,等于催毒发作,病人不出三天,必然背痛破裂而亡。"

"好,朕就告辞了。"朱元璋走了。

徐达松口气,总算躲过了一劫,看来并无大碍了,朱元璋不会对他怎么样了。时值中午,正要用午饭,家人报称宫里的御前太监刘公公来了。徐达急忙要下地迎接,刘太监劝阻:"国公爷不要动,奴才是奉皇上之旨,为国公爷送来午餐。"他递上食盒。

徐达接过打开一看,顿时就傻眼了。食盒里赫然有一只油光发亮香气扑鼻的蒸鹅。待了片刻,他叩头谢恩:"臣谢万岁所赐。"

"国公爷,吃了吧。"刘太监催促。

"当着公公的面多有不雅,"徐达敷衍着搪塞,"万岁赐食荣耀无比,少时自会吃下。"

"国公爷,万岁是要奴才看着国公爷吃下食物才能离开。"刘太监再次督促,"请用吧。"

徐达明白,这是朱元璋要他的命。俗话说君要臣死臣不得不死。他用手抓起蒸鹅,就往口里送。

徐达的家小看见上前来夺:"老爷,您不能这样,吃了就没命啦!"

"咳,你们哪,怎么全都犯糊涂。"徐达也顾不了许多了,当着刘太监的面,对他的家小说,"这已是皇恩浩荡了,我这样病死,这魏国公的爵位,还可以世袭,你们还可以坐享荣华富贵。"

"老爷,皇上不该这样待你,你为大明江山立下无数汗马功劳。"

"傻话,"徐达教训家小,"韩国公的功劳小吗?可他不是七十多口全都问斩了,灭门了?皇上对我徐达是宽宥的,假如我在战场上战死不也一样吗?不要多想了,只能叩谢皇恩,我不在了,皇上才会放心,至少我徐达不会对大明江山构成威胁了。"

刘太监有些不耐烦了:"国公爷,吃了吧,咱家还等着回宫复旨呢。"

徐达开口便吃,少时已吃下半只:"刘公公,下官实在是吃不下了。"

"好了,咱家看也可以了,半只不算少了。"刘太监走了。

朱元璋听了刘太监的禀奏,脸上现出轻微的笑意:"徐达还算识相,他也就占了不少便宜。"

三天后,徐达背痈破裂而亡。

两名据有首功的文臣武将,李善长和徐达,业已全都身死,朱元璋的心安定了许多。

当日,御史余敏又来进宫求见:"万岁,臣有要事启奏。"

"有何本章奏来。"

"万岁,胡惟庸一案,牵涉官员甚多,且都位高权重,臣难以结案,特奏请万岁定夺。"

"说吧,都涉及何人?"

"万岁请龙目御览。"余敏递上一份名单。

朱元璋接过从头看下:吉安侯陆仲亨,延安侯唐胜宗,平凉侯费聚,河南侯陆聚,南雄侯赵庸,荥阳侯郑遇春……一长串名单,开列的全是侯爷和大将,其中大多是跟随朱元璋打天下的淮西人,尽皆战功显赫,勇猛异常。这些人,朱元璋可说是了如指掌。他想,就这些战将,随便哪一个,都足以让朱允炆的宝座不稳!

他似乎漫不经心随意地动问:"你名单上开列的人,说他们是胡党,都有确凿的罪证吗?"

"铁证如山。"

"既是罪行属实,不管他曾立有多大军功,谋逆者一律斩杀。"朱元璋信口说来,"杀吧,但不涉及家族。"

就这样,二十多名握有免死金书铁券的侯爷,在法场上人头落地。至此,历时十载,胡惟庸一案才算了结。株连被杀者共达三万余人。

借着胡惟庸案,朱元璋为保皇太孙基业安稳,几乎把开国功臣诛杀殆尽。

边关接连发来急报,北元主率十万铁骑,不断侵扰犯边。边境的二十多座城镇受到铁蹄的践踏,居民死伤过万,妇女被虏上千,牲畜被抢两万多头。而且北元的抢掠还在向纵深推进。

朱元璋紧皱眉头,他并没有把北元放在眼里,觉得他们已是手下败军不足为虑,只要出兵,他们就会狼奔豕突。只是派何人为大将军,这事让朱元璋大费思量。开国武将已被他诛杀殆尽,如今可以统领兵马的武将还有三人。一个是颍国公傅友德,一个是宋国公冯胜,还有一个是信国公汤和。这三人里,汤和业已告老还乡,朱元璋很满意汤和主动交出军权,也不想再重新起用。而傅友德和冯胜二人,全都建有殊勋,兵权过重,功劳过大,只怕日后难以驾驭,而皇太孙就更难对付这二人了。怎么办?朱元璋脑子里跳出一个人影,他便是左副将军蓝玉。对呀,此人可用,蓝玉是常遇春的妻弟,多年随常遇春征战屡立战功,他又是已故皇太子朱标太子妃的舅爷,和皇家几层亲缘关系,总比傅、冯二人近得多。从现在就培养他作为皇太孙登基后的柱石之臣,让他广立军功,握有兵权,建树他的威望,以保皇太孙皇位稳固,大明朝万古长存。

朱元璋打定主意,宣蓝玉上殿,降旨道:"蓝将军,北元犯边,战火燃起,朕委你为征虏大将军,统率十五万军马,刻日出兵,务将北元骑匪击溃。"

蓝玉得以独立统领大军,精神为之一振:"臣遵旨,谢万岁!"

"蓝玉,朕对你期许甚高,此番一定要将北元的实力打掉,使其近年内不再对我边疆构成威胁,不要只是赶走了事。"

"万岁心思末将尽知,定当不负圣望,早传捷报。"

"好,愿你后来居上,超过徐达、常遇春的智谋和勇猛,"朱元璋特别透露,"但愿以后大明朝的武将,你就是首屈一指了。"

蓝玉大军的出征,没有声势浩大的仪式,也没有向边关发出边报。他把大军分成十数个小股,是暗中偷偷向北进发。待到北部边境会合时,边关还不知十五万大军已到。更不要说北元了,他们还蒙在鼓里。当时,北元正对明朝三个边疆重镇进行侵扰。蓝玉的副将问:"大将军,你我是兵分两路,还是分三路制敌。"

蓝玉早已胸有成竹:"我们决不分兵,而是集中兵力,给北元军队以毁灭性的打击。"

副将不解地又问:"那,我们打他哪一路?"

"我们哪一路也不打,"蓝玉言道,"三路都打便要分兵,形不成拳头,没有优势兵力,便打不疼他。若打其一路,另两路则必然逃窜。他们遁入大漠,我们难以再捕捉战机,便又要重蹈以往对元作战的覆辙。我大军一走,他们便重来骚扰,使我军有力用不上。"

"那该怎么办?"副将说,"这也不行,那也不行。"

"我们要深入大漠,埋伏起来。在他们返回的路上,打他们个措手不及,这样方能将其主力击溃。"

"大将军,那我们就眼睁睁看着三个边境城镇被北元的铁蹄蹂躏,百姓被烧杀抢掠,我们不是失职吗?"

"暂时的损失,是为了长远的胜利。"蓝玉分析说,"我军秘密到达,北元尚蒙在鼓中,十五万大军的伏击,对他们便是致命的打击。再者,北元军抢掠归来,就背上了包袱,于我军更为有利。"

"埋伏久等,可是个苦差事。"

"战争就是流血流汗,这点苦算得什么?"蓝玉传令,"大军准备好三天的干粮和饮水,向大漠纵深全速前进。"

明朝大军人不知鬼不觉的,在北元返回的路上设下了重重埋伏。半天过去了,没有敌人的任何动静。战士们在酷热中煎熬,身下的沙子如火一样烫人。

副将有些沉不住气了:"大将军,假如北元军返回时不走这条路,我们不是白受罪了?"

"这是他们返回老巢的必经之路,要耐心等待。"蓝玉也担心北元主万一绕道改走他途。

路上传来了人的说话声,和车马的行进声,是一队人马过来了。蓝玉传令:"噤声,不要暴露。"

沙漠中间的路上,由北向南行进着一支马队。但这是一股人数不多的队伍,大约一百多人,其中一辆毡车格外醒目。那毡车装饰华丽,车下前后左右还跟着几个宫女装束的人。

副将悄声对蓝玉说:"大将军,这是往我朝方向去的,也不是北元的大军,我们白高兴了。"

"此言差矣。"蓝玉持有不同观点,"有马队经过,说明我们的埋伏成功,没有被敌人发现。那辆毡车内,极有可能是元主的妃子。她们这是迎接大军的凯旋,放心吧,用不了一个时辰,元军就会进入我们的伏击圈。"

半个时辰之后,路上车马喧嚣声嘈杂震耳,人的说话交谈声也肆无忌惮。元军的大队人马沿着沙漠中的道路缓缓行来,其中夹杂着大批牛羊牲畜。元主脱古思帖木儿乘坐在金鞍白马上,对身边的两个儿子说:"朕这次出征,收获最丰,这牛羊怕是有十万多头吧?"

太子天保奴应道:"父皇,何止十万,要多得多。这次可说是大获全胜,光是马就抢来几万。"

"我们可以再武装一支骑兵,"二太子地保奴接话,"这次我们还得到了三千多辆大车,以后打仗运送辎重粮草全都不愁了。"

"是啊。"脱古思帖木儿憧憬着未来,"朕看明朝的朱元璋也不过如此,他们的猛将徐达、常遇春全都死了,功臣猛将也让他给杀光了,用不了一年,我们就可以杀回大都了。"

两位太子也都跃跃欲试:"但愿这一天早些到来,我们也好重新过上在金碧辉煌宫殿中的好日子。"

"嗵嗵嗵!"接连不断的炮声响起,元军的队伍顿时乱作一团。元主勉强勒住受惊的坐骑:"要镇静,这是为何,是不是我们的炮走火了?"

"杀呀!"蓝玉一声令下,十五万伏兵尽起,像潮水一样冲向慌乱的元军大队。

元军猝不及防,怎禁得十五万铁甲军的冲击,毫无还手之力,任凭明军恣意砍杀。一瞬间,人头滚滚,牛羊乱窜,车仰马翻,元军转眼间死伤过半。

脱古思帖木儿在两个儿子和亲信的保护下,拼命杀出了包围。可是,明军还有第二道包围圈。他们这一万精兵依然被死死咬住。蓝玉身先士卒,与元军主力展开厮杀,把元主的精锐斩杀过半。元主身边还有大约三千人马,他见毡车尚在包围圈中,高声吩咐:"地保奴,带人马保护你的母后,不要管我。"

地保奴带走一千人马,只剩两千多人马保护元主。天保奴对元主说:"父皇,明军人马众多,我们不是对手,也顾不了母后了,还是尽力逃命吧。"

"好,皇儿,你命我们的铁军猛冲。"元主被他的马军裹在中间,成一团往外滚动。

明军缠住元军,不给他们一丝机会,元主一时间难以脱身。见此情景,太子天保奴令两名马军与他父子换了服装。突然间狂风大作,扬起漫天沙尘。天昏地暗,日色无光。刮得人马睁不开眼,人在风沙中几乎难以立足。元人已习惯了风沙,元主和太子趁机带着几十骑逃脱,而剩下的一万五千元军和所有战利品,尽为明军所获。

蓝玉上前擒住元主,一问方知是兵士假扮。本想擒住元主,立下不世功勋,谁料功亏一篑。蓝玉不甘心,命一支万人的精骑,向北方穷追。直追到捕鱼儿海,也再未见元主的踪迹。副将道:"大将军,这次我们是对元作战以来的最大胜利,元虏自此便一蹶不振了。"

望着无边无尽的漫漫黄沙,蓝玉点点头,他自己也认定,这就是一场大捷,当年的徐达何曾有过如此大的胜利？此战证明:他已远远超过了徐达、常遇春,今后就是大明朝的第一武将了!

第十九章　舍命纳元妃

血红血红的夕阳,无力地把余晖抛洒在望不到边际的沙丘上。激战后的战场,一片狼藉,满目血腥。战死兵士的尸体,无辜伤残的百姓,被殃及而横卧在地的战马牛羊,还有四处乱窜想要逃出这血腥之地的猪鸡,真个是乱糟糟血淋淋。蓝玉手提宝剑,居高临下目睹着这一切,心中腾起无穷的自豪感。

副将跑来报告:"大将军,下边路上那辆毡车旁,有一个骑马的汉子,声称非要见你。"

"什么人,这么大的架子?"蓝玉乘马驰下沙冈,到了毡车旁,果见一个年轻人,守护着毡车寸步不离。蓝玉轻蔑地发问:"你是何人?"

"我是大元国二太子地保奴。"

蓝玉听后精神为之一振,自己正为没有俘获北元的主要头目而懊恼,想不到就有二太子送上门来:"你当真是?"

"这还会有假,"地保奴看看附近,没有元军战俘,便向毡车内一指,"不信,你可以问她们。"

"她们是谁?"

"我的母后大妃,还有父皇的侧妃。"

"当真!"蓝玉已是兴奋异常。

"不信你看哪。"

蓝玉上前,用宝剑挑开毡车的锦帘,里面果然是两个蒙古装束的女人。年长的虽说四旬开外已是徐娘半老,但仍不失雍容华贵风韵犹存。

年轻的也就是二十岁左右,真的是少有的蒙古美人,周身上下透出一股野性的美。

侧妃见蓝玉目不转睛地注视自己,明白是为她的妩媚所心动,便向蓝玉飞去了一个媚眼。就这一眼,蓝玉的身子顿时酥了半边。

副将又跑过来报告:"大将军,战场打扫完毕,所有数字都有了。"

蓝玉不得不放下车帘:"讲。"

副将从头禀报:"此战共俘获北元二太子地保奴,北元主正妃、侧妃,还有公主等国戚一百二十三人。官员家属三千余人,男女平民七万七千余口。马四万七千匹,骆驼四千八百头,牛、羊十万两千四百五十头,大车三千余辆。"

"好!太好了!这真是空前的胜利。"蓝玉兴奋地吩咐,"先具快报向皇上报捷,让万岁高兴高兴。"

"遵令。"

"慢。"蓝玉迟疑一下,"捷报中删掉侧妃的名字。"

"这,"副将提醒道,"大将军,万岁知道,这是欺君之罪呀。"

"就说这个侧妃她死在了战场上。"

"大将军,没有不透风的墙。这样大的胜利,为一个女人打折扣,可是太不值得了。"

"我问你,咱二人谁听谁的?"

"末将自然是大将军属下,要听大将军管辖。"

"那你就这样报!"

副将不情愿但又无奈地说:"遵令。"

蓝玉又传令将大妃和二太子押往另一辆大车上,独将侧妃留在毡车,之后,下令班师返回。暮色苍茫时,队伍路经一处较大的村寨。蓝玉想了想传令:"全军原地休息。"

副将见状提议:"大将军,天色就要黑了,此地离喜峰口关隘还有一段路程,若是休息,怕是闭关前不能到达。"

"那便如何?"

"大军不能过关,该如何过夜?"

"本大将军自有道理。"蓝玉不更改命令,"原地休息。"

"这,咳!"副将摇头叹息。

蓝玉找了一处大户人家,将侧妃带进房中。军士们看见,无不议论纷纷:"怪不得让我们休息,原来是大将军等不及了,要和蒙古娘儿办事。"

"皇上不是严令,不得私纳战俘女人,违者军法从事?"

"咳,人家不是大将军吗?这不是咱们该管的事,少瞎议论。"

副将迟疑了一会儿,还是到了蓝玉窗前:"大将军。"

蓝玉已是脱了衣服,极为反感地问:"又有何事?"

"这,您私纳元妃,兵士俱已看见,万一为皇上知晓,就是犯了杀头之罪。"副将提醒道,"请大将军三思。"

"你这人也太啰嗦了。"蓝玉一语双关,也是在警告副将,"本大将军看哪个不想活的敢向皇上报告,他的全家都别想活。"

副将不敢再吱声了,默默离开。

室内,侧妃对蓝玉欲擒故纵:"大将军,妾身已是残花败柳,不值得你堂堂大将军为我担着杀头的风险。"

"别听那些闲言碎语,大将军我与皇上是至亲,那些规矩都是给别人立的。"他已是急不可耐,将侧妃压在了身下。

侧妃明白今后这就是自己的靠山,想要过上好日子,就要让蓝玉真心喜欢自己。于是,她使出浑身解数。蓝玉从未同蒙古女人有过床笫之欢,何况这个侧妃又是元主的宠物,直令蓝玉死去活来。两个人颠鸾倒凤,足有半个更次。

副将看看天上的星星已经出齐,还是忍不住了,到窗下提醒:"大将军,再不走怕是真的进不了关了。"

"好好,就走。"蓝玉也觉得时间不短了,一旦闭关还真麻烦,"通知队伍,立刻出发。"

大军足有二十多万人,再加上车辆牲畜,行进十分缓慢。待到了喜峰口,天已二更时分,关城早已闭锁。

副将自言自语,但也是讲给蓝玉话听:"看看,闭关了,今夜怕是只能在这口外露营了。"

蓝玉不满地白他一眼："上去叫关。"

"这……合适吗？"副将感到为难。

"让你叫就去叫,难道不听我的军令？"

"遵令。"副将上前高声喊道,"关上听了,征虏大将军得胜还朝,快请开关放行。"

值守关城的哨将不假思索地回道："进关要等明日辰时,这是多年的规矩,夜间是不会重启关门的。"

"放屁！"蓝玉一听就恼了,"我乃是征虏大将军,出生入死为朝廷打了大胜仗,你敢将老子拒之门外？"

"大将军,闭关不得重启,这也是兵部的严令。末将不敢对大将军无礼,但也不能有违兵部军令。"

"混蛋！"蓝玉骂道,"你再敢迟延,看老子如何打进你这喜峰口。"

哨将有些不知所措："大将军息怒,容末将这就到统领府禀报,请示统领是否开关放行。"

"本大将军命令你立刻开关,如再敢怠慢片刻,就杀进城去。"蓝玉已是气满胸膛。

哨将知道这个来主儿不好惹,一路奔跑着向统领禀报去了。蓝玉下了通牒之后,仍不见有人开城,便焦躁起来。副将却在一旁自言自语："算了,将就一晚吧,统领闻报也不会开关,谁敢破朝廷的规矩？"

蓝玉心头的火苗,被副将的话火上浇油,腾地一下蹿起来："副将,竖起云梯,攻城夺关。"

副将站立不动："这,哪有自己人打自己人的道理？"

"你敢违抗我的军令？"蓝玉眼睛瞪圆。

"末将不敢。"副将领兵立起四架云梯,轻而易举地爬上城头,守城军士哪敢抵抗,早已吓得溜到了一旁。副将登城后下去打开了城门,蓝玉带大队人马昂然入城,载着侧妃的毡车紧随在他的身后。

统领闻讯与哨将匆匆跑来,迎面撞见蓝玉,慌忙跪倒马前："大将军,末将赶来开关,已是迟慢,向大将军请罪。"

"前来开关,显然是假话。"蓝玉用鞭梢指点着统领,"你该不会向兵部给我打小报告吧?"

"末将不敢。"统领诚恳地,"哨将急慢了大将军,还望大将军大人不记小人过,宽恕了他。"

哨将也已跪在一边:"大将军,小人知错了。"

蓝玉胸中的怒火要发泄出来:"你个小小哨将,竟敢对本大将军无礼!想我在沙漠中血战,为朝廷立下赫赫军功,便是万岁也要对我褒奖,你个不识抬举的狗东西!"

"末将情愿受罚。"哨将战战兢兢。

"本大将军赏你几皮鞭,让你长点记性。"蓝玉抡圆皮鞭,啪啪啪啪,接连抽了十几下。

哨将的脸上隆起无数道血杠子,也不敢躲闪,眼中噙满泪花。

蓝玉的大军人马众多,牲畜成群,行进相对缓慢,待他到达京城,喜峰口的奏本早已先期到达。对于这场战事的大胜全胜,朱元璋喜出望外,亲自出城迎接。他执着蓝玉的手,满面春风:"朕的大将军,你好比汉之卫青唐之李靖,朕心甚慰。"

"末将全仗万岁龙威,将士用命。"蓝玉也觉出人头地,"此后只要万岁驱使,臣定当尽力报效。马革裹尸,血洒疆场。"

"朕还要你辅佐皇太孙呢。"朱元璋看看身旁的朱允炆,"朕百年之后,他就要靠你了。"

"臣定拼死效命。"

"大将军好自为之。"朱元璋突然问,"喜峰口你是如何过的?"

蓝玉怔了一下,心说这是他们守将奏本了,急忙当街跪下:"万岁,臣有罪,不该夺关而入。"

"哎,快快平身。"朱元璋搀起他,"大战返回,还朝心切,统领急慢,朕定训斥。不过,无论功劳多大,朝廷的法度不可废,以后再也不可率性而为。"

"万岁,臣再也不敢。"

"好,上殿吧,朕要对你重重封赏。"进殿之后,朱元璋降旨,"大将军蓝玉平灭北元,功劳巨大,加封为梁国公,岁禄四千石。"

尚未说完话,刘太监送上一个奏折,从颜色上他立即分出这是锦衣卫指挥蒋献报来的,立即翻开阅看。看过之后,眉头皱起,脸色也阴沉下来,声音严厉:"蓝玉,你可知罪?"

蓝玉当即跪倒,他不知是何人奏他何事:"臣蒙昧无知,请万岁明责。"

"朕问你,北元主侧妃何在?"

"这,臣在路上把她送回府中。"

"你可知这是何罪?"

蓝玉嗫嚅地:"臣,死罪。"

"你呀,便有大功,也不该如此放荡,国家早有律法,私纳被俘妇人斩无赦。何况你还将元主之妃私下里纳为己有,如若兵将全如你而为,这国家法度何在,此后还能再打胜仗吗?你呀,真是令朕失望。"

蓝玉心想,这是哪个快嘴的将此事捅到皇上这儿了?私纳侧妃一事全军尽知,他也猜不出是何人告御状,只能是承认过错:"臣一时把握不住,受了她的诱惑,甘愿领罪。"

朱元璋沉吟一下:"朕念你是初犯,且大功在身,不予责罚,但所封之梁国公改为凉国公,此后切莫头脑发热。"

"臣谢万岁隆恩。"蓝玉下得殿来,已是周身汗透。

国公府很快建造完成,蓝玉已是大明朝第一武将,皇帝对他的宠爱早已传遍朝野,主动投奔蓝玉谋求前程的人络绎不绝地进入蓝府。光是义子,蓝玉就收留了上百人。这些人趋炎附势,变着法儿讨蓝玉的欢心,难免就生出事来。

一日蓝玉出外行围打猎,追逐一头野猪进入一片丛林。手下的随从从四面圈赶猎物,将一农户杜小三刚刚种下的庄稼给踩了个一塌糊涂。

杜小三追到田里:"你们出来!我的庄稼,我的小苗。"

蓝玉根本不予理睬,照常追赶野猪。蓝府管家兜马回来:"你穷咋唬什么?国公爷打猎,你惊走猎物,你赔得起吗?"

杜小三已是满眼泪水:"大爷们,我们全家一年的口粮就指着这茬庄稼,高抬贵手别再踩了。"

管家眼睛一瞪:"看你那熊样,这地本来就是国公府的,你还想赖去不成,做梦去吧。"

"啊!"杜小三一听蒙了,"这地祖传就是我杜家所有,怎么成了国公府的,这不是讹人吗?"

"你说讹就讹了。"管家一切全不在乎,"反正从今天起,这地就归国公府了,我们打猎你也别再干涉。"

杜小三急了,他不顾一切地冲上去,把管家从马上扯下来:"你们比土匪还要霸道,我家的地,不许你们胡来,给我滚出去!"他用尽力气,推搡着管家。

蓝府家丁一见管家被薅下马,立时围上七八个,对着杜小三便拳打脚踢。管家更是边打边喊:"狠点教训教训这个野种,他是吃了豹子胆了,敢对国公府的人出手。"

有管家撑腰,家丁们更是打得卖力了。也不过片刻之间,杜小三便躺倒在地,已是满脸开花鼻青脸肿。他挣扎着爬回家,在村里借辆驴车,老父和妻子拉着他,进京城告状去了。

听说是状告凉国公,各衙门全都不予受理。唯有在御史衙门,御史张克义愤填膺:"这还有没有王法?凭空霸占百姓的田地,凉国公再厉害,他也得遵守国家的法律,我为你做主。"

杜小三全家千恩万谢:"青天大老爷,真是包公再世啊!"

张御史发下火票,传蓝府管家到堂听审。可是去了三拨差役,全被蓝府的门子给挡回来。

张克火了:"本御史亲自去传他到堂,看他还敢不来?"

蓝府大门建有九级台阶,两只石狮像是活物张牙舞爪。张克登上台阶,开口问道:"门上哪个管事?"

大概看他身穿官服,门子显得客气一些:"是我当值,你有何事?"

"贵府管家强占村民杜小三的农田,还把人给打伤了。杜小三在御史衙门把他告下了,让管家到御史大堂听审。"

"什么,传我国公府的管家到你的大堂上听审?这简直是天大的笑话,你该不是有病烧得说梦话吧?"

"本御史这是公事,不得视为笑谈。"张克极其严肃,"速去通报管家,要他即刻到堂。"

双方还在对话,蓝玉带着猎获的战果返回了国公府。门子上前拦住管家:"有人把你给告了,御史衙门来拘传你了。"

管家一听觉得好笑:"来拘传我?"

张克近前郑重言道:"请随我到御史大堂回话。"

管家笑问蓝玉:"国公爷,咱去吗?"

"哪来的糊涂官,到咱国公府来刮旋风?赶走他!"蓝玉自顾往里走。

张克跟进一步:"国公爷,国法严明,你们不该强占民田,更不该打人致伤,这是犯了国法。"

"小小御史还来教训我?"蓝玉恼在心头,吩咐管家,"把他打下台阶。"

主人有话,管家和家丁一拥上前,把张克打了个连滚带爬,摔下了台阶,躺在地上动转困难。张克用手背拭一下嘴角的鲜血:"凉国公蓝玉,你等着,殴打朝廷命官,我上本告你。"

"随你的便。"蓝玉扔下这句话,便径自进了府门。

状告蓝玉的本章摆在了朱元璋的案头,把他气得脸色煞白。心说这蓝玉也太过分了,竟然置国法于不顾,这岂不是将朕不放在眼中?非得狠狠惩治他一下不可,但一时又想不好如何处置他。便又顺手捡起别的奏折,打开来一看,是西番发生叛乱,当地官府两次征讨均告失败,因而向朝廷告急。朱元璋心想,眼下用人之际,这平叛之事还得交给蓝玉,对他的惩治便留待以后了。皇帝下诏,令蓝玉带十万大军,前往大渡河消灭叛军。

蓝玉奉旨率军出发,在岩平与西番土酋刺惹的人马接阵。番人之勇,不过是乌合之众,哪里见过大明的精锐铁骑?不过几个回合,便被打得一败涂地。蓝玉攻占岩平后,又一鼓作气拿下杂道,直至攻破刺惹的老巢散毛峒,将番酋并一万多部众生擒。按照朱元璋的想法,设置了大水田千户所,使这个地区置于大明的牢牢控制之下。

这里的叛乱刚刚平息,施南、忠建一带苗人又起骚乱。而且气势很大,聚众达数万人,已经攻陷一处县城,业已危及州府。朱元璋传旨,蓝玉统领所部兵马,即往施南荡平苗人之乱。蓝玉大军马不停蹄,迅即到达,不出一月,叛乱便被剿平。朱元璋心中暗喜,这蓝玉确实是有用的大将,大明朝眼下还真少不了他,哪里还想惩治?对这赫赫军功大加表彰。赏蓝玉黄金万两,增其岁禄一千石。

在这期间,参奏蓝玉的本章不断。主要是说他畜养家奴上千,收养假子数百,这些人倚仗蓝玉的权势为非作歹,抢男霸女,欺压良善。对这些,朱元璋只是付之一笑,也不深究。但是对于参奏他不经皇上和兵部擅自升降属下的军官,在军内广置亲信,朱元璋却是认为此事不可小视。他打算在适当时机,要对蓝玉告诫一番。可是没等朱元璋找到合适的时机,西北又发生了叛乱。

蓝玉受命赶赴西北,经过激战平定了罕东。还没等喘口气,西南四川又发生了兵变。蓝玉大军马不停蹄驰赴四川,历时一月,平息了川蜀之乱。于洪武二十五年(1392)年底,才风尘仆仆地回到南京。

蓝玉满以为皇上还会像剿灭北元时那样,亲自出城迎接他凯旋。但是令他大为意外的是,城门外冷冷清清,莫说是皇上,就连大臣们的欢迎场面也不见。其实,这是朱元璋有意要煞一煞蓝玉的骄狂气焰。

蓝玉带着一肚子气上殿,跪拜之后:"万岁,臣将所有叛乱一举荡平,现在向万岁交旨。"

"将军平身。"朱元璋脸上看不出喜气,"蓝将军此行,又建殊勋,朕心甚慰,应予褒奖。"

"臣此次平叛,全赖万岁洪福,且万岁奖赏甚多,不敢再有奢望。"蓝玉心说,这回该给我更大的奖赏了。

朱元璋想了想:"蓝将军已得封国公,岁禄也已最高,朕也想不出更好的奖赏之道。这样吧,日后皇太孙要登大宝,还要靠蓝将军等重臣辅佐。朕册封将军为太子傅。"

蓝玉以为自己听错了:"万岁,臣不是太子师吗?"

朱元璋脸色难看了："朕说得清清楚楚,将军为太子傅。"

"万岁,宋国公冯胜,颍国公傅友德,二人俱为太子师,臣想总不能在他二人之下。"

"蓝玉,这封爵还有自己要的吗?"朱元璋沉下脸来,"给你什么爵位,朕自有道理。"

蓝玉偏偏不识趣,他倒和皇上理论起来："万岁,论军功臣远远大过他二人,臣在他二人下面,实在不甘心。"

朱元璋当众责怪道："蓝玉,你也太自不量力了。"

"万岁之言差矣,想那傅友德、冯胜俱年事已高,臣毕竟比他二人年轻,皇太孙坐天下,日后还要靠微臣保驾。他们两个人,皇太孙只怕是指不上。"

朱元璋真的恼了："终不然我朱家的大明江山,没有你蓝玉,就要倒台不成?你也太高看自己了!"

蓝玉这才觉出皇上已是震怒,一时语塞,无话可说。

朱元璋可是怒气不息："朕倒要看看,没有你蓝大将军,朕的江山还能不能存在。"

蓝玉慌了,磕头如捣蒜："万岁,是臣失言,是臣过于狂妄了。臣罪该万死,恳请万岁责罚。"

朱元璋哼了一声："散朝。"拂袖自顾离去。

蓝玉被晾在了殿上,半响还在痴痴地呆跪。

刘太监过来提醒："凉国公,散朝了,回家吧。"

"公公,我,适才的话,是否过火了?"蓝玉又问,"据您看,皇上他是否动怒了?"

"你问谁,谁知道,也许天知道。"刘太监抛下一句让人更为不安的话,"是福是祸,你自己琢磨去吧。"

朱元璋回到后宫,看见燕王朱棣跟来便斜了朱棣一眼："你尾随朕躬,是想给蓝玉说坏话。"

"父皇一眼便把儿臣心思看透了,有句话在儿臣心中多年,只是没敢向父皇言明,儿臣觉得现在该挑明了。"

"说吧,不用绕圈子。"

"太子在时,蓝玉曾对太子说,儿臣在封地有异志。还说他请人看过,燕地有王气,要太子及早对儿臣下手。"朱棣斟酌着词句,"父皇,看今日蓝玉的嚣张气焰,好像我大明朝没他不行。这样的人,只有父皇可以震慑。父皇百年之后,皇太孙哪里是他的对手?现在他已是总领全军,时间越久,尾大不掉,为祸不小,望父皇早作决断。"

"就这些?"朱元璋没有任何态度。

"儿臣的话应说尽说了。"

朱元璋突然问了一句:"没有了蓝玉,何人能制衡你们这些藩王?"

朱棣机敏地回答:"父皇,儿臣和皇太孙毕竟是叔侄,您还有什么不放心呢?"

朱元璋沉吟少许:"你可以走了。"

朱棣恭敬地撤身而退,以他对朱元璋的了解,自己的话在父皇心中至少起了一半的作用。

凉国公府内,此刻是一片乌烟瘴气,蓝玉的亲信几乎不约而同集聚在此。人们无不在批评蓝玉的失策,景川侯曹震说来还是气得周身发抖:"你怎么就蠢得像猪一样,跟皇上也敢讨价还价?"

鹤庆侯张翼不住地叹气:"你呀国公爷,多少年的汗马功劳,顷刻间化为乌有,这是多么不值得。"

东莞伯何荣想得更深一层:"事情已经发生,埋怨业已无济于事,国公爷功劳无人可比,皇上也许不会对大将军下手。"

"哎呀,你们简直是不可理喻。"蓝玉发烦了,"当今皇上是何等人,你们还不知道?若论功劳,李善长不可谓之不大,但他还不是被照常灭族?现在要讨论的不是皇上会不会下手的问题,而是我们如何抢在前面先下手为强的问题。"

"是啊,是啊。"曹震模棱两可地说,"皇上心狠,尽人皆知。可如今统兵大将可靠者仅大将军一人,他就不想想日后有人造反,谁去为他平叛吗?"

张翼也还心存幻想："但愿万岁念及大将军的功劳,还有和皇太孙的至亲关系,不会对国公爷的话认真。"

"你们哪,怎么就不明白我的心思?"蓝玉交出心底话,"你们以为我是犯傻呀?我这是公开犯上啊。"

"怎么,大将军是故意的?"众人大惑不解。

"朱元璋的为人,我早已看明白,他是个拉完磨就杀驴的主。心狠手黑,而且是斩草除根。"蓝玉已毫不掩饰了,"胡惟庸、李善长的下场,徐达的下场,都足以说明,当他不需要你时,随便编个理由便叫你死。而今我的功劳够大了,总领全国的兵马,对他对皇太孙全都构成了威胁。因此无论你如何小心翼翼,他都要把你除去而后快,因为他不能容忍任何人对他和他的江山存在威胁。"

"那,国公爷这不是寻求速死吗?"曹震问。

"差矣。"蓝玉详加论述,"而今皇上已是疾病缠身,皇太孙年少尚不更事,天下兵马是我总领,一切对我有利。此时若不动手,等到朱元璋逐步收去我的兵权,就悔之晚矣。"

张翼有些吃惊："怎么,国公爷想要万岁的命?"

"是形势所迫,不得不如此。"

"事情真的到了这种地步?"何荣还心存侥幸,"万一是我们自乱阵脚,皇上本无此念,不是逼皇上对我们开杀戒吗?"

"哎呀,诸位,朱元璋要杀我之心早已有之。"蓝玉再次吐露心曲,"胡惟庸案时,我的亲家靖宁侯叶升被牵连到案中,获罪丢命。他在受审时,就曾将我攀咬,当时朱元璋在是否杀我一事上颇费思量。后来他想到我还有利用价值,便暂时没有坏我性命。这杀我是迟早的事,现在已经有了信号。要杀我,还得编出那个冠冕堂皇的理由,这便是谋反。你们想想,我一个人能够谋反吗?必然像胡惟庸一样,也要有个集团。那么,你们这些平素与我交往过密的人,哪一个能逃脱蓝党之名?其下场还不是夷三族,在法场上老少妇幼几十颗人头落地?那是多么凄惨的场景,难道你们就愿意坐等这场面的到来?"

这一番话,说得在场者无不心惊肉跳。蓝玉的话可谓头头是道,而且都是众人熟知的事情,都不觉摸摸自己的脑袋,看看是否还长在脖子上。

蓝玉催问一句:"怎么样,不是我吓唬你们,这是明摆着的。也许我们先下手为强,方可保身家性命。"

曹震先表态了:"国公爷,你干脆说,该怎么办?"

"我们听你的。"张翼也同意了。

蓝玉也不顾其他人是否还在犹豫,便深入下去:"既然大家都明白了道理,我便说说具体的部署。我决定在二月十五日动手,干掉朱元璋。"

"为何选在此日?"何荣问。

"绝对可靠的消息,二月十五日那天,朱元璋要外出劝农,上午他要出正阳门,这是个绝佳的好时机。正阳门的守将府军前卫李成是李善长的远亲,早已同我歃血为盟,他杀死朱元璋是易如反掌。为防万一,我与景川侯家再各收拢家将伴当等,总还有几百条好汉。如果届时李成反水或者不敢不忍下手,他们就冲上去,将朱元璋剁为肉酱。我还要来个三保险,再给何荣五千人马,事先将正阳门附近包围起来,万一朱元璋逃脱,他们也可将其碎尸万段。"

众人齐声称赞:"这的确万无一失,谅他朱元璋是难以活命了。"

蓝玉计算一下日期:"今日是二月初七,还有八天时间,各位一定要严守机密,任何人不得回家讲与亲人,哪怕是夜间在被窝里和老婆也不能说。须防隔墙有耳,朱元璋的锦衣卫是无孔不入的。"

众人应答:"国公爷放心,这关乎每个人的身家性命,个中利害我等尽知,是不会以生命为儿戏的。"

众人散去后,蓝玉派人将早已等候在别室的李成叫过来:"李将军,一定是等急了。"

"不敢。"李成恭敬地回话,"国公爷唤末将有何差遣,尽请吩咐。"

"李将军,你我结拜多年,我也曾讲过,有一重大事情要你去办,现在到了用你出力之时了。"

"为国公爷效力,宁愿肝脑涂地。"

"二月十五日上午,你要在正阳门除掉朱元璋。"蓝玉将他的计划告诉一番。

"弑君是灭门的大罪,国公爷相信末将,是对末将的抬举。我一定全力完成,哪怕家小受到连累。"

蓝玉狡黠地一笑:"为免除李将军的后顾之忧,我已将你的家小接到我的国公府中。"

"多谢国公爷关爱。"李成明白,这是拿他全家四十多口做了人质。

"李将军,"蓝玉脸色庄重起来,"此事关乎千万人的性命,你可不要走漏消息。一旦为朱元璋知晓,你这全家人就要先行丧命。你要切记,不要背我害我,我蓝玉死活在此一举了。"

"国公爷放心,我怎会拿全家人的生命当儿戏?"李成信誓旦旦,"末将不敢也不会出卖朋友。"

"好吧,让我们单等二月十五胜利的那一天。"蓝玉对胜利充满了期待,也充满了信心。

第二十章　蓝玉受极刑

公元1393年(明洪武二十六年)阴历二月初八,例行的早朝同往常没有区别,金殿上文武百官陆续到齐,明太祖照常端坐于龙椅之上。凉国公大将军蓝玉,依例列于武臣之首。他发觉朱元璋对他的目光有些异样,心想,也许是自己心内有鬼才疑神疑鬼,很快也就坦然了。

以往,朱元璋早该开口了,今日却迟迟不说话,令文武百官都有些莫名其妙。大家都忐忑不安地等待着,都觉得这个朝会有些异样,似乎要有什么事情发生。

朱元璋终于开口了,但这句话却像平地惊雷一样震撼了整个金殿:"把蓝玉给朕拿下!"

武士们似乎早有准备,一窝蜂冲上来十几个,将蓝玉当殿按倒。蓝玉身高马大,又兼满身武艺,还在竭力挣扎:"臣身犯何罪,万岁说拿便拿?"

武士们毕竟人多势众,况且又在金殿之上,蓝玉怎敢过分反抗,已被倒剪双臂上了绑绳。

锦衣卫指挥蒋献走上殿来:"蓝玉,你谋害万岁,罪行败露,还有何话说?"

"蒋献,你妄想邀功,而无中生有,说我谋反,有何凭证?"蓝玉高昂起头,表示他的无辜。

蒋献冷笑一声:"你看看他是谁?"

话音未落,李成已从殿后走出:"国公爷,说实话吧。都有何人是同党,一一招出,免得皮肉受苦。"

"你!"蓝玉唾了一口,"你贪图荣华富贵,把我给出卖了,我怎么瞎了眼,没看清你的本质。"

"蓝玉,你错了,何谈出卖?我本来就是锦衣卫的人!"

"你……"蓝玉又复一惊,"那你为何还同我结拜?"

"这是万岁的杰作,这样才好迷惑你,使你不加防备。"李成语带讽刺的意味,"如果不是结拜,你会把我当成你的自己人吗?"

"哼,我对家人早有交代,一旦我被拘押,他们就会杀了你的全家。"蓝玉咬牙切齿,"你的行为,断送了你全家四十多口人的性命。"

"蓝玉,你又失算了。在你离家上朝的同时,锦衣卫已将李将军家小解救出来。"蒋献也是讥讽地说,"你的家小已被我派人全部看管起来,男女老少六十余口,一个也跑不掉了。"

"你,你们好狠的心肠。"

"把他押下去。"朱元璋已是没耐性了,"由吏部尚书詹徽会同锦衣卫指挥使蒋献共同审讯,朕坐等结果。"

詹徽和蒋献双双跪倒:"臣遵旨。"

锦衣卫的大堂摆满了各种刑具,上面沾满了历次用刑后残留的血污。阴森恐怖的气氛,令人不寒而栗。

詹徽一拍惊堂木,厉声问道:"蓝玉,你是如何要谋害万岁?都有谁是同谋?还不从实招来。"

蓝玉犹如未闻。

詹徽吩咐衙役:"看起来对犯人不动大刑是不会轻易招供的,来呀,把烧红的烙铁让他尝尝。"

衙役走近前,手中举着的烙铁冒着青烟,挨近了蓝玉的脸,只等审官再一发话,就要让蓝玉皮破肉烂。

詹徽威逼:"蓝玉,再要不招,你的脸就要成为烂柿子。"

"怎么,你还真要下手啊?"蓝玉说话了。

"对你这种人,只能来硬的。"詹徽冷笑着,"本部堂有十数种刑具,你要是铁嘴不招,就让你逐一尝遍。"

蓝玉看看一直不开口的蒋献:"蒋大人,我愿招。"

蒋献感到突然,道:"好啊,你这是明白人,招了免得皮肉受苦。"

"蒋大人,詹徽便是同党。"

"啊!"詹徽大吃一惊,"公堂之上,你敢胡攀乱咬主审官,看你真是活够了,动刑。"

"慢,"蒋献制止,"詹大人,何必如此气急败坏,且听他说些什么。"

詹徽手哆嗦着:"蓝玉,你耍江洋大盗的伎俩,玩贼咬一口入骨三分的把戏,是痴心妄想!"

蓝玉心中好不悲伤,自己精心策划的夺权计划毁于一旦。万万没想到朱元璋把锦衣卫安插到自己的鼻子底下,李成出首,通盘全输。依朱元璋的脾气,抵赖是没用的,倒不如胡乱咬上几个,临死也抓几个垫背的。他有意叹口气:"詹大人,事到如今,我也就顾不得你了。其实要不是你出了这个主意,也许还不至于落到今天这个下场。"

"你,你胡说,我何时给你出过什么主意?"

"不是你说的,趁我兵权在握,害死皇上,我做皇帝,你当宰相。而今事情败露,是我们的命运不济。"

"你放屁!"詹徽气急了,"衙役们,给他动大刑,狠狠地教训他,让他信口开河!"

"停,"蒋献偏过头,如锥的目光射向詹徽,使人浑身直起鸡皮疙瘩,"詹大人,你想要杀人灭口吗?"

"蒋大人,他这样胡攀乱咬,实在是令人气愤。"

"乱咬,他为何没咬别人?"蒋献反问。

蓝玉得理了:"詹大人,咱们说过富贵同享有祸同当,现如今我是没命了,但愿万岁能够赦免你。"

"蓝玉,我与你往日无冤,近日无仇,你为何死死咬住我不放?"詹徽几近崩溃了,"万岁是个明君,不会相信你的胡说八道。"

"好了,"蒋献虽是副审,但他是锦衣卫,所以作出决策,"今日且先审到此吧,我要向万岁奏闻。"

朱元璋自然相信蒋献的话,听后立刻作出决定,把蓝玉的同党詹徽打入大牢,蓝玉一案的审理,统由蒋献的锦衣卫全权负责。二月初九,蒋献便将案卷完成,交与朱元璋御览。列入蓝党的重要人物有:吏部尚书詹徽,户部侍郎傅友文,开国公常升,景川侯曹震,鹤庆侯张翼,东莞伯何荣,普定侯陈恒,宣宁侯曹泰,会宁侯张温,怀远侯曹兴,西凉侯濮屿,东平侯韩勋,全宁侯孙恪,沈阳侯察罕,徽先伯桑敬,还有统兵都督汤泉、马俊、王诚、许亮、王铭、谢熊、汪信、萧用、杨春、张政、祝哲、陶文等十数员大将。朱元璋看罢,几乎是眉头也不皱,朱笔一挥,悉数斩杀。

胡惟庸一案,已将大明的开国功臣诛杀殆尽,而这次的蓝玉党案,又将明朝武将中的后起之秀几乎一扫而光,连同低一些级别的将领和这些人家属,总共诛杀一万五千多人。而蓝玉则更是死得极惨,被五马分尸。这一次朱元璋对蓝党的处理,可说是闪电般的行动,是快刀斩乱麻。不像胡惟庸案前后历时十年,而蓝党一案,二月初八案发,到二月初十,前后仅仅三天时间,一万五千人的人头便已落地。

这血腥的屠杀,使得朝中大臣人人自危,很多人上朝前都先将后事安排交代好,无不担心像蓝玉一样,上朝后是否还能回来。因而很多官员都告病告老,宁肯辞官不做。蓝玉党案延续过程中,一次朱元璋开列一个名单,大约有几十人,他降旨对御史袁凯说:"朕要将这些犯官都处死,你传朕的旨意,让皇太孙复审一下。"

朱允炆接旨后,看了案卷,觉得这些人不过是连环攀咬出来的,蓝玉一案杀人已多,不宜再处死刑,便复文请求皇上减轻处罚。

朱元璋看了皇太孙的复文,看看站在面前的袁凯:"袁大人,朕要处死这批犯官,而皇太孙要求从轻处罚,你是御史,你说说看,朕与皇太孙我们二人谁对?"

"这,"袁凯可就犯难了,一头是皇上,一头是皇太孙——未来的皇上,两边谁也开罪不得。这个人相当聪明,思虑片刻,有了答词:"陛下法之正,东宫心之慈,皆可也。"

朱元璋听后,觉得这是两面讨好,便斥责道:"身为御史,自当据理直言,尔左右逢源,只求自保,如何做得御史!回去好生思考,朕与皇太孙究竟谁对谁错,明日给朕回话。"

袁凯回到家中,越想越觉得两难,他绞尽脑汁也想不出两全其美的回答。第二天也不敢去上朝,便叫家人报告声称自己疯了。

朱元璋闻报,从内心里不信,认为这是袁凯逃避回话。便指派了刘太监去他家中观察,只见袁凯披头散发,满脸污秽,手舞足蹈,唱唱咧咧。

刘太监回宫禀报:"万岁爷,袁大人真的疯了。"

"可是你亲眼所见?"

"万岁,千真万确。"刘太监说了所见所闻。

朱元璋想了想:"朕就是不相信他会真疯,蒋献,派两名锦衣卫,把他带进宫来,朕要亲自验看。"

袁凯心说要坏,但既已装疯就得装到底,否则欺君之罪是必死无疑。他赤着双脚,边走边拍着手,口中不住瞎说乱嚷:

天门开,地门开,
妖魔鬼怪两边排。
王母娘娘蟠桃会,
八仙过海驾云来。

朱元璋紧盯着袁凯,足足打量了半刻钟。然后开口了:"大凡疯人都不知疼痛,锦衣卫取木钻来。"

木钻取到后,朱元璋对着袁凯劝道:"袁大人若是装疯,朕不怪你,认个错也就是了。如果你是真疯,朕要让人用木钻钻你的大腿,这可是痛彻骨髓。何去何从,你可要想好。"

袁凯心说,认个错哪还有好,只能装到底了。他装作不懂朱元璋说的话,还是哼哼唱唱:

天不怕来地不怕,
就怕县官说鬼话。
严冬支上黄瓜架,
被窝抱个大西瓜。

朱元璋传下旨意:"钻!"

锦衣卫用力钻去,袁凯的大腿皮开肉绽,鲜血流下来。但袁凯似乎若无其事,还在拍手胡说念念有词。朱元璋暗说,这是真的给吓疯了。将手一挥:"算了,让这个疯子回家胡说八道去吧。"

袁凯被送走了,少时两个锦衣卫回来。朱元璋突然又叫蒋献:"朕要杀个回马枪,你再去袁府看他到底是真疯还是假疯。"

蒋献来到袁府,只见袁凯被家人用一条铁链拴在了篱笆上,他人趴在地上,把地上的狗屎捡起来就往嘴里送,而且还吃得津津有味。朱元璋听了蒋献回来的奏报,这才相信袁凯是真疯了。连说:"可惜呀可惜,大有文采的一个御史,却竟然成了废人。"

其实,朱元璋还是被袁凯给蒙骗了。袁凯料到皇上还会派人来验证,就事先让家人用糖稀和面做成狗屎状放在地上,他这才捡了一条命。

朝中百官人人自危,颍国公傅友德感到,朱元璋的屠刀就在头顶上悬着,而今的皇上,并不是哪个人真的有罪了才杀,而是想到要杀谁谁就难免一死。整日里忧心忡忡,脸上愁云笼罩。

这一点不光是傅友德感觉到了,很多武将也都看透了这步棋。这日入夜之后,大将王弼来到傅友德的府邸。

府中的哑巴仆人前来上茶,傅友德用手势示意他退出,没有事不要再来,哑巴识趣地退下。

王弼盯着哑巴背影,待他走出,将房门关严:"国公爷,怎么堂堂国公府,用一个哑巴做仆人。"

"俗话说十哑九聋,他不会说话,又什么也听不见,不是比精明强干的仆人更放心吗?"

"说得是,还是国公爷虑事周密。"王弼问道,"末将近日见国公爷愁眉不展,心事重重,特来问候,究竟有何为难之事?"

"咳!"傅友德摇头,"不说也罢。"

"国公爷,你我共同出生入死二十年,堪称手足情深,没有背着我的话。"王弼诚挚地说,"末将今夜就是想同国公爷说说掏心窝子的话。"

"不说也罢。"

"国公爷,其实这事是明摆着的。"王弼有些激动,"蓝玉被处极刑,受牵连者过万,大明朝而今成了屠宰场。昨天是胡惟庸、李善长、徐达,今天是蓝玉,谁知明天会是谁?"

傅友德还是那句话:"不说也罢。"

"怎么不说呀?人不能等死,总得想法活下去。"王弼提出他的想法,"我们递交辞呈吧。"

"咳,汤和先走了一步,我们贪恋权位,已是失策了。"傅友德叹息,"而今告老,为时已晚。"

"却是为何?"

"此刻你去告老,反倒引起皇上的疑心,使他注意到你,那便是你的祸事到了,切不可去触霉头。"

"那我们怎么办?"王弼问。

"没有办法,只能是活一时算一时。"傅友德叮嘱,"自此以后,再不要议论蓝党之事,以免招惹是非。须知锦衣卫是无孔不入,无处不在,说不定我们如今的对话,皇上就会知晓。"

"那可就见鬼了,"王弼不以为然,"我二人关上门谈话,又无外人在场,除非是哑巴能听见还会说话了。那可真是太阳从西边出来了,黄河倒流了。"

二人的密议,于是无果而终。

过后不久,洪武二十七年(1394)阴历十二月二十九日,朱元璋在宫中大宴群臣,颖国公傅友德自然也是座上宾。傅友德的次子、金吾卫镇抚傅让正在御前当值。朱元璋斜了他一眼,将金樽狠狠一顿:"傅让,你也过于狂傲了,简直没把朕放在眼里!"

傅让一下子蒙了:"万岁,末将不敢!不知何处对圣上不恭?"

"大胆!还敢回辩。"朱元璋怒目横眉,"你身为武将,又是当值,却为何不佩箭囊。"

傅让用手一摸,果然没有,赶紧说:"末将死罪,只是末将觉得,这大庭广众之下谁敢行刺?便有歹徒,末将有刀足矣。"

"你这分明是拿朕的性命当儿戏。"朱元璋越说越气,从座位上站起。

傅友德见状,慌忙站起,斥责儿子:"犯了大罪,还敢犟嘴,真是不知好歹,还不退下。"

"儿已知罪。"傅让趁机退下。

朱元璋把话锋指向了傅友德:"不经朕的准许,你竟擅自起立,这明显是藐视朕躬。"

傅友德急忙跪下:"万岁,臣死罪。"

"朕何曾要你下跪?"朱元璋黑着脸,"滚起来!"

傅友德也蒙了:"臣遵旨。"

"你在和朕怄气呀。"朱元璋把杯中酒扬在傅友德的脸上,"滚出去,把你那两个儿子叫来。"

"臣遵旨。"傅友德退缩着出了宴会厅,心中琢磨,适才是二儿子惹恼了皇上,和大儿子无关。况且大儿子傅忠是驸马都尉,正在统领禁军护驾,万岁叫他为何?

刘太监追上来:"颍国公慢走。"

傅友德止步:"刘公公叫我。"

"颍国公接旨。"

傅友德下跪:"臣在。"

"万岁口谕,着傅友德提两个儿子人头来见。"

傅友德傻了,片时:"刘公公,您,不会说错吧?"

"颍国公,这叫什么话,我还没到老糊涂的份儿上。圣旨岂是闹着玩的,你快去割下你两个儿子的人头吧。"

傅友德呆立半晌,拖着沉重的脚步向前挪动。原本就心中没底的傅让,正在与兄长傅忠议论发生的事儿,意欲请这位身为驸马的兄长从中斡旋一下,以化解皇上的怒火。他兄弟二人见父亲失魂落魄地走出,都大为诧异地迎过去:"父亲,你为何离开了宴席?"

傅友德看着两个儿子,痴呆呆说不出话来。

"父亲,你这是为何?"傅忠问。

傅让还在担心他自己的事："父亲,皇上对儿的怒气可已消散,也不知他为何对儿大发无名火？"

"还问？都是你惹的祸！"傅友德歇斯底里地突然高声喊起来。

"父亲,这到底怎么了？"傅忠急于了解细情。

"你且近前。"傅友德以手相招傅让。

"父亲何事？"傅让以为父亲有话要告诉,便靠得更近。

傅友德突然拔出剑来,横空一挥,这把多年来斩杀数不清敌人头颅的宝剑,可称是锋利无比,傅让的脖腔喷出一股热血,人头应声而下。傅友德用左手一抄,将儿子的头抓在手中。

一旁的傅忠惊呆了："父亲,你……莫非你疯了不成？"

"儿啊,不是为父要杀你们,而是万岁传旨,要为父送上你二人的人头。"傅友德已是泣不成声。

"他……还要儿的人头？"

"昏君！他,就是这样传旨呀！"

"皇上他为何要这样？……"

"大概是,怕我们造反吧。"傅友德精神业已有些失常,"为父也说不清,莫名其妙啊！"

"到今日儿才明白,何为伴君如伴虎。"

"儿啊,君要臣死臣不得不死。"

"父要子亡子不得不亡。"傅忠眼中泪如泉涌,"父亲,儿的命是你所给,你就下手拿走吧。"

"儿啊,你毕竟是驸马,去向皇上求求情吧。"傅友德忍不住又看一眼傅让的人头。

"父亲,圣旨已下,求也无益。况且,儿的死能换来父亲的生。"傅忠决心下定,"儿便死也值得。"

"儿啊,黄泉路上你要走好。"傅友德一狠心,挥剑又砍下了傅忠的头。

当傅友德手提两颗滴血的人头,瞪着血红的眼睛重新回到朱元璋面前,以大将军得胜的口气,高声大嗓地喊道："万岁,臣交旨。"

杀人如麻的朱元璋,吓得竟是后退了两步:"你,这真的是你两个儿子的人头?"

傅友德将人头举起来:"万岁请看,这个是你的女婿傅忠,这个是我的二儿子。"

"够了!"朱元璋怒喝一声,"想不到天底下竟有你这样禽兽不如的父亲,竟然亲手杀死自己的两个亲生儿子!"

"万岁,这难道不是你的旨意吗?"傅友德大为疑惑地看着他的主公。

朱元璋轻描淡写地说:"朕不过是句笑话,你怎么就当真了?俗话说虎毒不食子,你是如何下得了手的呢?"

"别再假惺惺了!"埋在傅友德心底的火山终于爆发了,"你不就是要我父子的人头吗,这回遂了你的心愿了。让我杀死两个儿子,反过来还说我一身不是。其实,你是怕我们父子日后造反。"

"你傅友德也未必不反!"

"朱元璋,你也太狠了。"傅友德已是不顾一切直呼其名了,"想当年鄱阳湖大战,我驾一叶扁舟救你,才有你的今天。洪武二十三年,你封赏十五位功臣,称我'有机谋,善战,取荆楚吴越,下中原,下滇蜀,见其能',难道这些你全忘记了?你非要将功臣全都杀光而后快吗?"

当着百官的面,朱元璋要为自己争得面子,证明他是有理的,他没有滥杀无辜:"傅友德,朕从不杀无罪之人,你与王弼合谋造反,这谋逆大罪,朕杀你难道还屈吗?"

"我未曾谋反!"

"朕叫你看一个人。"朱元璋回头呼唤道,"出来吧。"

一个人从后殿走出,向着傅友德拱拱手:"老爷,对不住了。"

傅友德以为自己眼花了,使劲揉揉,认出确是他的哑巴仆人,吃惊地说:"你……"

"正是小人。"

"在我府十年了,你不是个聋哑人吗?"

"小人那是装的。"

"你为何要这样?"

"小人是锦衣卫。为了监视你。"

"哑巴,这十年我待你不薄,你怎能凭空编造我谋反?这不是害我一人,是害我全家呀。"

"傅大人,你与王弼在暗室密谋,是小人编造的吗?"

"我与王弼在密室相见不假,可我们何曾谋反啊!"傅友德反问,"便是我们谋反,你又何从听见,显然是为了邀功无中生有。"

"大人,""哑巴"一笑,"你有所不知,我的居室就在密室隔壁,我早已将墙壁凿通一个孔洞,完全可以听到里面的一切。"

"你……你竟然有这样的心计。"

朱元璋一声冷笑:"傅友德,朕不是无故随意杀人吧?"

"可我,我并没有说要谋害万岁。"傅友德的话又变软了,他不担心个人的生死,他不忍心让全家跟着丢命。

"哑巴"在一旁接话:"可你的反意已露。"

朱元璋是讥讽的口吻:"既然你可以驾一叶扁舟,于百万军中横冲直撞,那么,以后一旦造反,谁是你的对手?"

"好,好,万岁是不放心臣的存在,臣去了也就是了。"傅友德横过剑锋,自刎而亡。

由于寿春公主求情,傅友德没有被灭族,他的家小幸免于死。妻子女儿分别被发配到云南和辽东,只有寿春公主和她的一个儿子得免。

后人对傅友德的遭遇很是不平,有诗赞曰:

壮哉傅公,
忠勇一生。
料敌如神,
出奇制胜。
威镇敌胆,
傲骨雄风。
铁骑长驱,

浩气凌空。

傅友德父子三人死后,朱元璋依旧精神不爽。好像是还有一块石头压在心口上,一时还挪不走搬不掉,也说不清这块石头它是何物,总之是感到还有什么事未办。这天上午天气格外好,灿烂的阳光洒满大地,万物洋溢着蓬勃的生机。朱元璋只带着刘太监到郊外闲游。前面有一个十七八岁的小和尚,引起了他的注意。小和尚肩搭一个粗布布袋,看样子像是化缘的。朱元璋似乎看到了自己当年在皇觉寺做和尚时的情景,于是快步向那小和尚赶去,意欲给一笔可观的布施。

小和尚好像步伐也加快了,一闪身走进了前面的庙宇。朱元璋紧跟进去,这是一座破败荒凉的寺院。大雄宝殿大半已坍塌,如来的佛像也残缺不全,且已灰尘遮满。全庙找遍,竟没了小和尚的踪影。朱元璋有些纳闷,小和尚怎么一转眼就不见了?左右观望,残破的西墙上,有几行字特别醒目。他走过去细看,字迹尚且未干,像是刚刚写过不久。从头看下,却是一首七言诗:

　　大千世界浩茫茫,
　　收拾都将一袋藏。
　　毕竟有收还有放,
　　放宽些子又何妨。

旁边简洁的几笔,勾画出一个小和尚,肩上搭着布袋,那神态与方才的小和尚几无二致。而且细看又有几分像朱元璋当年做和尚时的样子。后边还有一行题款,道是布袋和尚题画。

看到此处,朱元璋猛然想起昨天夜里做的一个梦。他恍惚记得自己立足于悬崖边上,下面是万丈深渊。黑色的潭水,浊浪滔天。有无数个妖魔鬼怪爬上崖来,第一个是胡惟庸,他伸手捉住,装进口袋中,之后缝上袋口。第二个是蓝玉,也被他抓住,塞进口袋里,又缝好袋口。第三个便是李善长,也是张牙舞爪向他扑来,让他一把擒住,装进口袋内,又缝合袋口。第四个便是傅友德,则是张开血盆大口,就要将朱元璋吞下肚去。他拔出宝剑,一剑穿个透心凉,也塞进口袋,缝上了袋口。以后的鬼怪越来越多,他更是手忙脚乱。抓住后就往口袋里送,然后用针线缝上袋口。他唯恐鬼怪跑出,把袋口缝得结结实实。皇太孙朱允炆在一边提醒,这口袋外面还剩一个。他低头观看,果不其然,还有一个妖怪,看似相识,但又记不清是谁……

就在这时,悠然梦醒。

联想到这个梦,朱元璋悟道,这是暗中讽喻朕杀人过多,让朕放宽些国法。他心中恨道,真是痴心妄想!妖魔鬼怪为非作歹,焉能不杀?

刘太监近前奏闻:"万岁,将那小和尚抓到了。"

"好,带过来。"

小和尚被推到朱元璋面前,脖子梗梗着,头高昂着,一副不服气的神态:"你们想怎样?"

朱元璋直言讯问:"这墙上的诗画,是你的杰作?"

"是便又如何?"

"画这布袋和尚,又题此七言诗,是何居心?"

"胡乱涂鸦而已。"

"你是写给谁看的?"

"写给当看之人。"

"何人当看?"

"杀人过多过滥者就当看看,醒悟醒悟。"

"你这是在讽刺朕吗?"

"你口口声声自称为朕,想必就是当今皇上了。"小和尚连珠炮般不断道,"想当年你也曾身为和尚,应知晓人生多磨难。而今位居九五之尊,反倒忘却出家人的慈悲本分,更比屠夫还要残忍。多少功臣被你卸磨杀驴,多少无辜惨死在你的淫威下。须知善恶有报,不要把事做绝。得放手时须放手,得饶人处且饶人,不然九泉之下,那些冤魂是不会放过你的。"

"小小和尚,竟敢教训起朕来,可知这就是死罪?朕自投军以来,杀人无数,哪在乎多几人少几人。告诉你,只要是对我大明江山不利,不论他是何人,不论他有多大功劳,朕都决不姑息。"朱元璋抽出剑来,直刺过去,"包括你这个找死的小和尚。"没料到,小和尚底下已经动手了。他趁朱元璋不防备,手心里一柄短匕首直接捅向朱元璋的肚腹。

"嘣"的一声,匕首刺在了朱元璋的腰带上。哪里还容小和尚再有第二刀,朱元璋的剑已插入他的胸膛。

小和尚胸口流血,嘴角也在滴血:"天哪,莫非这是天意,朱元璋的狗命还不该绝。"朱元璋冷笑一声,"就凭你小小短刀,还想坏我性命?"

"朱元璋,我这刀口已然用剧毒浸泡百日,只要你皮破,便难以活命。谁料刀尖竟撞在腰带上。"小和尚已是没有气力,"算你捡了一条命。"

"你是何人?与朕这样大的仇恨?"

"我曾是韩国公李善长大人的书童,是要为老主人报仇。"书童说不下去了,其时已经气绝。

朱元璋不解恨,又连连捅了他三剑,心中说道,看起来斩草必须除根,这就是教训,不能心慈手软留下祸患。

第二十一章　帝魂归孝陵

　　天空中阴云密布,雪片像落叶一样飘洒下来。这是公元1395年(明洪武二十八年)的早春二月,江南的气候还有些寒意。远处的田野里,绿色间杂斑驳还不显眼,大地远没有一片葱茏。宋国公冯胜坐在打麦场的石磙子上,任凭融雪把他周身打湿,还是如雕像一般一动不动。两个家丁赶着四匹战马,拉着四个石磙子,在打麦场上转着圈儿。打麦场的地上,埋了几百个露出半截的瓷瓦罐,石磙子压上去,瓦罐破碎时,发出"咯吱嘎巴"的声响……

　　这一切,在冯胜听来,犹如回到了他当年金戈铁马与敌厮杀的战场。他闭着双眼,陶醉在对往事的回忆中。是啊,作为一名勇冠三军且是数十万大军的统帅,他曾是何等辉煌。他最为留恋的,是洪武二十年(1387)那次对辽东的远征,那是何等的畅快。听着这石磙子压碎瓦罐的声音,他仿佛又回到了当年的战场。

　　八年前的正月初二,宋国公冯胜,是为征虏大将军,统领二十万大军,向辽东挺进,要消灭那里的北元残部纳哈出的人马。使冯胜感到无比自豪的是,颍国公傅友德,只是被任命为副将军。另一名副将军蓝玉,是刚刚提拔上来的青年将领。傅友德能征善战谋勇兼备战功显赫,而此番仅是他的副将,说明万岁对他的器重和信任。想到此,不禁油然而生万丈豪情。

　　二月初三,冯胜率军到达通州。他让军马就地驻扎,并派出马探前往庆州哨探军情。果然不出朱元璋行前所料,纳哈出在庆州安排了重兵防守。冯胜将蓝玉召到虎帐之中:"蓝将军,要给你一件危险而又艰苦的差事。"

"为国效劳,生死不惧,苦何惧哉!"

"本帅给你一万精骑,千里奔袭庆州。"冯胜解释,"大军不能动,这样可以麻痹敌人,使纳哈出以为我大军还远在通州,敌军才没有防备,你才有更大的胜利把握。"

"大将军,俗话说,将在谋而不在勇,兵在精而不在多。"蓝玉表明决心,"一万人马足矣,末将定能占领庆州。"

"还要更正一下你的说法,将在谋亦在勇,此战你一定要猛打猛冲,勇字当先,从气势上先压倒敌人,那么你就有了八分胜算。"

"谨遵大将军教诲。"蓝玉意气风发地离开通州。

时值严冬,数九寒天。辽东大地朔风凛冽,鹅毛大雪,铺天盖地,四望白茫茫一片,辨不出道路和村落。蓝玉的一万铁骑无声地向前疾进,大家都抱着一个信念,那就是建功立业报效国家。

庆州位于辽东腹地,曾为辽国的都城,地理位置重要,原有两万大军驻守,纳哈出还不放心,又派平章果元,再领三万人马增防。果元的人马,从大宁出发,本该上午到达,由于雪天路滑,北元军行进缓慢,直到了傍晚时分,三万人马才到庆州城下。北元的援军与城内的守军,还在乱哄哄的相见之中,果元与守将发生了争执。

守将塔哈说道:"将军,应将人马驻扎在城外,一旦明军来攻,我军可对敌军内外夹击,便有八成胜算。"

"塔哈,你也太不近人情了。"果元心中虽然认为塔哈的话有理,但他要为自己的部下着想,"我这三万大军,顶风冒雪一路吃尽苦头,好不容易赶到庆州,还要我军在雪地里城外扎营,说得过去吗?"

"将军,我已为贵部宰杀一百只羊,热饭热菜全已准备停当。军士饱餐之后,自然寒冷疲劳顿消。"塔哈使用缓兵策略,"大军且先用饭,至于入城与否,待饭后再议。"

果元招呼一声:"进城用饭去了。"

北元大军乱糟糟争抢着进入庆州,城门处一片混乱。而蓝玉的一万铁骑,恰在此时赶到。他将战刀高举,一马当先猛冲过去。北元军哪有防备,被冲得人仰马翻,人们只知明军杀来,也不知明军来了多少,全都只顾争相逃命。塔哈乖巧,率先离开,上马带亲信便逃。而果元还未及上马,即被蓝玉一刀砍下一条膀臂,做了明军的俘虏。这一战,蓝玉奇袭成功,生擒北元军三万多人,斩杀一万多人,占领庆州,大获全胜。

冯胜闻报,率军从后进发,不日到达庆州。三月初一,大军出松亭关至大宁。冯胜派出探马搜集军情,综合各方消息查明,敌酋纳哈出就在松花河对岸,与敌人决战的时机就在面前。冯胜作了周密的部署,可以说已是稳操胜券,他建功立业的机会来了。

然而,朱元璋的圣旨到了。圣命要冯胜暂停进攻,随旨还来了一位北元大将乃刺吾,此人本是纳哈出的亲信部将,朱元璋派他前来劝降。

蓝玉急于建功:"大将军,有道是,将在外,君命有所不受啊。我们眼看就要全歼纳哈出的人马,若听任劝降,岂不是前功尽弃?"

冯胜也很不甘心,转问副将军傅友德:"颖国公,你看当如何对待?"

傅友德深知朱元璋的为人:"大将军,抗旨不遵,便是杀头之罪。俗话说得好,干活不由东,累死也无功。"

蓝玉坚持要打:"这到嘴的鸭子还让它飞了?为武将者,一生能有几次这样的机会?"

"蓝将军的心情可以理解,但皇上的旨意,不可不谓高明。孙子曰,不战而屈人之兵,善之善者也。"傅友德怕皇上怪罪,"劝降如能成功,双方可以少死多少将士,功莫大焉。"

冯胜不敢再过于坚持:"那就叫乃刺吾去走一趟,我军作好劝降不成的准备,一旦失败,就立即进攻。"

蓝玉心不顺,对乃刺吾厉声质问:"北蛮子,你有把握劝降成功吗?要是不能奏效,你留在元军大营,我们还多了一个敌人。"

"蓝将军,我会尽力的。我不敢保证劝降必成,但我决不会留在纳哈出的军营,我的家小俱在南京,我不会背叛皇上的。"乃刺吾起誓发愿地表白。

纳哈出在大帐首先给他的部将,而今的大明特使乃刺吾一个下马威,刀枪高举,阵势森严,自己在虎皮椅上高坐,一句问话没有,先传将令:"把这大元的叛贼给我绑了!"

乃刺吾毫无惧色:"怎么,将军真的不想活了?"

"我部下二十万大军,元帅当得好好的,谁能把我如何,何言想活不想活之语?"纳哈出显出相当自负。

"莫要忘记,你的五万大军,守一座庆州,被明军一万人马,就冲得七零八落,主将被擒,全军覆没,难道你的二十万人马,能打得过明军的二十万?"

"尚未交手,胜负难料。"

"就不要自欺欺人了,"乃刺吾细而精地剖析,"明军是得胜之师,大元是强弩之末,难以与之抗衡,败是注定的。只是早败晚败的时间而已,大败惨败的规模而已。元帅何不趁尚有二十万人马的本钱,与明军做个讨价还价的筹码,也能得个较好的封赏。一旦交手,兵败如山倒,二十万人马作鸟兽散,你剩下孤家寡人,投降也无人要了。"

这一番话,说得纳哈出默默无言。少许,他下得座来,亲自解开乃刺吾的绑绳:"若非将军指点迷津,险些自误。"

"元帅既已同意降明,就请亲笔修书一封,由我转交明朝大将军冯胜,然后议定受降细节。"

"那就有劳将军了。"纳哈出立刻写好了情愿投降的信函。

正式受降仪式之前,双方还要讨论细节。冯胜作为明军的最高将领,暂时不宜出面,而由副将军蓝玉与之商谈。到了约定之日,蓝玉大营悬灯结彩,喜气洋洋。上午时分,纳哈出乘马带着随从人等来到。蓝玉的亲信副将常茂,一见纳哈出的阵势便动怒了:"蓝将军,我们不能接受纳哈出进营谈判。"

蓝玉不解,但他客气地问:"却是为何?"

常茂是常遇春之子,也就是蓝玉的外甥,二人之间说话比较随便:"纳哈出不过是来商谈投降的细枝末节,他为何带来大队人马,足足有数百人之多,难道是准备同我们打仗吗?"

"带的人是多,不过也不必过于计较,还是顾全大局吧。二十万敌军投降,我军不战而胜,也是难得的。"

"舅舅,你说话的口气怎么变了,和在大帐中的态度是翻了个儿。"常茂吐露心曲,"我真不愿元酋投降,恨不能亲手宰了他们。"

"别说了,人到了,我们还得去迎接客人。"蓝玉偕常茂快步向前。

纳哈出满面春风奔过来:"二位将军,劳你们大驾出迎,不胜感激!"

蓝玉抱拳施礼:"大元帅请。"

常茂心中赌气,他是一言不发,既不搭理纳哈出,也不看他一眼,只是跟在身后,眼睛望着天。

关于投降和受降的细节,商谈得颇为顺利,双方几乎没有争论,便顺利达成了协议。正式议程完成,是蓝玉设宴款待纳哈出一方。主宴上是蓝玉与常茂,宾客是纳哈出与副元帅。其余随行的元军三百多名兵将,全在另外帐中招待。

宴席极尽奢华,从南京带来的明朝御酒,十多坛俱已开封,散发着诱人的香气。烤全羊泛着红色的油光,大雁、野兔、野鸡,更是摆满了餐桌。在座的四位武将,俱是豪饮的魁首,大碗大碗地不停倒入喉咙。两刻钟后,便都已有了七分醉意。

蓝玉手端着酒碗,眼盯着纳哈出的身上,不错眼珠地看,而且笑个不住:"看你,看你,真是的。"

纳哈出感到奇怪:"我怎么了?"

"你怎就穿这样一件破袍子。"蓝玉还在笑个不住,"好赖你也是个领兵元帅。"

"破袍子?这件羊皮袍,陪我已经十多年,都穿出感情来了,它暖和还合身。"

"拉倒吧,说你没有得了,真给武将掉价。"蓝玉说着脱下自己穿的绿色锦袍,"来,穿我这件。"

"不,不要,给了我你穿什么。"

"我再做一件就是了。"蓝玉递过去,"拿着。"

"我说不要就不要。"纳哈出往后闪躲。

"你这人真是,上赶着不是买卖。"蓝玉脸上现出不悦。

常茂在一旁早已看不下去:"纳哈出,你有啥了不起,蓝玉将军主动赠袍,那是看得起你,你还别给脸不要脸。"

"你别出言不逊,说谁不要脸。"纳哈出意在解释,"我是蒙古人,凭啥穿你汉人的衣服?"

"我看你就是狗坐轿子不识抬举。"常茂心中的不满发泄出来,"要依我的主意,一阵冲杀把你们这些蛮子全都咔嚓了,该有多省心。"

"姓常的,你们不是真心接受我们的投降?"

"真也好,假也罢,就看你们的表现怎样,若敢还有二心,我们的刀枪可都不是吃素的。"

"照你这么说,我还真就不降了。我二十万北元大军,与你们二十万明军旗鼓相当,又怕你何来?"

"如此说,你今天是来得走不得了。"

"你还敢对我下手?"

常茂拔出刀来:"你还不用叫号,杀你无非是捻死一只蚂蚁。"

纳哈出伸过脖子:"有种,你往这儿砍!"

蓝玉对纳哈出表现出不满:"纳哈出,你还别发火,常茂是世袭国公,握有免死铁券,杀你是白杀。"

纳哈出可不信邪:"姓常的,你在爷爷的脖子上试试呀。"

常茂被激得火气升腾:"便杀了你这狗娘养的,又便如何。"他一刀猛砍过去,刀锋一道银光。

纳哈出没想到常茂真敢下手,一时间怔住了,也不知躲闪。蓝玉一看大事不好,急切间将常茂的手臂一托,那刀偏离了原有的方向,正好砍中了纳哈出的左肩,也是皮开肉绽,鲜血直流。

纳哈出喊了一声:"杀人啦!"

外帐饮宴的北元随从将士,听见喊声,全都扔下杯箸,拾起刀枪,向大帐扑来。明军哪肯让他们得手,随后呼拉拉跟上。大帐的守卫,也都横刀执枪挡住去路。双方剑拔弩张,一场血战已是迫在眉睫。

冯胜闻报,如飞来到现场,大喊一声:"都给我住手!"

大将军一声令下,在场者无不老老实实。少顷,元军有人大声质问:

"大将军,我家元帅如果被害,我们决不答应,拼死也要为元帅报仇。"

"胡说,纳哈出元帅是来谈判归降细节,是我军的客人,怎会遇害?你再用这样的言论蛊惑军心,是要被军法惩处的。"

"大将军,我们听到了元帅的呼救声。"

"待本将军入内看个究竟,一定会有个明确的答复。"

元军将士齐声喊叫:"我们要见元帅。"

冯胜进入大帐,但见双方四人正在对峙。各执刀剑在手,但谁也未敢再轻动。他环视一眼:"好好的宴会,为何成了这种结果?"

纳哈出有理,便抢话说:"大将军,常茂用刀杀我,若不是我躲得快,早已性命休矣。"

"常将军,此言属实否?"

"他,他不识抬举。"常茂说不出别的理由。

冯胜问蓝玉:"副将军,到底为何?"

"是这样。"蓝玉将经过述说一番,"其实,常将军也不是有意要加害纳哈出元帅,只是一时性起,把握不住,才致误伤。"

冯胜盯住常茂:"蓝将军所说,你是否认同?"

常茂自知理亏,当然要下台阶:"大将军,末将决不是故意的,元军降顺乃万岁决策,谁敢有违圣上旨意?"

"不是故意导致误伤,也是军纪不许。我命令你,立即向纳哈出元帅赔礼,请求他的宽恕。"

"这,末将。"常茂有些不情愿。

"常将军,如果因为你的鲁莽行为,而使这次受降功亏一篑,你便是千古罪人。万岁是不会饶过你的,本大将军也要严明军纪。"

"末将明白。"常茂意识到了问题的严重性,他向纳哈出深深一躬,"元帅,末将草率行事,致使元帅左臂受伤,情愿让您还上一刀。"

"哼!还你一刀,砍下你的头可否?"纳哈出气仍是很大。

蓝玉也上前一礼:"元帅,适才我也在场,是我没能制止事情的发生,责任在我,向你赔罪。"

"怎么着?打一巴掌再给个甜枣吃,就想把事情化解?这事也太便宜了。"纳哈出还是气呼呼,"我不干。"

冯胜也对他一鞠躬到地:"元帅,常茂是我的部下,刀伤您的左臂,是我平时管教不当,请受我一拜。"

"这!"纳哈出没想到大将军冯胜会亲自赔礼,一时间倒不知如何是好。

而冯胜竟然是躬身不起:"元帅若不能释怨,冯胜就永远躬身下去。"

"大将军,这如何使得?快快请起。"纳哈出慌忙扶起冯胜。

冯胜再致一礼:"多谢元帅以大局为重,免得双方再起刀兵,致将士涂炭。还望元帅出帐与部下见上一面,免得随从人员闹事。"

"遵大将军将令。"纳哈出到了帐外,对随从们挥挥右手,"大家放心,没有发生任何事情。有冯大将军亲临,明日的归降仪式照常。"

北元的将士们见主帅无恙,都乖乖散去了。一场即将发生的流血冲突,被冯胜化解了,也使得北元二十万人马的投降没有落空。

受降仪式以后,常茂来找冯胜:"大将军,纳哈出的帐内,有一个马皮的箱子,他甚为看重,日夜不离身边,应当把它弄个明白。"

"这,除非是以强硬手段,否则纳哈出是不会让你看的。"冯胜觉得不妥,"人家是投降,也不是你将他战败,战利品可以占有。"

"大将军,他投降了就得听我们的军令。那个箱子的秘密,不能听任他保留,一定要打开。"

冯胜被他说得动心了:"好吧,我去同他商量一下。"

纳哈出的大帐内,他正在饮酒作乐。明天就要启程去往中原,虽说保得了性命,到了南京明朝皇帝对他如何,还是个未知数。纳哈出心中没底,在帐中以酒浇愁。冯胜进帐来,倒叫他大吃一惊:"大将军大驾光临,我也未及出迎,真是天大罪过。"

冯胜也是大吃一惊,他根本就没听到纳哈出的话,他的目光全被帐内的二十名舞女所吸引。本来是在白昼,大帐内还灯火通明,二十名蒙古少女,个顶个地赛过天仙。一个个穿着暴露,袒着前胸露着后背,看一眼便使人不能自持。冯胜不由得羡慕地赞道:"纳哈出元帅,你真是艳福不浅。有这么多美女陪伴,还做什么元帅,你就是神仙。"

"大将军笑谈,我而今不过是阶下之囚,且图一时快乐而已,谁知到了南京命运如何?"纳哈出诚恳地请教,"我将这一队舞女献与万岁,不知能否获得皇上的好感?"

冯胜转转眼珠有了主意:"元帅,你幸亏问问我,万岁他早有严令,任何人不得私纳战场上俘获的女人。说明他最讨厌这一行径,向他献美女,弄砸了还不要了你的命。"

"那,这便如何是好。"纳哈出又问,"皇上不爱美女,那黄金总可以让他动心吧。"

"万岁贵有全国,金银珠宝应有尽有,这些小算盘你就别打了。"冯胜拍拍胸膛,"有我大将军为你保奏,你只管放心,保你得封高官,享不尽的荣华富贵。"

"真能如此?"

"本大将军用不着骗你。"冯胜贪婪地看看舞女,"元帅,这些舞女就让我领略一下她们的风情吧。"

"大将军若不嫌弃,尽请领走。"

"本大将军就多谢了。"冯胜看一眼他脚边的皮箱子,"元帅,但不知箱内是何物,你如此珍爱,寸步不离。"

"其实也没什么,这是先祖留下的一笔黄金,既是于皇上无用,也请大将军笑纳吧。"纳哈出把箱子打开,里边是金黄耀眼的两百锭马蹄金,每锭五十两,整整是一万两。

冯胜还没见过这么多的黄金,眼睛不由得冒火:"元帅盛情,受之有愧,却之不恭,元帅你……"

"大将军就不要客气了,不成敬意,请悉数收下。"

冯胜收受了美女和万两黄金,但这一切都逃不过朱元璋的眼睛。结果是全部如数退出,辽东这场大捷的功劳也化为乌有。朱元璋对他还算客气,让冯胜回到凤阳老家养老,收去了大将军印,仍保留宋国公的爵位。但是,作为征战杀伐一生的武将,冯胜时刻都怀念着战场上的冲杀激战的人生,他多么期望重返战场。而当梦境越来越遥远时,他就闭目倾听这石磙子压碎瓷瓦罐的声音,来抚慰自己渴求再上战场的心灵。

冯胜在风雪中无言地默默坐在村头,闭着的双眼面前似乎又呈现出千军万马厮杀的场景。他似乎陶醉了,连耳边的说话声也没听见。

"大表兄,我叫了两遍了,你还听不见,是不是犯傻了。"一个须发花白的老人站在冯胜的身旁。

冯胜睁开眼睛,认出是表弟樊父:"怎么又是你?"

"我来给你送瓦罐呀。"

"我已说过多次,不要你的瓦罐。"冯胜有些发烦,"你的日子过得还算富裕,我所用瓦罐,就从那些家贫的窑户家购买。乡里乡亲的,也算帮衬他们一把,你就别再跟着掺和了。"

"我说大表兄,你这人可真怪。俗话说肥水不流外人田,你用我的瓦罐,钱让我赚,不比别人强多了?"

"今天早晨已和你说过,不要就是不要。"

"我都拉来了,你无论如何也得留下。"

"你再拉回去。"

"别把事做绝,这面子总得给我留点。"

冯胜不耐烦地把手一挥:"痛快给我走。"

"这样吧,"樊父与冯胜商议,"双方都照顾一下,我留一半,另一半你再买那些穷窑户的。"

冯胜不再理睬樊父了,而是乘上当年的战马,舞动战斗时的兵器金背砍山刀,在打麦场四周往来奔跑,一把大刀使得呼呼生风,真是英雄不减当年。

樊父被晾在了一边。恰在此时,穷窑户们纷纷来给冯胜送瓦罐,冯胜全都乐呵呵地收下,并当时就付给银子。樊父目睹这一切,心情格外难受。他一赌气,将大车上的瓦罐全都推下地来,摔了个粉碎。然后,还用脚狠狠地踩碾着:"冯胜,你不把我当亲戚,就别怪我心狠了。我不报此仇誓不为人!"

两天后,御史的一份密报转到了朱元璋的案头。据冯胜的表弟樊父检举,宋国公每日习武,意在图谋不轨。朱元璋手中掂量着这份密报,口中叨念着冯胜。不觉猛然想起多日前那个清晰而又奇怪的梦。冯胜冯胜,袋子缝剩下的魔鬼,开国大将全已剪除,留下冯胜对皇太孙便是心腹大患,不能让冯胜日后夺取大明江山!

朱元璋传旨,召冯胜进宫。

望着桌上的一对金杯,和杯中琥珀色的美酒,冯胜明白,他在世上的日子到头了。看看对面的皇帝,心中腾起无穷的恩怨:"万岁,想我兄弟自带人从圣上争战,也曾立下数不清的功劳。家兄国用早逝,臣有幸得封宋国公,也算是长寿了,能活到今天,真的从心里感谢万岁。"

"冯胜,朕也算待你不薄。辽东大捷,你贪财重色,本是死罪,朕不忍加诛,许你归家养老,可你不该依然还想上阵冲杀,朕百年之后,何人能敌宋国公,朕实难放心地离去。"

"万岁不要再说了,臣明白了,不会让万岁为难。"冯胜毅然端起了酒杯。

"宋国公,你放心喝吧,你是大明的功臣,朕不会让你喝下毒酒。"朱元璋首先举杯一饮而尽。

冯胜心想,皇上的酒没毒,自己的酒是毒酒,喝下去也就了却皇上的心愿,已经多活了许多年,还有何留恋,一仰脖,干下去。

朱元璋笑了笑:"朕说过,没事的。宋国公,回家吧,朕愿你好自为之,以期日后子孙都能承继国公的爵位。"

冯胜没想到真的酒中无毒,但是皇上的话也是意味深长。他走出宫殿,在宫院中思前想后。皇上已是明言对他的勇武不放心,假如战死在沙场,那就是功成名就。而今对皇上构成了威胁,虽说未赐毒酒,自己也当明智。倒不如死在皇上前面,保自己的后代和家人无虞,也免得像傅友德那样,闹得个父子俱亡,妻女发配边疆。想到此,他拔出腰间的匕首,一狠心插进了自己的胸膛。当时心房破裂,鲜血流出,倒地身亡。

获悉冯胜自裁,朱元璋长出了一口气。自己百年之后,能够危及皇太孙的文臣武将俱已被除去了,他终于可以安心地离开这个世界了。大概是心里放松了,朱元璋也就病倒了。

身体不适的他,一头扎进了自己眼下最为宠爱的李贤妃宫中,一住就是几个月。

五月初五,是端阳佳节,朱元璋与李贤妃吃过午饭,忽然冒出一句看似不着边际的话来:"贤妃,你觉得燕王这人怎么样。"

"万岁的龙子个个都是英才,燕王更胜一筹,他处处酷似万岁。"

"朕把燕王过继给你如何?"

"妾妃可是承受不起。"

"朕与你说说心里话,"朱元璋抚摸着李贤妃的手,"皇太孙为人过于善良,怕是日后难以驾驭江山,朕有意将皇位传与燕王,贤妃以为可否?"

"传位是皇家大事,妾妃不敢多嘴。"

"朕就是要听听你的见解。"

"万岁,妾妃以为皇储不能改来改去,皇太孙善良是长处,绝非坏事。"李贤妃问,"万岁不是把一切全都安排好了,朝中文武已无人敢与皇太孙争位了?"

"朕年岁已大,来日无多,更加想到百年之后的事情。"朱元璋长叹一声,"皇太孙日后继位,还有一事朕放心不下。"

"万岁是要向妾妃告知此事?"

"皇太孙年少,朕不能让吕后和武则天的旧事在我朝重演。"

"妾妃明白了万岁的良苦用心,请万岁放手安排。"

"朕向你吐露心曲,在朕归天之日,会降旨所有嫔妃随葬,只是对你割舍不下。"朱元璋真的动情了,眼中已是含泪。

"万岁是打天下创基业的大英雄,不必儿女情长。嫔妃们包括妾妃在内,都跟着万岁享尽了世间荣华,跟万岁同归天国,乃理所当然。"

"你不怪朕?"

"万岁为了大明基业,乃不得已而为之,何怪之有?"

"爱妃,朕已在偏殿备下御宴一席,传旨令你两个兄长一个升任亲军金吾卫指挥,一个升任锦衣卫指挥,你去和他们见上一面,叙一叙兄妹情谊,以后怕是没有这样的机会了。"

李贤妃跪倒叩拜:"妾妃谢万岁对家兄的关爱,也不枉妾妃陪侍万岁一场,容妾妃更衣后与兄长相见。"

"好吧,速去速回。"

少时,刘太监来报:"禀万岁爷,贤妃娘娘她在后宫自缢了。"

"啊!"朱元璋怔了一下,禁不住滴下泪珠,"她说是不怨朕,她是不想让朕伤感,朕对不起她呀。"

经受这一场打击,朱元璋的病更重了,差不多已是卧床不起。朱允炆衣不解带在病榻前侍奉,眼看着朱元璋的病一日重过一日。

经过连续两日的昏迷后,这一天,朱元璋忽然精神起来。他抬眼看看榻前的御医:"你且退下。"

御医站起:"遵旨。"临行,御医向朱允炆使了个眼色。

朱允炆跟过去问:"先生有何话说?"

"恕小人直言,怕这是皇上的回光返照,皇太孙有什么话,就抓紧说抓紧问,不要错过时机。"

"明白了。"朱允炆回到病榻前。

朱元璋抓住他的手:"孙儿,皇爷的大限到了。"

"皇祖父明显见好,大明江山不能没有您,孙儿还小,你要再主政几年,等孙儿长大再走。"

朱元璋苦笑一下:"皇爷当然不想走,可这就由不得皇爷了。好在皇爷为你清除了所有障碍,你可以稳坐江山了。"

"皇祖父的苦心,孙儿尽知。无论文臣还是武将,已不存在再有造反能力的人,孙儿会让大明千秋万代。"

"孙儿,做皇帝就要狠心,不能像百姓一样仁慈,你的最大不足就是过于善良,对江山不利,不论是谁,该杀都要杀。"

"皇祖父,那些开国的大臣大将都不在了,可是,您想过没有,还有一个人,完全可颠覆孙儿的江山。"

"何人还有这样的能量?趁朕还有一口气,你快说他是谁?"

"燕王。"

这两个字,如同重锤击中了朱元璋的要害,他一下子语塞,说不出话来。朱元璋是心痛,自己把大臣武将后宫的危险全都清除了,怎么就忘了这个茬儿。对呀,没有了傅友德、冯胜、蓝玉,一旦朱棣造反,何人能与之对垒?

"皇祖父,孙儿是过于善良,如果一旦燕王起兵要夺江山,孙儿是否可以杀他?"

"这……"朱元璋不知该如何回答。

"皇祖父,孙儿觉得,燕王是孙儿坐天下的心腹大患,他起兵夺位的可能性甚大。届时,孙儿也不好对待,望皇祖父三思。"

朱棣是朱元璋最宠爱的儿子之一,作为一代英明的君主,朱元璋明白皇太孙的话甚为有理,但他实在不忍心让朱棣死在自己的手下,他很想向朱允炆解释一下,但又实在想不出合适的理由。后来他想,反正朱棣也是姓朱,江山到不了外人手,至于叔侄之间,谁成谁败且听天由命吧。当然,这种内心的话他无法向朱允炆明说。

在1398年(明洪武三十二年)的闰五月初十酷热天气里,朱元璋带着对皇太孙皇位的不确定性这个遗憾,走完了他七十一岁的人生历程。共有四十六名妃子为之殉葬,只有宝庆公主因为年仅四岁,其母张美人得以幸免。这在商朝以后的历史中,是绝无仅有的。

朱元璋把他的英勇和残酷同时留给了世人,不论你如何评价他,他都是一个创造历史的人,更不是一个完人。死后,他的遗体葬于南京钟山南麓的孝陵。